性善之谜 下

破解儒学研究的哥德巴赫猜想

杨泽波 著

复旦哲学·中国哲学丛书

部之三：还原义利之辨的真精神

一、从义利之辨到理欲之争

——论宋明理学"去欲主义"的产生

案：这是我孟子研究最早发表的三篇文章之三。义利之辨是孟子思想不可分割的组成部分，对后世影响极大，但误解也多。先秦义利之辨对于利欲的态度比较平实，经过宋明天理人欲之争却带有了明显的"去欲主义"色彩。为什么会有这种情况？经过研究，我初步明白了，这是因为，先秦义利之辨主要属于价值选择关系，宋明儒学未能准确把握这一要点，导致其理论出现了偏差。这篇文章发表于《复旦学报》1993年第5期，虽然要点都讲到了，但分析有欠具体，结语也不够明确。

孔孟义利之辨是宋明理欲之争的源头，近年来不少学者注意到，孔孟义利之辨并不排斥利欲的作用，在当时也没有"去欲主义"[1]倾向，宋明理欲之争虽然在主观上不完全排斥利欲的作用，在客观却有明显的"去欲主义"色彩。这里哪一个环节出了问题？为此不揣浅陋，谈一些个人看法。

---

[1] "去欲主义"与"禁欲主义"不同。儒学从不像某些宗教那样对于物欲持否定的态度，主张"禁欲"，但宋明之后，因理论失误，对物欲的看法不够全面，事实上形成了"去欲"的倾向。

一、利欲本身是恶吗？

孔子首倡义利之辨，但并不认为利欲本身是恶，完全不能要。据《论语》记载，孔子在居住饮食方面都很讲究："子之燕居，申申如也，夭夭如也。"(《论语》7.4)"子在齐闻韶，三月不知肉味。"(《论语》7.14)"食不厌精，脍不厌细。"(《论语》10.8) 孔子也不反对接受馈赠，朋友之赠，礼尚往来，只要合于礼义，并不推辞："朋友之馈，虽车马，非祭肉，不拜。"(《论语》10.23)"自行束修以上，吾未尝无诲焉。"(《论语》7.7)。孔子不仅不反对一定程度的利欲，甚至还表露了求富的意向："子曰：'富而可求也，虽执鞭之士，吾亦为之。如不可求，从吾所好。'"(《论语》7.12) 这些论述充分说明，孔子并不认为利欲本身是恶。

孟子同样不认为利欲是恶，必须禁止。孟子的政治理想是行王道，为此必须保障百姓的基本生活。孟子在这方面考虑得非常仔细，在其文本中多次提到"五亩之宅，树墙下以桑，匹妇蚕之"，"五母鸡，二母彘，无失其时"(《孟子》13.22)。这些内容无疑都是利，足见孟子并不否认利的作用，更不将利等同于恶，否则这些论述就根本无法理解了。孟子个人的实际生活也是有力的证明。孟子有了一定名气后，游历列国的阵仗很大，"后车数十乘，从者数百人"，以至于有弟子怀疑是不是有点过分了。孟子不以为然，强调"非其道，则一箪食不可受于人；如其道，则舜受尧之天下，不以为泰"(《孟子》6.4)。孟子判定利之是否可要，不在利本身的多寡，而在是否合道：合道，利再大也不为过；不合道，利再小也不能受。

宋明时期，义利之辨转变为天理人欲之争。开其先河者，当属横渠。横渠认为：所谓天理是"能悦诸心，能通天下之志之理"，而人欲则是"气之本""气之欲"，"口腹于饮食，鼻舌于臭味，皆攻取之性也"。[1] 横渠区分了天理人欲,但对人欲并不完全持否定态度。"上达反天理,下达殉人欲者与。"[2] "烛天理如向明,万象无所隐;穷人欲如专顾影间,区区于一物之中尔。"[3] 从这些论述看,在横渠那里,人欲不是恶,只有"殉人欲""穷人欲"才是恶。这和孔孟义利之辨的学理规模还相距不远。

到了伊川情况有了变化。与天理人欲紧密相关,伊川开始以公私分辨道心与人心。他说:"人心,私欲也。道心,正心也。"[4] "义与利,只是个公与利也。"[5] 天理道心为公心,人欲人心为私心,天理道心与人欲人心之别,核心只是一个公与私。由于人欲人心等同于私,等同于偏,天理道心等同于公,等同于正,人欲人心当然就是不好,就是恶了。伊川不再像孔孟那样,以合不合道作为判别利欲可不可以要的标准,把这个标准变成了分和私。这里的问题很大,人要在社会中生存,必须有一定程度的利欲,必须有衣食住行,这些条件无疑是私。如果以公私划分天理人欲、道心人心,在逻辑上必然得出私欲是洪水猛兽,绝不能求的结论,从而为"去欲主义"埋下伏笔。

朱子在一定程度上纠正了伊川的偏颇,强调人心不全是人欲,不能把人心等同于人欲。人只有一个心,这就是知觉之心,并没有两个心,道心人心原本为一,知觉得义理的是道心,知觉得物欲的是人心,人心尧舜不能无,道心桀纣不能无。因此,朱子批评了伊川的说法,指出:"'人心,人欲也',此语有病。虽上智不能无此,岂可谓全不是?""若说道心天理,人心人欲,却是有两个心!"[6] 在这个基础上,朱子进一步肯定了人欲。他说:"若是饥而欲食,渴

---

1 张载:《正蒙·诚明》,中华书局1978年版,第22-23页。
2 张载:《正蒙·诚明》,中华书局1978年版,第22页。
3 张载:《正蒙·大心》,中华书局1978年版,第26页。
4 程颢、程颐:《河南程氏遗书》卷十九,《二程集》,中华书局1981年版,第265页。
5 程颢、程颐:《河南程氏遗书》卷十七,《二程集》,中华书局1981年版,第176页。
6 黎靖德编:《朱子语类》卷七十八,中华书局1986年版,第2010页。

而欲饮,则此欲亦岂能无?但亦是合当如此者。"[1] "天理本多,人欲便也是天理里面做出来。虽是人欲,人欲中自有天理。"[2]饮食男女,虽是生于形气,但形气中自有天理,因为若无形气,人无法生存,天理也就没有了意义。所以宇宙之中皆是天理,皆是善,不能说这个宇宙、这个人生不是天理,不是善,人欲只是天理在复杂繁变中的不恰当处,只是危,不是恶。"人欲也未便是不好,谓之危者,危险,欲堕未堕之间,若无道心以御之,则一向入于邪恶,又不止于危也。"[3]这样,朱子就纠正了伊川的失误,肯定了人欲的历史地位。

　　朱子虽然一定程度上肯定了人欲,但他对人欲概念的界定不够清楚。在朱子那里,与人欲一词相关有两种不同的意思。一是合于天理的人欲,二是流为邪恶的私欲。遗憾的是,朱子的这种划分并不严格,常常把"流于邪恶"的私欲也称为人欲。这方面的论述比比皆是。"只是一人之心,合道理底是天理,徇情欲底是人欲,正当于其分界处理会。"[4] "圣贤千言万语,只是教人明天理,灭人欲。"[5]按照朱子的本意,"明天理,灭人欲"是灭"流为邪恶"的私欲,但由于"合于天理"的人欲与"流为邪恶"的私欲混而不分,人们很容易把"灭人欲"误解为"灭除人欲本身"。

　　义理的这种变化在当时产生了深远的影响。明清之际,陈确介入天理人欲之辨之中,有"人欲恰好处,即是天理也。向无人欲,则亦无天理之可言矣"的说法,意思是说,天理人欲原本为一,天理只能从人欲中讲,离了人欲,则无天理。这种说法受到了黄宗羲的批评,在他看来,人欲等同于恶,不可能有什么恰好处,不可能

1　黎靖德编:《朱子语类》卷九十四,中华书局1986年版,第2414页。
2　黎靖德编:《朱子语类》卷十三,中华书局1986年版,第224页。
3　黎靖德编:《朱子语类》卷七十八,中华书局1986年版,第2010页。
4　黎靖德编:《朱子语类》卷七十八,中华书局1986年版,第2015页。
5　黎靖德编:《朱子语类》卷十二,中华书局1986年版,第207页。

性善之谜——破解儒学研究的哥德巴赫猜想

在人欲中求什么天理。"必欲从人欲恰好求天理，则终身扰扰，不出世情，所见为天理者，恐是人欲之改头换面耳。"[1]这充分说明，人欲概念在当时已经非常混乱了。戴震也是如此。一方面他认为，理存于欲中，欲的中节就是理。"天理云者，言乎自然之分理也；自然之分理，以我之情 人之性而无不得其乎是也。""今以情之不爽失为理，是理者存乎欲者也。"[2]理存乎欲中，达之中节，未有失当，即是理，所以不能离开欲另求一个理。另一方面他又主张节欲说："天理者，节其欲而不穷人欲也。是故欲不可穷，非不可有。有而节之，使无过情，无不及情，可谓之非天理乎？"[3]欲只能节，不能去，天理正是节欲。戴震这些努力较前人有了很大进步，但仍然不够完整，因为如果人欲不等于恶，为什么要节呢？这充分说明人欲一词当时已有严重歧义，常常混同于朱子所谓"流于邪恶"的私欲，导致不好的社会效果。

朱子理论有此失误，一个重要原因，是沿着伊川的路子，把公和私作为判别天理人欲、道心人心的标准。按照孔孟的思路，义和利的区别不在公和私，义不等于公，利也不等于私，换句话说，检验利是不是正确，标准不在公和私，而在合不合道。伊川把判别利欲的标准演变成公和私，朱子沿着同样的思路，也以公私判定天理人欲、道心人心，造成很大的混乱。《四书章句集注》说："循理而公于天下者，圣贤之所以尽其性也；纵欲而私于一己者，众人之所以灭其天也。"[4]这显然是说，出于公的利欲是对的，出于私的利欲是不对的。但是，事实上，只要合于道，利出于私并没有什么不对不好之处。这充分说明，以公私作为评判天理人欲、道心人心的标准，是程朱的共同看法，也正是在这一点上，宋明理欲之争从孔

---

[1] 黄宗羲：《与陈乾初论学书》，《陈确集》卷四附，中华书局1979年版，第149页。
[2] 戴震：《孟子字义疏证》上。
[3] 戴震：《孟子字义疏证》上。
[4] 朱熹：《四书章句集注》，中华书局1983年版，第219页。

孟义利之辨正确的思路中游离了出来，成了宋明理欲之争的重大误区。朱子的本意是纠正伊川的偏颇，肯定人欲，证明人欲只是危，不是恶，但人欲离不开私，以公私作标准，人欲只能摆在去除之列。这样一来，朱子好不容易才肯定下来的人欲，因为和私字沾边，又变成了恶，被否定掉了。

二、义利是截然对立的吗？

在孔孟义利之辨中，义自然为善，但利也不完全为恶。这里有一个选择问题，以义为最高价值选择的为大人，以利为最高价值选择的为小人，因此义利不是截然对立的关系，而属于价值的选择关系。以价值选择关系看待义利之辨，是正确理解义利之辨的关键。

这一义理蕴含着很深的道理。人生存的世界上，必然有食色利欲，有这方面的需要。当这种需要得到满足时，内心会有一种愉悦感。依据孔孟，这种愉悦感属于利，可以称为利欲之乐。孔孟从不绝对否定利欲之乐，也不认为利欲本身为恶。当然利欲之乐并不是人生的全部，除此之外还有道德之乐。所谓道德之乐即是经过主观努力，服从本心命令，成就道德后内心的愉悦和满足。"万物皆备于我矣。反身而诚，乐莫大焉。"(《孟子》13.4) 孟子这一名言，讲的就是这个道理。本心本体人人都有，它是自家的本事，只要逆觉体察，就能得到它的指导，从而成德成善，与此同时还能体验到内心的满足感。所以孟子才说："颜子当乱世，居于陋巷，一箪食，一瓢饮；人不堪其忧，颜子不改其乐，孔子贤之。"(《孟子》8.29) 颜回以成德成善为最高目标，虽然物质生活条件不好，但仍然能够做到"不改其乐"，生动体现了这个道理。

既然利欲之乐，又有道德之乐，对于一个健全的人来说，就有一个选择问题。利欲之乐人和动物都有，可以说是人的动物性之乐；只有道德之乐才为人特有的，是人之所以为人的东西。因为人

性善之谜——破解儒学研究的哥德巴赫猜想

为万物之灵，远在动物之上，所以道德之乐远高于利欲之乐。孔子说："君子喻于义，小人喻于利。"(《论语》4.16)"君子怀德，小人怀土；君子怀刑，小人怀惠。"(《论语》4.11)这些论述背后体现的正是这种精神。在孟子脍炙人口的鱼和熊掌的比喻中，这种精神表现得更加淋漓尽致："鱼，我所欲也，熊掌亦我所欲也；二者不可得兼，舍鱼而取熊掌者也。生亦我所欲也，义亦我所欲也；二者不可得兼，舍生而取义者也。生亦我所欲，所欲有甚于生者，故不为苟得也；死亦我所恶，所恶有甚于死者，故患有所不辞也……"(《孟子》11.10)生和义都是我所欲求的，都不可化除。但如果二者不能同时得到，我宁肯选择义。前面讲过，义属于道德，生属于利欲，所以道德之乐高于利欲之乐。一个有所作为，志于成德的人，应该以义为最终目的，而不能仅仅满足于利欲。价值选择关系是孔孟义利之辨的精髓。

但是，孔孟义利之辨这种有血有肉的价值选择关系，在宋明理欲之争中，被干枯冰冷的截然对立关系取代了。横渠还没有完全把天理人欲对立起来。到了二程尤其是伊川那里，天理人欲明显有了截然对立的倾向。"有人胸中常若有两人焉，欲为善，如有恶以为之间；欲为不善，又若有羞恶之心者。本无二人，此正交战之验也。持其志，便气不能乱，此可大验。要之，圣贤必不害心疾；其他疾却未可知。"[1]天理人欲犹如两人交战，天理"欲为善"，人欲"欲为不善"，此胜则彼败，彼败则此胜。其结论是："损人欲以复天理"。[2]人心就那么大，若全被人欲占了，天理自然不存；若去得几分人欲，天理自然就多了几分。这明显是把理欲作为对立关系来处理了。

朱子思想比较复杂。他认为，就来源而言，天理不与人欲对。

---

1 程颢、程颐：《河南程氏遗书》卷二下，《二程集》，中华书局1981年版，第53页。
2 程颢、程颐：《周易程氏传》卷三，《二程集》，中华书局1981年版，第907页。

天理居最高层，必须见于物才能落实，但在见于物过程中常有不恰当处，这就是人欲。从这个意义上说，天理人欲不是对等的，天理在先，人欲在后，天理人欲不同体。但从现实上说，天理落实在人身上之后，与人欲又有对立性质。《语类》卷十三中有很多这方面的论述，如："人之一心，天理存，则人欲亡；人欲胜，则天理灭，未有天理人欲夹杂者。""天理人欲，无硬定底界，此是两界分上功夫。这边功夫多，那边不到占过来。若这边功夫少，那边必侵过来。""人只是个天理人欲，此胜则彼退，彼胜则此退，无中立不进退之理。""而今只是分别人欲与天理，此长，彼必短；此短，彼必长。"[1]在人身上，天理人欲是彼此对立的两种力量，此胜彼退，彼胜此退。正因于此，朱子虽然讲天理人欲只是"交界处"，本意是说天理人欲同行而异情，不是两个物，但又强调天理人欲相互争夺，这边工夫多，则那边工夫少，这边工夫少，则那边工夫多，最终结论只能和伊川一样：去得一分人欲，即存得一分天理。

阳明在心性关系上与朱子唱对台戏，但在天理人欲关系上却和朱子如出一辙。他说："只要去人欲，存天理，方是功夫。静时念念去欲存理，动时念念去欲存理。"[2] "必欲此心纯乎天理而无一毫人欲之私，此作圣之功也。"[3]要成为圣人，就要使心纯乎天理，无一丝一毫人欲之私，无论是动是静，都要念念去人欲存天理。"吾辈用功，只求日减，不求日增，减得一分人欲，便是复得一分天理，何等轻快脱洒，何等简易。"[4]这种把人欲作为天理对立面看待，必先去除而后成圣成贤的言论，与朱子的说法是何其相近。可以看出，在宋明儒学中，无论是理学的朱子，还是心学的阳明，实际上都把理欲对立了起来，要存理必须去欲，只有去欲才能存理。

---

[1] 黎靖德编：《朱子语类》卷十三，中华书局1986年版，第224-225页。
[2] 王阳明：《传习录上》，《王阳明全集》，上海古籍出版社1992年版，第13页。
[3] 王阳明：《传习录中》，《王阳明全集》，上海古籍出版社1992年版，第66页。
[4] 王阳明：《传习录下》，《王阳明全集》，上海古籍出版社1992年版，第28页。

性善之谜——破解儒学研究的哥德巴赫猜想

宋明儒学中也有人不同意这种理解，而主张回到孔孟义利之辨理论架构的，这就是象山。象山不重视理欲之争，说："天理人欲之言，亦不是至论。"[1]"天理人欲之分，论极有病。"[2]相反，他非常重视义利之辨。朱子请他到白鹿洞书院讲课，他选的题目就是"君子喻于义，小人喻于利"。这次讲课很成功，一个主要原因，是象山突出了一个"志"字。他说："志乎义，则所习者必在于义。所习在义，斯喻于义矣。志乎利，则所习者必在乎利。所习在利，斯喻于利矣。故学者之志，不可不辨也。"[3]象山讲的志，实际上是一种价值选择。"志于利"就是以利为最高的价值选择，"志于义"就是以义为最高的价值选择。价值选择不同，便有大人小人之分。象山劝导听众："诚能深思，是身不可使之为小人之归，其于利欲之习，怛焉为之痛心疾首，专志乎义而日勉焉，博学审问慎思明辨而笃行之。"[4]就是要求学者以义为最高价值选择。象山这种讲法与孔孟非常接近，重新回到了那有血有肉的价值选择关系。非常可惜，由于朱强陆弱，象山这种讲法并没有引起人们的充分重视，以纠正理欲之争的痼疾。

总的来说，宋明理欲之争把理欲视为截然的对立，违背了孔孟义利之辨价值选择关系的基本结构。价值选择关系与截然对立关系有很大的不同。在价值选择关系中，义与利不总是矛盾的，只是在有些时候才会发生矛盾，这时必须作出自己的价值选择。从这个意义上说，义利只有层次的区别，没有绝对的排他性。只要合于义，可以追求最大限度的利欲，反之，追求最大限度的利欲，也不一定就违反义。宋明儒学没有准确把握这种关系，将其改易为截然对立关系。截然对立关系与价值选择关系最大的不同，即是具有排

---

[1] 陆九渊：《陆象山全集》卷三十四，中国书店1992年版，第252页。
[2] 陆九渊：《陆象山全集》卷三十五，中国书店1992年版，第311页。
[3] 陆九渊：《陆象山全集》卷二十三，中国书店1992年版，第175页。
[4] 陆九渊：《陆象山全集》卷二十三，中国书店1992年版，第175页。

他性。因为天理为善，人欲实际上为恶，善恶两不相立，存得一分天理，便少得一分人欲，多得一分人欲，便少得一分天理，结论只能是"存天理，灭人欲"。宋明儒学带有明显的"去欲主义"色彩，就是这样造成的。

三、义利之辨的对象是泛指的吗？

孔孟论义利，并非笼而统之，而是对君、民、士分别而言的，即有三个不同的向度，其间重点各不相同。这在孟子思想中表现得最为明显。

第一个向度是君。在这个向度中，首当其冲也是最容易引起误解的，是如何理解孟子"何必曰利，亦有仁义而已"（《孟子》1.1）的名言。为了弄清这段话的涵义，需要对孟子义利两个概念有确切的了解。在孟子，利主要指利益，指能满足人们生活需要的东西，一般是物质利益，也包括某些精神的东西，如音乐，此外还有"使有利""以为利""锐利"等义项。义的涵义比较复杂，但一般来说有三个义项：一是人伦之理，如"义之实，从兄是也"；二是一般道理，如"天下之通义"；三是治国方略，如"仁义充塞则率兽食人"。但孟子与梁惠王此段对话所讲之义又有其具体所指，特指施行仁政。当时有两种完全不同的治国方略，一是王道，二是霸道。孟子认为，行霸道必然夺民时，父母无养，妻子离散，家将不家，国将不国，只有行王道才是治国平天下的良方。所以"何必曰利，亦有仁义而已矣"这句话只能从王道还是霸道上理解，这种义利涉及的是治国问题，不是利益能不能要的问题。

第二个向度是民。孔子对民有"富之""教之"的说法，孟子继承了这个思想，认为首先要使民富足，保证庶民的基本生活。百姓非常实际，只有有了固定的为生职业，思想才能稳定；思想稳定了，社会才能太平。这就是孟子说的："是故明君制民之产，必使仰足以事父母,俯足以畜妻子,乐岁终身饱,凶岁免于死亡。""无恒产,因无恒心。苟无恒心,放辟邪侈,无不为已。"(《孟子》1.7)如果百姓没有固定的产业收入,就不会有良好的道德观念和行为准则,国家因而也就没有办法治理了。

第三个向度是士。在孟子心目中,士是一个非常特殊的阶层,其特点是"无恒产而有恒心"。一般讲来,士没有固定的田产,宗族的羁绊也比较薄弱,可以轻去其乡,游走四方,是典型的游士。士虽无恒产却有恒心,这个恒心就是"志于道"。士作为整体看,扮演王者师的角色,志向高远,气度恢宏。他们要承担起历史的重任,必须有伟大的人格,这就决定了其人生价值标准必须定得很高。士阶层的精英人物尤其如此。天将降大任于是人,他们的历史责任感特别重,忧患意识特别浓,自我牺牲精神特别高,更加重视道德,淡泊利欲。孟子对此有明确的论述,他说:"欲贵者,人之同心也。人人有贵于己者,弗思耳矣。人之所贵者,非良贵也。赵孟之所贵,赵孟能贱之。《诗》云:'既醉以酒,既饱以德。'言饱乎仁义也,所以不愿人之膏粱之味也;令闻广誉施于身,所以不愿人之文绣也。"(《孟子》11.17)有了仁义之德,有了美好名声,也就不再羡慕他人的肥肉精米和绣花衣裳了。其实,"既醉以酒,既饱以德"两句见于《大雅·既醉》篇,原是"畅饮美酒,已经陶醉,尽都饱受主人的恩惠"的意思,并无强调仁德美名的涵义。孟子引此诗句是借题发挥,用以突出仁德美名超过膏粱文绣,表达自己的价值选择,说明对于士阶层来说,义比利重要得多。

这三个不同向度各有重点,不能相互混淆。君王的任务主要是保民而王行仁政,民的任务主要是制以恒产有教育,只有士的任务是为王者师要尚志。孟子的价值选择原本是士阶层精英人物的人生追求,在这种追求中,可能会受很多苦,经受很多磨难,但从中可以得到精神的慰藉和满足。这种选择由于悬格太高,标准太严,并不适合其他阶层。如孟子讲:"养心莫善于寡欲。其为人也寡欲,虽有不存焉，寡矣；其为人也多欲，虽有存焉者，寡矣。"(《孟子》14.35)其实孟子此言主要是针对士阶层讲的。道理很简单，只有士的任务是志于道，只有志于道才谈得上养心，只有养心才谈得上寡欲。寡欲问题说透了，无非是大体小体，你来我往，相互争夺，想大不想小，想小不想大的问题。士阶层只有节制物欲，抑制小体，控制人爵，才能充分肯定仁义，发展大体，扩充天爵。

由此可见，孔孟义利之辨并非泛泛而论，其淡泊利欲的思想只代表士阶层应有的价值取向，甚至可以说基本上就是孔孟自己的人生价值选择。这种观点虽然有助于成圣成贤，但不适合庶民百姓，因为当时庶民百姓最迫切的事情是有恒产，其次才是有教育。如果把对士阶层的要求不加限制地运用于庶民百姓，必然有很大的负面作用。宋明理学没有顺着孔孟义利观的不同向度走，发展出比较实际的适合庶民百姓的义利观，而是固守着士阶层的标准，把它无限度推广到庶民百姓头上，结果造成了混乱。

成圣成贤是宋明儒学一致的目的。伊川认为："人皆可以至圣人，而君子之学必至于圣人而后已。不至于圣人而后已者，皆自弃也。"[1]成为圣人是君子之学的目的，如果妄自菲薄，以为自己力量不足，便是自暴自弃，不可与之为言。朱子眼中的圣人必兼及事功，所以感叹圣人难为，但又不可不为。"不要说高了圣人。高了，学者如何企及。越说得圣人低，越有意思。"[2]"不要高说了圣人"，实际是说不要放弃了学为圣人的标的。阳明批评弟子学问不长进，只是未立志，说："难说不立，未是必为圣人之志耳！""你真有圣人之志，良知上更无不尽。良知上留得些子别念挂带，便非为圣人之志矣。"[3]学是学圣人，做是做圣人，若不如此，便不是为学，便不是为人。

---

[1] 程颢、程颐：《河南程氏遗书》卷二十五，《二程集》，中华书局1981年版，第318页。
[2] 黎靖德编：《朱子语类》卷四十四，中华书局1986年版，第1140页。
[3] 王阳明：《传习录下》，《王阳明全集》，上海古籍出版社1992年版，第104页。

理学家主张学为圣人,其宣传的对象有所不同。伊川的直接听众,是从士人到皇帝的上层社会。他虽然有"百姓安业,衣食足而有恒心,知孝悌忠信之教,率之易从,劳之不怨,心附于上,固而不可动摇也"[1]等说法,但那主要是为北宋统治者进谏,还不是直接对百姓讲话。朱子的情况和伊川差不多。象山与伊川、朱子有明显不同,他的宣传对象既有士人又有一般民众,而他居乡讲学面对的就是社会大众。绍熙三年讲《洪范·五皇极》听众除士人外,还有百姓五六百人。这种转变到阳明更加明显。阳明讲学的对象已远远不限于士人,而是普及到了社会大众。阳明去世后,泰州学派进一步发展了这个特点。泰州门人有樵夫、田夫、陶匠,说明阳明之学已深入民间,不再为士阶层专有了。虽然有了这种转向,但是成圣成贤的基本格局并没有根本改变。阳明讲:"我这里言格物,自童子以至圣人,皆是此等工夫。但圣人格物,便更熟得些子,不消费力。如此格物,虽卖柴人亦是做得。"[2]阳明以来有"满街都是圣人"的说法,这充分说明,虽然阳明心学已经直接通向社会大众,但目的仍然和士人一样,都是成圣成贤。

如此一来,宋明理学只是一种如何成圣成贤的哲学,而不是如何成为一个普通人的哲学,只有理想人格,而缺乏普通人格。也就是说,宋明理学没有具体分疏孔孟义利观的三重向度,顺着这三种不同的向度,发展出从庶民百姓到圣人贤人逐级向上的价值选择体系,一开始就把标准定在成圣成贤上,忽视了如何做一个普通人的问题,缺乏普通人格的建树。这也说明理欲之争犯了泛道德主义的错误,将维系社会的力量主要放在道德上,要求人们学习圣贤,成为圣贤,而缺乏法律制度的支持,于此方面软弱无力。以成圣成贤的理想人格要求士人对于提高士人的精神追求有重要意义,但是如

---

[1] 程颢、程颐:《河南程氏文集》卷五,《二程集》,中华书局1981年版,第519页。
[2] 王阳明:《传习录下》,《王阳明全集》,上海古籍出版社1992年版,第120页。

果以这种只适合少数人的标准要求绝大多数人，要求他们也像圣贤一样注重道德，淡泊利欲，必然悬格太高，不切实际，下半截空虚，上半截也无法真正落实。如此一来，士阶层具有积极意义的淡泊利欲，注重道德的崇高价值选择，也就演变为消极的"去欲主义"倾向了。

二、孟子义利观的三重向度

案：本文顺着上一篇的思路，从君、民、士三个不同向度，证明孟子对于利并不持否定态度，不能说孟子不准言利。发表于《东岳论丛》1993年第4期。

长期以来，人们普遍认为孟子重义轻利，甚至不许讲利，为后世"去欲主义"之发端。尽管近几年不少人对这种观点提出怀疑，重新开展讨论，但这些讨论大多分析欠细，断语未莹，似隔一层纱幔，挑拨不开，不能通体透明。本文认为，孟子义利观实际上有君、民、士三个不同向度，这三个向度侧重点有所不同，但都没有否定利欲的作用，所以不能笼统断言孟子重义轻利，更不能将后世"去欲主义"的病根归到孟子头上。

先对孟子义利两个概念略加诠释。在孟子，利主要指利益，也就是能满足人们生活需要的东西，一般指物质利益，也包括某些精神的东西，如音乐。另外，利还有"使有利""以为利""锐利"等义项，这些都比较次要。义的涵义比较复杂。孔子时时谈义，但对义的内涵没有一个确切的交代。《中庸》有"义者，宜也"的提法，一般来说，比较符合孔子的原意。孟子发展了孔子的思想，其义字通常有三个义项。一是人伦之理，如"义之实，从兄是也"，"申之以孝，悌之以义"。这种义项有时以"礼义"合说。二是一般道理，如"天下之通义"，符合一般道理的也称为义，如"不见诸侯何义"。这种义项有时以"理义"合说。三是治国方略，如"仁义充塞则率兽食人"。这种义项有时以"仁义"合说。

一、君

在君这个向度中，孟子对君王本身之利并无微辞，并不反对君王拥有一定的物质利益，享受富足的生活。这可以引孟子同齐宣王的多次谈话为证。

1. 齐宣王因"文王之囿方七十里"，"寡人之囿方四十里，民犹以为大"困惑不解，询问孟子。孟子并没有要求他取消狩猎场地，只是讲了一番"民以为大""民以为小"(《孟子》2.2)的道理，建议他开放狩猎场地，与百姓同猎。

2. 齐宣王好乐，当孟子提及此事时，很不好意思，以为会受到指责。谁知孟子不但没有指责，反倒讲："王之好乐甚，则齐其庶几乎！"甚至认为，如果能够与百姓同乐，百姓还会对此欣欣然欢喜不已："今王鼓乐于此，百姓闻王钟鼓之声，管籥之音，举欣欣然有喜色而相告曰：'吾王庶几无疾病与，何以能鼓乐也？'"(《孟子》2.1)

3. 齐宣王讲："寡人有疾，寡人好货。"孟子却说，从前公刘也喜欢钱财，并引诗经为证，指出留在家里的人有积谷，行军的人有干粮，只有这样才能率领军队前进："王如好货，与百姓同之，于王何有？"(《孟子》2.5)

4. 齐宣王讲："寡人有疾，寡人好色。"对此孟子没有提出任何批评，只是要他与百姓同之。"昔者太王好色，爱厥妃。《诗》云：'古公亶父，来朝走马，率西水浒，至于岐下，爰及姜女，聿来胥宇。'当是时也，内无怨女，外无旷夫。王如好色，与百姓同之，于王何有？"(《孟子》2.5)

5. 齐宣王问孟子，别人都建议他把明堂拆掉，要不要这样做呢？孟子说："夫明堂者，王者之堂也。王欲行王政，则勿毁之矣。"(《孟子》2.5）这里同样没有批评他搜刮民脂民膏，骄奢淫佚，拆掉明堂。

孟子对君王本身之利并无微辞，不反对君王追求一定的利欲，同他的整个思想体系是一致的。孟子赞同社会分工，认为"或劳心，或劳力；劳心者治人，劳力者治于人；治于人者食人，治人者食于人。天下之通义也"。有社会分工，就会"有大人之事，有小人之事"(《孟子》5.4）。"治人者食于人"，自然就要享受一定的物质利益；"治于人者食人"，自然就要交纳一定份额的田赋。有趣的是，孟子不仅反对税率过高，同样反对税率过低。白圭准备把税率定为二十抽一，比通行的十中抽一低得多，为此征求孟子的意见。孟子说："夫貉，五谷不生，惟黍生之；无城郭、宫室、宗庙、祭祀之礼，无诸侯币帛饔飧，无百官有司，故二十取一而足也。今居中国，去人伦，无君子，如之何其可？陶以寡，且不可以为国，况无君子乎？"(《孟子》12.10）税率过高，民不聊生；税率过低，不足国家消费。既然是一个国家，就必须有君主有官吏，有君主有官吏，就要按照等级保障他们的生活。君主享受富足的生活，在孟子看来，实在是题中应有之义。

既然君王拥有一定的物质利益无可厚非，那么应该如何理解孟子"何必曰利，亦有仁义而已"的名言呢？

> 孟子见梁惠王。王曰："叟！不远千里而来，亦将有以利吾国乎？"孟子对曰："王！何必曰利？亦有仁义而已矣。王曰，'何以利吾国？'大夫曰，'何以利吾家？'士庶人曰，'何以利吾身？'上下交征利而国危矣。万乘之国，弑其君者，必千乘之家；千乘之国，弑其君者，必百乘之家。万取千焉，千取百焉，不为不多矣。苟为后义而先利，不夺不厌。未有仁而遗其亲者也，未有义而后其君者也。王亦曰仁义而已矣，何必曰利？"(《孟子》1.1）

二、孟子义利观的三重向度

首先，对此处的义字要有正确的理解。我一直坚持主张，此处的义字当作治国方略来解。大抵当时有两种不同的治国方略。一是孟子主张的仁政。孟子认为："王如施仁政于民，省刑罚，薄税敛，深耕易耨；壮者以暇日修其孝悌忠信，入以事其父兄，出以事其长上，可使制梃以挞秦楚之坚甲利兵矣。"(《孟子》1.5）施行仁政，"天下之仕者皆欲立于王之朝，耕者皆欲耕于王之野，商贾皆欲藏于王之市，行旅皆欲出于王之涂，天下之欲疾其君者皆欲赴愬于王"(《孟子》1.7），如此人心所向，国家自然富足强盛。二是不讲仁义，单纯追求富国强兵，征战夺地。孟子认为，这种办法必然夺其民时，父母无养，妻子离散，家将不家，国将不国，所以他劝梁惠王此法断不可行，还是以行仁政为上策。《告子下》孟子反对宋牼企图以利制止秦楚之战，也应如此理解。

同样，对此处的利字也要细加辨析。梁惠王讲的"将有以利吾国"之利，是有利、有助之利，是"对我的国家会有所帮助"的意思。孟子讲的"何必曰利"，并非顺着梁惠王利字原义而说，而是特指"霸政之利"，其间有一跳跃，有一转折。赵岐注云："孟子知王欲以富国强兵为利，故曰王何必以利为名乎，亦惟有仁义之道者，可以为名。以利为名，则有不利之患矣。因为王陈之。"朱熹《四书章句集注》也说："王所谓利，盖富国强兵之类。"从历史上看，此前的二十多年间，魏国在战国诸雄中最为强大。到梁惠王与孟子谈话时，东边败于齐，太子牺牲，西边挫于秦，失地七百，南边辱于楚，城陷有八。梁惠王"耻之，愿比死者壹洒之"，急切探寻"天下恶乎定"之法。孟子也曾明确讲过梁惠王"好战"(《孟子》1.3）。据此，赵岐和朱子把这个利字解释为"富国强兵之利"，是靠得住的。

由此可见，"何必曰利，亦有仁义而已矣"是不要单纯追求富国强兵的意思，而不是不能讲利益。也就是说，这句话当从治国方略上理解，从王政还是霸政上理解，不能简单理解为能不能要利益。孟子之后，人们往往不知详情，以为"何必曰利"就是不要讲利益，不能体会孟子施行仁政国家才能真正富足昌盛的思想。司马迁作《孟子荀卿列传》，一开篇就发了一通感慨："余读《孟子》书，至梁惠王问'何以利吾国'，未尝不废书而叹也。曰：'嗟乎，利诚乱之始也！夫子罕言利者，常防其原也。故曰：'放于利而行，多怨。'自天子至于庶人，好利之弊何以异哉！"可见这种错误理解来源之悠远。

虽说君王完全可以拥有一定的物质利益，但作为一国之主，主要的责任还是治理国家，而孟子认为治国最好的办法是施行仁政，所以君王必须以仁义的治国方略为重，施行仁政。所谓施行仁政，就是以仁义治国，在自己享受富足生活的时候，与百姓同之，与民同好，与民同货，与民同乐，与民同色。也就是说，在《孟子》中，君王的义利有特定的含义，只能从治国方略上理解，不能从物质利益的有无上理解。从《孟子》本身是无论如何得不出君王不能讲利（物质利益）这样的结论来的。

二、民

这里的民专指农民、工民、商民，不包括士民，孟子对士有专门论述，属于另一个向度。对于农民、工民、商民之利，孟子持肯定态度。

孟子认为，对于民，首先要使之富足。孔子有"富之""教之"的说法，孟子继承了这个思想，特别强调制民以产，保证庶民的基本生活。孟子假托先王，描绘了一幅美好的图画：

> 五亩之宅，树墙下以桑，匹妇蚕之，则老者足以衣帛矣。五母鸡，二母彘，无失其时，老者足以无失其肉矣。百亩之田，匹夫耕之，八口之家足以无饥矣。所谓西伯善养老者，制其田里，

> 教之树畜，导其妻子使养其老。五十非帛不暖，七十非肉不饱。不暖不饱，谓之冻馁。文王之民无冻馁之老者，此之谓也。（《孟子》13.22）

类似的话在《孟子》中多次出现，足见孟子对这个理想的向往，以及对这个问题的重视。

之所以要保证百姓的基本生活，是因为孟子深知，百姓非常实际，只有有了固定的产业，思想才能稳定；思想稳定了，社会才能太平。他说："是故明君制民之产，必使仰足以事父母，俯足以畜妻子，乐岁终身饱，凶岁免于死亡。"否则，"无恒产因无恒心。苟无恒心，放辟邪侈，无不为已"（《孟子》1.7）。如果百姓没有固定的产业，就不会有良好的道德观念和行为准则，国家因而也就没有办法治理了。孟子告诫君王，要国泰民安，天下太平，必须像先王一样，把人民的生活放在心里，首先解决他们的温饱问题，让他们有恒产有恒心，安家乐业。

但是，光有物质生活还不够，还必须讲究精神生活，推行仁义。孟子关于男女情欲的一段论述很说明问题。他说："丈夫生而愿为之有室，女子生而愿为之有家；父母之心，人皆有之。不待父母之命，媒妁之言，钻穴隙相窥，墙相从，则父母国人皆贱之。"（《孟子》6.3）在孟子看来，男女居室，人之大伦，本为正当，无可非议。但是如果不讲礼义，溜门爬窗，私下相随，他人就会看不起。有人问屋庐子，食色与礼相比哪个重要，他说礼重要。问者把问题推向极端，屋庐子不能答，请教孟子。孟子说："紾兄之臂，则得食；不紾则不得食，则将紾之乎？东家墙而搂其处子，则得妻；不搂，则不得妻；则将搂之乎？"（《孟子》12.1）在孟子看来，食色固然重要，但在满足基本的生活需要之后，还必须有礼有义，只有这样，"老吾老，以及人之老；幼吾幼，以及人之幼"（《孟子》1.7），人才能成其为人，社会才能成其为社会。

要让百姓追求仁义，必须重视教育。孟子顺着孔子的思路，主张百姓有了基本生活保障之后,"设为庠序学校以教之。庠者,养也;校者,教也;序者,射也。夏曰校,殷曰序,周曰庠;学则三代共之,皆所以明人伦也。人伦明于上,人民亲于下"(《孟子》5.3)。对于百姓施加教化,导之以德,驱之以善,申之以孝悌,明之以人伦,是先王历来的传统。他指出:"后稷教民稼穑,树艺五谷;五谷熟而民人育。人之有道也,饱食、暖衣、逸居而无教,则近于禽兽。圣人有忧之,使契为司徒,教以人伦——父子有亲,君臣有义,夫妇有别,长幼有序,朋友有信。"(《孟子》5.4)

使民富足和施之教育,二者相辅相成,互不相离,但比较而言,孟子更重视前者。因为当时的情况是"庖有肥肉,厩有肥马,民有饥色,野有饿莩"(《孟子》1.4),诸侯以利相争,率兽食人,不计庶民死活,根本谈不上制民以产。孟子对此提出了尖锐的批评:"今也制民之产,仰不足以事父母,俯不足以畜妻子;乐岁终身苦,凶年不免死亡。此惟救死而恐不赡,奚治礼义哉?"(《孟子》1.7)所以孟子主张,当时的主要任务是"救死",维持庶民的基本生活,也就是要制民以产,与民以利。

三、士

在孟子义利观中,士这个向度最为重要,论述最为周详,对后世的影响也最大。士是一个非常特殊的阶层。孔子关于"士而怀居,不足以为士矣"(《论语》14.2)、"士志于道,而耻恶衣恶食者,未足与议也"(《论语》4.9)的论述,已经讲到了这种特殊性。孟子对此有更为具体的解说,强调士的特点是"无恒产而有恒心"。一般讲来,士没有固定的田产,宗族的羁绊也比较薄弱,可以轻去其乡,游走四方,是典型的游士。士不属于任何特定阶级,不受特定产业的限制,可以坚持独立的思想主张。

士虽无恒产却有恒心,这个恒心就是孔子讲的"志于道"。孔子讲:"笃信善学,守死善道。危邦不入,乱邦不居。天下有道则见,无道则隐。"(《论语》8.13)也是说,士必须始终以行道为己任。这个思想到孟子发挥得更加精致了。"王子垫问曰:'士何事?'孟子曰:'尚志。'曰:'何谓尚志?'曰:'仁义而已矣。'"(《孟子》13.33)"天下有道,以道殉身;天下无道,以身殉道。未闻以道殉乎人者也。"(《孟子》13.42)春秋战国时期,礼坏乐崩,道不传焉。孔子主张恢复周礼,并把这种复礼的大任建立在个人思想基础之上,这就是仁。孟子从两个方面发展了孔子仁的学说,一是向内,把仁完全落实在心上,创立了性善论,使孔子的仁学有了根基,得到了落实;二是向外,把仁扩充为仁政,发展为一套完整的治国方略,使孔子的礼学有了内心的基础。这两个方面合而言之,就是孟子孜孜以求,安身立命之"道"。

因为士"尚志""志于道",以行道为最高目的,所以他们对于物质利益不甚重视,有时甚至发展到不屑一顾的程度。孟子关于士的义利观,完全是由这样一个出发点展开的。

《公孙丑下》:孟子辞了齐国官职回到家乡,过了一段时间,齐王托时子转告孟子,他准备给孟子一幢房子,用万钟之粟养活其门徒,不知孟子愿不愿意。孟子说:"夫时子恶知其不可也?如使予欲富,辞十万而受万,是为欲富乎?"(《孟子》4.10)孟子认为,做官不是为了求富贵,而是为了推行仁政,道不行,则要辞官而去,怎么能辞去十万钟的俸禄,却接受一万钟的赐予呢?

《滕文公下》:"古之人未尝不欲仕也,又恶不由其道。不由其道而往者,与钻穴隙之类也。"(《孟子》6.3)出仕一定要以行道为目的,如果不为行道而为钱财,那便与钻墙窥窗偷看人家女子没有什么区别了。

《万章下》:"仕非为贫也,而有时乎为贫;娶妻非为养也,而有时乎为养。为贫者,辞尊居卑,辞富居贫。辞尊居卑,辞富居贫,恶乎宜乎?抱关击柝。孔子尝为委吏矣,曰,'会计当而已矣。'尝为乘田矣,曰,'牛羊茁壮长而已矣。'位卑而言高,罪也;立乎人之本朝,而道不行,耻也。"(《孟子》10.5)士人不是因为贫穷才做官的,但有时也是因为贫穷。如果是为了贫穷,就只能做些守门打更类的小官。否则为了贫穷做高官,却不能实现道,便是士人的耻辱。可见,生计与行道相比,无疑行道更为重要。

这样的例子在《孟子》中俯拾皆是。这说明,孟子继承孔子"饭疏食饮水,曲肱而枕之,乐亦在其中矣。不义而富且贵,于我如浮云"(《论语》7.16)的思想,把行道作为最高目的。大抵圣贤之人都有崇高的理想,以它充任生命的脊梁,作为精神的寄托,非如此不能成就一番大人气象,创立一番大人事业,古今中外,通而为一。在这一点上,孔孟的确是一脉相承的。

这就牵涉到著名的寡欲问题。孟子说:

> 养心莫善于寡欲。其为人也寡欲,虽有不存焉者,寡矣;其为人也多欲,虽有存焉者,寡矣。(《孟子》14.35)

对于寡欲问题,历来多有误解。要想比较贴近孟子原意,应该注意下面两个问题:第一,寡欲主要是针对士说的。道理很简单:君的任务主要是行仁政,民的任务是制恒产,只有士的任务是行道;只有行道才谈得上志于道,只有志于道才谈得上养心,只有养心才谈得上寡欲。第二,寡欲的核心是强调以行道为重,不是说不要利欲。说透了,无非是大体小体,你来我往,想大不想小,想小不想大的问题。所以才要节制物欲,抑制小体,控制人爵,充分肯定仁义,发展大体,扩充天爵。

或因于此,有人便以为孟子对士阶层的利欲持否定态度。其实孟子从来没有讲过士人不能享受一定程度的利欲。比如,仲子是齐国的宗族大家,享有世代禄田。他哥哥的俸禄有几万石之多。但仲子认为那俸禄是不义之物而不去吃,那房屋是不义之产而不去住。

一次，有人送给他哥哥一只活鹅，母亲杀了给他吃。他知道真相之后，跑出门去，硬是把吃的东西吐了出来。有人赞许仲子为廉洁之士，孟子则不以为然，指出：

> 充仲子之操，则蚓而后可者也。夫蚓，上食槁壤，下饮黄泉……若仲子者，蚓而后充其操者也。(《孟子》6.10)

如此的廉洁，恐怕生命都保不住了，怎么能推广呢？又如：

> 彭更问孟子："后车数十乘，从者数百人，以传食于诸侯，不以泰乎？"孟子认为根本不能这样看问题："非其道，则一箪食不可受于人；如其道，则舜受尧之天下，不以为泰——子以为泰乎？"(《孟子》6.4)

孟子不是苦行僧，有车辆不坐，有随从不要，有饭食不吃。问题的关键是看有没有道：有道，利再大亦不为过；无道，利再小亦不能受。再如：

> 所就三，所去三。……其下，朝不食，夕不食，饥饿不能出门户，君闻之，曰："君大者不能行其道，又不能从其言也，使饥饿于我土地，吾耻之。"周之，亦可受也，免死而已矣。(《孟子》12.14)

这就讲得更加明白了：虽然君王不能采纳我的主张，也不能听从我的言论，但为了不至于饿死，也可以接受君王的周济。孟子在齐宋两国分别受金一百镒和七十镒(《孟子》4.3)，也说明孟子并非绝对反对士人之利。

既要以义为最高目的，又不绝对否定利的作用，其间有一个如何处理二者关系的问题。我们认为，在孟子，义和利是一种价值选择关系。这个思想在脍炙人口的鱼和熊掌的比喻中表现得非常明白：

> 鱼，我所欲也，熊掌亦我所欲也；二者不可得兼，舍鱼而

> 取熊掌者也。生亦我所欲也，义亦我所欲也；二者不可得兼，舍生而取义者也。生亦我所欲，所欲有甚于生者，故不为苟得也；死亦我所恶，所恶有甚于死者，故患有所不辞也……（《孟子》11.10）

鱼有价值，熊掌也有价值，如果两者不能同时得到，宁可要熊掌；利有价值，义也有价值，如果两者不能同时得到，宁可要义。士是一个特殊阶层，任重而道远，应该以义为重，以行道为己任，与这个最高目的相比，区区之利便轻如鸿毛，不足挂齿了。

又如：

> 欲贵者，人之同心也。人人有贵于己者，弗思耳矣。人之所贵者，非良贵也。赵孟之所贵，赵孟能贱之。《诗》云："既醉以酒，既饱以德。"言饱乎仁义也，所以不愿人之膏粱之味也；令闻广誉施于身，所以不愿人之文绣也。（《孟子》11.17）

有了仁义之德，有了美好名声，就不再羡慕他人的肥肉精米和绣花衣裳了。"既醉以酒，既饱以德"两句见于《大雅·既醉》篇，原来是"畅饮美酒，已经陶醉，尽都饱受主人的恩惠"的意思，并无强调仁德美名的涵义。孟子引此诗句以突出仁德美名超过膏粱文绣，表达了自己的价值选择，说明对于士阶层来说，义比利重要得多。

价值选择关系与截然对立关系有明显的不同。在价值选择关系中，义与利只有层次的区别，没有绝对的排他性，选择义不一定必须排斥利，选择利也不一定违背义。换句话说，只要合于义，可以追求最大限度的利欲；反过来说，追求最大限度的利欲，并不一定就违反义。在截然对立关系中，有明显的排他性，选择一方一定要排斥另一方，二者不得共存。宋明理学天理人欲之争，实际上是把理欲看作截然对立关系了，天理为善，人欲实际上为恶，善恶两不相立，存得一分天理，便少得一分人欲，多

二、孟子义利观的三重向度

得一分人欲，便少得一分天理，结论只能是"存天理，灭人欲"，对利欲持否定态度。

从这个角度看问题，对孟子《尽心下》第二十五章就会有新的理解：

> 鸡鸣而起，孳孳为善者，舜之徒也；鸡鸣而起，孳孳为利者，跖之徒也。欲知舜与跖之分，无他，利与善之间也。（《孟子》13.25）

过去有一种比较普遍的看法，认为孟子这里是把"利"和"善"对立起来，要善就不能要利，要利就不能要善。这实不可取。孟子在这里并没有把利和善对立看待，只是说如果以利为最终价值选择，他就会沦为恶人；如果以善为最终价值选择，他就会升华为善人。这种思想有重要的现实意义。比如，从事经济活动无疑是为了利，只要不违法乱纪，追求的利越大，对社会发展越有利。"孳孳为善"不是空的，善只有在利中才能存在，利之恰当处就是善；"孳孳为利"也不是说利就是恶，只有一切为了钱，不顾国家法律，利才转化为恶。将标准定在遵纪守法、无愧于心上，你就是善人；将标准定在违法乱纪、赚昧心钱上，你就是恶人。显然这是价值选择关系，不是截然对立关系。如果将义和利绝对对立起来，要善不能要利，要利不能要善，必然像宋明理学那样，提倡存天理灭人欲，滋生"去欲主义"倾向。

应当说，在士的向度中，孟子比孔子更加重视义，而淡泊（此处不宜用"轻视"二字）利，更有"阳刚气""挺拔气"。读《论语》可知，孔子虽然也讲过"不义而富且贵，于我如浮云"一类的话，但总的来看，他的看法还相当平和。读《孟子》的感觉就不同了，起码在气势上孟子更加强调高层次的义，而"淡泊"低层次的利。如"一箪食，一豆羹，得之则生，弗得则死，呼尔而与之，行道之人弗受，蹴尔而与之，乞人不屑也"（《孟子》11.10）、"堂高数仞,榱题数尺,我得志,弗为也。食前方丈,侍妾数百人,我得志,弗为也。般乐饮酒,驱骋田猎,后车千乘,我得志,弗为也。在彼者,皆我所不为也。在我者,皆古之制也。吾何畏彼哉"(《孟子》14.34)这般气势,这般硬朗,在《论语》中并不多见。

孟子更加重视义而淡泊利,原因有很多,如性格不同等等,但最主要的还是时代精神有了差异。在周代,士原本属于介于大夫和庶人之间的一个阶层,身分相当固定,变动性很小。到了孔子的时代,贵族下移,庶人上升,士的人数大增。由于王室衰落,典籍散乱,上层贵族,一来已经很少有人了解周代复杂的礼乐制度,二来为了自身的利益也不愿意再严格恪守过时的礼制了。于是礼坏乐崩,天下无道,莫之纲纪,人伦不理。这时对于先前礼制真正有所了解的,也只有士了。孔子整理《礼》《乐》,修订《诗》《书》,以先王礼制代表自居,指点江山,评议时政。孔子殁后约百年,至孟子出,情况有了很大变化。孔子推崇的周礼,这时已经更加行不通了。由此带来的问题是,士原先所具有的了解先王之制的那一点点优势,也更加软弱无力了。士维护道统,以之与政统抗衡的唯一支点,便是他们的高尚人格。士只有不断加强自身的修养,确立崇高的价值选择,"如舜而已"(《孟子》8.28)、"孳孳为善"(《孟子》13.25),才能担负起"志于道"的历史使命。孟子更加重视义,淡泊利,就是这种时代精神的体现。

四、结论

综上所述,可以得出三点结论:

第一,孟子义利观有君、民、士三个不同的向度。在这三个向度中,都没有绝对否定利的作用,不能说孟子是"去欲主义"。

第二,孟子义利观三个不同向度各有侧重,对君强调行仁政,对民强调制恒产,对士强调志于道。研究者应当逐一辨析,不能将不同向度的材料交叉运用，相互论证。

第三，孟子关于士的义利观，其本质是价值选择关系。后儒背离了这个基本精神，将其改变为彼此对立关系，导致了"去欲主义"。"去欲主义"的源头不在孟子，而在对孟子思想的误读。

三、义利诠释中的"串项现象"

案：上两篇文章发表后，意犹未尽，数年后又写了这一篇。本文最值得称道之处，是指明了孟子义利思想实有治国方略、道德目的、人禽之分三种不同意义，其中治国方略和道德目的的义利属于彼此对立关系，唯独人禽之分的义利属于价值选择关系；因为后世论义利主要围绕人禽之分意义展开，所以价值选择关系是义利之辨的核心；宋儒未能作出这种区分，有一个"串项现象"，以治国方略和道德目的之义利的彼此对立关系代替人禽之分之义利的价值选择关系，致使其理论转向了"去欲主义"。至此，义利之辨的真精神才得以还原，宋明儒学"去欲主义"之误的原因才真正明了。这篇文章是在撰写《孟子评传》过程中完成的，学理价值明显超过了前两篇。收入《纪念孔子诞辰2550周年国际学术讨论会论文集》（国际文化出版公司，2000年）。关于这个问题另有《原义利之辨》一文，发表于（台）《清华学报》1998年第1期，约25000字，过长且内容有交叉，未收录。

义利之辨是两千多年来讨论最多、对中国社会发展影响最大的问题之一，但非常遗憾，同时也是儒学研究最混乱的问题之一。以不准言利说者有之，以先义后利说者有之，以去利怀义说者有之，以以公排私说者有之，各种混沌不清的认识至今仍然充斥各种书籍报刊之中。这种情况说明，不仅社会大众未能了解义利的真谛，就是学术界对此也缺乏一个清晰的认识。本文从孟子义利之辨入手，重新对这个问题加以分析，强调孟子的义利思想是针对三个不同问题而言的，与之相应共有三种不同意义的义利之辨；要准确理解孟子相关思想，必须对这三种不同意义的义利问题有清晰的区分，不能互相替代。这种情况即为义利诠释中的"串项现象"。

一、治国方略的义利

三种不同的义利中，人们最熟悉、也最容易引起误解的，是治国方略的义利。这方面首当其冲的，是孟子同梁惠王"不远千里而来，亦将有以利吾国乎"（《孟子》1.1）那次著名的谈话。古往今来，学者对此无不表示极大的兴趣，多方加以研究，但常常误解这次谈话的主旨，认为孟子是不准人们追求物质利益。其实，孟子和梁惠王谈话的内容主要是政治问题，涉及的是治国方略的义利，根本不是能不能要物质利益的问题。为此可作如下三个方面的证明。

背景证明。孟子见梁惠王之年，根据《竹书纪年》，当在魏惠王后元十五年（公元前320年）。梁惠王一见孟子便问"将有以利吾国乎"，问话何以如此直接？态度何以如此急切？梁惠王的另一次谈话道出了其中的道理："晋国，天下莫强焉，叟之所知也。及寡人之身，东败于齐，长子死焉；西丧地于秦七百里；南辱于楚。寡人耻之，愿比死者壹洒之，如之何则可？"（《孟子》1.5）自从三家分晋后，经过文侯、武侯的努力，梁惠王继任后，魏国的力量大增，成为战国诸雄中的强国。但在随后战国诸雄的相互较量中，魏国的力量不断衰弱，东方霸业开始由魏向齐转移。但梁惠王不死心，"愿比死者壹洒之"，为死者报仇雪恨。此时他所关心的，是有什么立竿见影的好办法，使他的国家立刻强盛起来，而如何使国家强盛，是治国方略的问题，不是能不能要物质利益的问题。

再从孟子这方面来看。孟子在齐威王时已游齐，因不被重用，才之宋，过薛，归邹，返鲁，适梁。孟子游历列国，为的是寻找一位开明的君主，推行他的仁政主张，最终达到"平治天下"的目的。在孟子看来，要使一个国家强盛起来，最好的办法是推行仁政，施行王道。他在齐、宋、薛、邹、鲁不得志，恰巧在这个时候，梁惠王卑辞厚礼以招贤者，他见梁惠王自然主要是推行自己的王道仁政主张，不可能有闲心谈什么要不要物质利益的问题。

对话证明。《孟子》编排一般没有什么规律，唯独《梁惠王》一篇基本上按时间顺序排列，甚是清楚。[1] 从这个顺序排列可以看出，孟子虽然在魏国的时间不长，同梁惠王却有多次对话，除上面所引一段外，另外还有四段。这四段对话中，前三段分别是谈"与民偕乐"问题，"五十步笑百步"问题，"为民父母"问题，这些显然都和政治有密切关系，而第四段对话则直接谈到了仁政这个话题。孟子说，从正面讲，如果行仁政，减免刑罚，减轻赋税，百姓衣食足，人心所向，就是手持木棒，也可以抗击有坚实盔甲和锐利刀枪的秦国和楚国的军队；从反面讲，秦国和楚国不行仁政，百姓不能正常生产，不能养其父母，畜其妻小，正陷溺在深渊之中，你去讨伐他们，便不会有谁来和你抵抗了，这就叫作"仁者无敌"（《孟子》1.5）。君主施行王道仁政便会无敌于天下——孟子同梁惠王多次对话，主旨均不离此义。

字义证明。对话一开始，梁惠王讲"将有以利吾国乎"的"利"，是"利于""有利"之"利"，是对我的国家有什么好处、有什么利处的意思。这个利处，根据上面所说，又有具体所指。朱熹《四书章句集注》说："王所谓利，盖富国强兵之类。"焦循《孟子正义》也认为："时秦用商君，富国强兵，惠王所以迁梁，故曰亦将有以利吾国，谓亦如商君之于秦，俾富国强兵也。"因此，梁惠

---

[1] 胡毓寰说："周氏引程氏《年谱》谓《孟子》非编年之书，此言固大体无误。惟《梁惠王》一篇，则殆可视为《孟子》之编年也。"胡毓寰：《孟子事迹考略》，（台）正中书局1936年版，第41页。

三、义利诠释中的"串项现象"

王讲的利，是富国强兵之利，"亦将有以利吾国"即是征求富国强兵的办法。孟子很明白梁惠王所讲"利"的含义，但他认为，这种利，这种单纯追求富国强兵的办法是不可行的，根本讲不得，所以才说"何必曰利"。

《孟子》中"仁义"一词的含义因对象不同而有细微的差别。对于一般人来讲，讲"仁义"就是讲道德。但君主的根本任务是治理国家，而治理国家的最好办法是行仁政，所以君主的"仁义"主要是指行仁政。由此看来，"亦有仁义而已矣"并不是说只要有仁义就可以了，而是说君主应该施行仁政，用仁政治民。

据此，"何必曰利？亦有仁义而已矣"这句话实际上是在说："梁惠王，你那一套单纯追求富国强兵的办法行不通，何必要去讲呢？只有行仁政才能使国家真正强盛起来，所以要使国家强盛只要行仁政就可以了。"显然，这里的义利完全是如何治理国家的问题。

通过上面三个方面的证明，我愿意非常负责地说，孟子同梁惠王对话谈的是治国方略问题，主旨是劝导梁惠王不能单纯追求富国强兵，行仁政才是治理国家，统一天下，结束战乱的最好办法。这个意义的义利有其特殊的所指，义指王道仁政，利指单纯追求富国强兵。孟子主张大力施行王道仁政，反对单纯追求富国强兵，所以在这个意义上孟子的确是不准言利的。但这个不准言利是指不准言单纯追求富国强兵，而不是不准言物质利益。将"何必曰利"理解为不准言物质利益，有违孟子本意。

二、人禽之分的义利

有论者可能会问，你说孟子同梁惠王谈话中的"何必曰利？亦有仁义而已矣"主要是治国方略问题，目的是劝说梁惠王施行仁政，但这段对话中明明有"上下交征利而国危矣"的话，难道这谈的也是治国方略问题吗？

性善之谜——破解儒学研究的哥德巴赫猜想

问题的确不是这样简单。本来梁惠王讲"亦将有以利吾国乎"的"利",是有利之"利",意思是能否像商鞅为秦国带来好处那样,使我的国家起死回生,迅速强盛起来。孟子不赞成梁惠王的政治主张,但他并没有直接反驳梁惠王,而是顺着"利"字大做文章,大讲"利"的危害:"王曰:'何以利吾国?'大夫曰:'何以利吾家?'士庶人曰:'何以利吾身?'上下交征利而国危矣。"这里一共讲了四个"利"字,但其具体含义不同。"何以利吾国""何以利吾家""何以利吾身"的"利"是"有利"之"利",其意义与梁惠王用语基本相同,但"上下交征利而国危矣"的"利"就不再是"有利"之"利",而是"利益"之"利"了。

"有利"之"利"变成了"利益"之"利",问题的性质随之就发生了变化:现在不再是能不能对国家有好处的问题,而变为"利益"之"利"和"道德"之"义"的关系问题了。"利益"之"利"和"道德"之"义"的关系问题,属于另一种义利问题。孟子认为,人之所以为人,是因为有义,有道德,如果人们只讲利,不讲义,就与禽兽无异了,一个人最终成为一个人,还是沦为禽兽,关键看他选择利还是选择义。所以,这里的义利不再涉及治国方略问题,而是人们在人生问题上必须进行的一种价值选择。按照孟子的一贯思想,我将其称为人禽之分的义利问题。

在人禽之分义利问题上,人们常常将"何必曰利"解释为"不要讲利益"。这其实也是一种误解。细读《孟子》可知,孟子论物质利益,共有君、民、士三个不同的向度,这三个向度虽然侧重点有所区别,但都没有否定利,甚至在有的向度还特别强调利的作用。[1] 从逻辑上说,如果能够证明孟子对这三类对象的物质利益都不反对,那么孟子并非不准言物质利益的问题,也就可以得到证明了。下面就对这三个不同的向度作一些简要

---

1 参见杨泽波《孟子义利观的三重向度》,《东岳论丛》1993年第4期。

的分析。

先讲民。这里的民专指农民、工民、商民,不包括士民,因为孟子对士有专门论述。对于农民、工民、商民之利,孟子是坚决肯定的。孟子认为,要使民富足,首先要制民以产,保证庶民的基本生活。"五亩之宅,树墙下以桑,匹妇蚕之,则老者足以衣帛矣。五母鸡,二母彘,无失其时,老者足以无失其肉矣。"(《孟子》13.22)这样的话在《孟子》中多次出现,足见孟子对这个问题的重视。之所以要保证百姓的基本生活,是因为孟子深知,如果百姓没有固定的产业收入,就不会有良好的道德观念和行为准则,国家不可能得到好的治理。既然如此,当然就不能说孟子不准民讲利了。

再讲君。在君这个向度中,孟子对君主本身之利并无微辞,并不反对君主拥有一定的物质利益。这可以引孟子同齐宣王的谈话为证。齐宣王讲:"寡人有疾,寡人好货。"孟子却说,从前公刘也喜欢钱财,并引《诗经》为证,指出留在家里的人有积谷,行军的人有干粮,才能率领军队前进:"王如好货,与百姓同之,于王何有?"(《孟子》2.5)这里没有说君不能讲物质利益。齐宣王还讲:"寡人有疾,寡人好色。"对此孟子没有任何批评,只是要他与百姓同之。"王如好色,与百姓同之,于王何有?"(《孟子》2.5)这里同样没有说君不能讲物质利益。虽然这些谈话都有特定的背景,孟子也有因势利导的意思,但这些谈话基本上还是反映了孟子的真实思想,说明孟子对君主本身之利并无微辞。

最后谈士。士是一个非常特殊的阶层,"无恒产而有恒心"。在孟子义利观中,士这个向度最为重要,论述最为周详,对后世的影响也最大。士的重要特点是"尚志"(《孟子》13.33),以行道为最高目的,所以他们对于物质利益不甚重视。可能是受此影响,有人便认为孟子对士阶层的物质利益持否定态度。但孟子从来没有讲过士不能享受一定程度的物质利益,不能过富足的生活。比如,孟子虽然反对没有理由接受赠送,但也主张有正当理由时可以接受礼物，在宋国和薛国就曾分别接受了兼金七十镒和五十镒（《孟子》4.3）。孟子还认为，虽然君主不能采纳自己的主张，也不能听从自己的言论，但为了不至于饿死，"周之，亦可受也，免死而已矣"（《孟子》12.14）。这些都说明，孟子从来没有讲过士只能讲义，不能讲物质利益。

虽然孟子不否认利，但他继承了孔子的传统，更加重视义。在孟子看来，利是负责人物质存在的层面，义是负责人道德存在的层面；没有利，人没有办法生存，没有义，会与禽兽无异。既然利和义都很重要，都不能去掉，在两者发生矛盾的情况下，就有一个选择问题。人之所以成为人，就是因为人有义，有道德，所以对于一个健康而有道德的人来说，就应该以义为重，以义为高层次的选择。士人志行高尚，更应如此。

孟子对此有很多具体的论述，其中最有名的要算是鱼和熊掌的比喻了："鱼，我所欲也，熊掌亦我所欲也；二者不可得兼，舍鱼而取熊掌者也。生亦我所欲也，义亦我所欲也；二者不可得兼，舍生而取义者也。生亦我所欲，所欲有甚于生者，故不为苟得也；死亦我所恶，所恶有甚于死者，故患有所不辟也……"（《孟子》11.10）这里把问题讲得明明白白，清清楚楚：生（利）和义都是我所欲求的，都不可去除，如果二者不能同时得到，我宁肯选择义。

由此可以得出一个重要结论，人禽之分的义利本质上属于价值选择关系。价值选择关系有两个基本所指：在一般情况下二者不矛盾，既可以要义，又可以要利；但在特殊情况下，二者又会发生冲突，要成德成善，必须放弃利选择义。前一种情况决定了儒家对于利欲的态度很平实，不是禁欲主义，后一种情况又表现出儒家道德理想主义精神，极大地提升人们的精神境界。儒家重视义利之辨，主要是就后一种情况而言。在这种情况下，义代表人的道德价值，利代表人的物质存在，二者一旦发生矛盾，必须

三、义利诠释中的"串项现象"

有正确的选择，选择义你就上升为人，选择利你就下降为禽兽。正如梁启超所说，当人们面临义和生（生也是一种利）的冲突的时候，"势必舍其一乃能取其一，孰取孰舍，即人禽所攸分也。禽兽所欲无更甚于生，所恶无更甚于死。人决不然。然舍彼而取此则为人，舍此而取彼则为兽矣"。[1] 此话不长，但道出了人禽之分义利问题的真义。

总之，人禽之分的义利主要是讨论义和利何者更为重要的问题，孟子不否定利，但更加重视义。一个人要成为什么样的人，关键看你有什么样的价值选择。价值选择关系是人禽之分义利的思想核心。

三、道德目的的义利

孟子论义利还包含另外一个意思。这个意思的义利在孟子与宋牼的对话中表达得最为明显。宋牼准备以不利劝说秦楚罢兵，孟子认为，这个志向很好，但提法不行。因为在这种情况下，秦王楚王即使罢兵也只是"悦于利"，而不是"悦于仁义"，这样一来，做臣属的为了利而服事君主，做儿子的为了利而服事父亲，做弟弟的为了利而服事兄长，这样君臣、父子、兄弟之间就没有仁义，而只有利了，如此一来，国家是一定要灭亡的。反之，如果是因为"悦于仁义"而罢兵，做臣属的为了仁义而服事君主，做儿子的为了仁义而服事父亲，做弟弟的为了仁义而服事兄长，这样君臣、父子、兄弟之间就没有利，而只有仁义了，如此一来，国家就一定能够大行王道。

研究者常常把这段对话和孟子与梁惠王"何必曰利"那段对话放在一起，认为这两段对话对象不同，但主旨是一样的。其实不然，这段对话含有新的内容，这个新内容就是：孟子坚持认为，行

---

1 梁启超：《梁启超论孟子遗稿》，《学术月刊》1983年第5期。

义必须是纯粹的，不能掺杂任何功利目的。这里讨论的不再是如何治国问题，而是道德目的问题。

道德是纯粹的，不能掺杂任何其他目的，是孟子的一贯思想。我们先来重温下面这段著名的论述："今人乍见孺子将入于井，皆有怵惕恻隐之心——非所以内交于孺子之父母也，非所以要誉乡党朋友也，非恶其声而然也。"(《孟子》3.6)猛然间看到小孩子要掉到井里了，心中皆有惊骇同情的心情。这不是为了和小孩的父母亲攀结交情，不是为了在乡里朋友中取得好的名声，也不是厌恶小孩子的哭声，完全是内心自然而然的要求。引申开来说，人们做好事，积德行善，不能贪图外在的功利目的，比如得到表扬，得到奖励，而只能是为了满足内心仁义的要求。孟子同宋牼对话中所说的"去利，怀仁义以相接"明显包含着这层意思。

孟子将这个思想进一步概括为"由仁义行，非行仁义"(《孟子》8.19)。"由仁义行"和"行仁义"词句虽然接近，却是两种截然不同的态度："由仁义行"是凡事都按照自己的良心本心去做，毫不计较外在的功利得失，而"行仁义"则是把仁义当作工具，用来博取外在的利益好处。

虽然孟子"由仁义行，而非行仁义"的思想极为精彩，但两千年来除少数哲学家有过强调之外，并没有引起人们足够的重视，致使道德目的的义利一直淹没在治国方略和人禽之分的义利之中。直到牟宗三用康德研究孟子，才如同发现新大陆一般，将这个非常重要的思想发掘出来，逐渐引起人们的关注。[1]牟宗三认为，孟子性

---

[1] 在此之前梁启超也曾关注过这个问题，他说："儒家——就中孟子所以大声疾呼以言利为不可者，并非专一件具体的牟利之事而言，乃是言人类行为不可以利为动机。申言之，则凡计较利害——打算盘的意思，都根本反对，认为是'怀利以相接'，认为可以招社会之灭亡。"(梁启超:《先秦政治思想史·本论》第六章，东方出版社1996年版，第106页)但他只是开了个头，没有具体展开，其理论深度与牟宗三相距甚远。

善论的仁义内在与康德的理性立法彼此相通。康德从义务分析入手，由此悟入道德法则、定言命令、意志自律自由，建立了以法则决定行为的道德哲学，而"孟子是从'仁义内在'之分析入手，由此悟入仁义礼智之本心以建立性善，由此心觉性能发仁义礼智之行。仁义礼智之行即是'顺乎性体所发之仁义礼智之天理而行'之行。天理（亦曰义理）即是道德法则，此是决定行动之原则，亦即决定行动之方向者"。[1] 仁义内在即表示超越的道德心是先天固有的，依此而行，就是康德所讲的按照理性立法而行动。也就是说，在孟子看来，真正的道德善行，必须是服从内心的要求，而不能是为了功利目的。具体来说，为人臣只能为仁义事君，为人子只能为仁义而事父，为人弟只能为仁义而事兄，这是为义务而义务，为道德而道德。反之，如果为人臣为了利而事君，为人子为了利而事父，为人弟为了利而事兄，就是预设了其他目的。这一主张与康德道德自律思想确有相通之处。虽然牟宗三一直以康德"道德自律"学说说明孟子思想，有不少问题尚有待进一步研究，[2] 但他将孟子关于道德不能掺杂任何功利目的的思想发掘出来，贡献巨大，不可小觑。

通过上面的分析，不难看出，道德目的的义利本质上属于彼此对立关系。道德必须是纯粹的，不能掺杂任何功利目的。要道德自律就不能要道德他律，要道德他律就不能要道德自律；要"由仁义行"就不能"行仁义"，要"行仁义"就不能"由仁义行"。在这个意义上，孟子确实不准言利，但这个利特指功利目的，并非泛指一

1　牟宗三：《圆善论》，（台）学生书局1985年版，第184页。
2　从表面看，孟子上面的说法确实与康德的道德自律有相似之处，但是进一步分析就会看出，康德的道德自律与孟子的性善论有很大的不同。康德的道德自律是对理性法则的服从，是理性的自律，孟子的性善论则是对良心本心的服从，是良心的自律。更重要的是，由于康德是理性自律，理性不能掺杂情感，所以在康德的道德自律中没有情感的位置。孟子就不同了，孟子是良心自律，良心不排斥情感，所以在孟子的性善论中情感占有非常重要的地位。参见杨泽波《仁性伦理与理性伦理的分野》，《中州学刊》1993年第3期。

般的物质利益。牢牢把握这一点，对于准确了解道德目的的义利问题，至关重要。

四、义利诠释中的"串项现象"

古往今来，对孟子义利之辨的诠释难以计数，择其大端，以下三种较具代表性[1]：

一是"不准言利说"。此说古已有之，司马迁可作代表。《史记·孟子荀卿列传》开篇即言："余读《孟子》书，至梁惠王问'何以利吾国'，未尝不废书而叹也。曰：嗟呼，利诚乱之始也。夫子罕言利者，常防其原也。故曰：'放于利而行，多怨。'自天子至于庶人，好利之弊何以异哉！"[2] 此话后人一般理解为，在司马迁看来，孟子是不准言利的。

二是"先义后利说"。持此说者较多，如王育济指出：孟子同梁惠王的对话主要是强调摆正利和义的关系，主张"必须反对'后义而先利'，即把个人的欲望和利益需求放在首位，而应该提倡先义而后利，这样，个人的欲望和利益就会为仁义理智所节制，那种'不夺不厌'的社会性混战就不会发生，而只有这样，才能保证社会有一个正常的生存秩序，人们才可能从中获得自己应得的'利'"。[3] 台湾学者袁保新也认为，孟子与梁惠王的对话说明，义代表一种以普遍人性尊严、道德理想为首的价值观，利则代表以一己之利益、福祉为首出的价值观。孟子的重点不在否定利这种价值

---

1 除了这三种诠释之外，还有一种较为普遍的做法，即以公私论义利，可以将其称为"以公排私说"，或"重公轻私说"。尽管这种说法由来已久，非常流行，但无论在逻辑上还是理论上都存在很多问题，社会负面作用很大。参见杨泽波《公与私：义利诠释中的沉疴痼疾》，《中国文化研究》2002年第1期。

2 司马迁：《史记》，中华书局1959年版，第2343页。

3 王育济：《天理与人欲》，齐鲁书社1992年版，第28页。

观,而是要凸显这两种价值观的不同,以及义利之间的优先秩序。也就是说,"孟子在'义利之辨'的思考中,并无意否定'利',只是强调'利'的追求应该以'义'为原则,亦即'先义后利'的立场"。[1]

三是"去利怀义说"。朱贻庭将孟子义利思想概括为"去利怀义",认为"'去利怀义'集中地反映了孟子对'利'和'义'的道德评价。在孟子看来,'为利'是小人的行为,盗跖的品质;而'为义',就是'为善',则是君子的行为,圣人的德性"。[2]台湾学者十分关注心性问题,常常在义利之辨研究中论及义之内外问题,其核心也是去利怀义。如黄俊杰认为,孟子提出仁义礼智根于心的说法来解决"价值内在"的问题,将对事物"适当性"的判断置于内心。"孟子思想中与'利'相对而言的'义',既涵有这种强烈的'价值内在'的预设,所以孟子必定主张人的意志自由而不受任何外在性的结构(如经济结构)或超越的实体(如天或命)的宰制。"[3]这就是说,由于义是内在的,每个人都有价值内在的根据,所以完全可以不受外在之利的影响。

这三种诠释方法都有一定的道理,但也都有各自的问题。说它们都有一定道理是因为,孟子明言"何必曰利",所以"不准言利说"自然有一定道理;孟子明言"未有义而后其君者也",所以"先义后利说"自然有一定道理;孟子明言"去利,怀仁义以相接也",所以"去利怀义说"自然有一定道理。说它们都有各自的问题是因为,孟子明言"制民之产",强调农家当有"五亩之宅""百亩之田",如何能说孟子不准言利呢?孟子明言"君子由仁义行,非行仁义",强调道德必须排除任何功利目的,如何能说孟子主张

---

[1] 袁保新:《孟子三辨之学的历史省察与现代诠释》,(台)文津出版社1992年版,第150页。
[2] 朱贻庭:《中国传统伦理思想史》,华东师范大学出版社1989年版,第100页。
[3] 黄俊杰:《孟子思想史论》(卷一),(台)东大图书公司1991年版,第120页。

先义后利呢？孟子明言当今之时行王道，"事半古之人功必倍之"，就是希望施行仁政，润泽斯民，平治天下，如何能说孟子是去利怀义呢？

之所以出现这种矛盾，一个重要原因在于，这些诠释不了解孟子论义利原本有三种不同的意义，这三种不同的义利虽然词句相同，性质却完全有别，"不准言利说""先义后利说""去利怀义说"可以解说其中的一种，而不能解说其他的两种，否则就会"串项"，就会顾此失彼，造成理论的不完善。"串项"是正确诠释儒家义利思想的大忌。

先看治国方略的义利。这是孟子为寻求理想的治国方略而作的一种努力。孟子认为，富国强兵，征战夺地，追求霸道不是最好的治国办法，最好的办法是行王道。霸道以"力"为主，追求短期之"利"；王道以"义"为主，追求长远之效。正因如此，当梁惠王问"亦将有以利吾国乎"的时候，孟子马上意识到对方讲的"利"是征战夺地一类，是寻求霸道，立刻将这个话头打住，不准言这个"利"，劝其"有仁义而已"。这里的"义"特指王道，"利"特指霸道，"义"和"利"分别代表两种不同的治国方略，彼此是对立的：要"义"就不能要"利"，追求王道就不能追求霸道。但不少学者认为"何必曰利"就是不准言物质利益，不准享受物质生活，这种做法从根源上说，是把治国方略的义利和人禽之分的义利混在一起了，无疑是一种"串项现象"。

再看人禽之分的义利。孟子认为，人与禽兽不同，人有道德，动物没有，要想成为一个人，就必须讲道德，道德就是义，要想成为一个人，就必须讲义。同时，孟子也不否定人必须有一定的利才能生存，虽然人们讥讽孟子"迂远而阔于事情"，但那是从政治上说的，在实际生活方面，孟子远没有"迂"到那种程度。又要求利，以维持生存，又要求义，以成为一个人，要解决这个矛盾，就看你作什么样的选择：在义利发生矛盾的时候选择利，便与禽兽无

三、义利诠释中的"串项现象"

异，选择义，便成为一个善人。孟子强调，在义利不能兼得的情况下，"先立乎其大"，首先选择义，也就是先义而后利。但是，"先义后利说"只适用于人禽之分问题，不适用于治国方略问题和道德目的问题，因为王道和霸道，道德自律和道德他律是相互对立的，而不是什么先后关系。一些学者把"先义后利说"用于治国方略和道德目的问题，认为"有了仁义，利自然就会随之而来"，[1] 无疑也是一种"串项现象"。

最后看道德目的的义利。在孟子看来，善必须是纯粹的，不能含有任何功利目的。也就是说，有两种不同的善，一种是为义而善，这是真正的善，是道德自律；一种是为利而善，这不是真正的善，是道德他律。道德目的的义利属于相互对立关系：要真正的道德，就必须排斥功利目的，不排斥功利目的，就不能得到真正的道德，在这方面的确要"去利怀义"。但"去利怀义说"并不适用于治国方略问题和人禽之分问题，因为治国方略的利指霸道，并非指为利而善，孟子也从未排斥人禽之分意义的物质利益。那种把"去利怀义说"用于治国方略和人禽之分的问题的做法，以为"为了'去利'，孟子认为即使是国家的大利，即所谓'大欲'，也不可公开提倡"，[2] 无疑同样是一种"串项现象"。

由此说来，三种不同的义利依性质可分为两类，一类是治国方略和道德目的的义利，它属于彼此对立关系；一类是人禽之分的义利，它属于价值选择关系。彼此对立关系与价值选择关系根本不同。彼此对立关系有绝对的排他性，要么是王道，要么是霸道；要么是自律，要么是他律：二者不能兼得。价值选择关系只有层次之分，没有绝对的排他性，只要合于义，可以追求最大限度的利，反

---

[1] 王育济：《天理与人欲》，齐鲁书社1992年版，第28页。应该说王育济《天理与人欲》一书对孟子义利思想的把握是比较精到的，在近年来这方面的研究中居领先位置，只是尚没有明确分辨义利的三种不同意义，论述难免有混淆之处。
[2] 朱贻庭：《中国传统伦理思想史》，华东师范大学出版社1989年版，第100页。

之，追求最大限度的利，不一定违反义，二者可以兼得。长期以来，人们没有注意分辨义利的三种不同意义，更没有区分它们之间的不同性质，将治国方略和道德目的义利的彼此对立关系，移植到人禽之分的义利上来，出现"串项现象"，从而笼统认定孟子论义利就是"只准言义，不准言利"，使人们谈利色变，极大地阻碍了中国社会经济的发展。

五、简要的小结

第一，孟子关于义利的论述是针对三种不同问题讲的，因此有三种不同意义的义利：一是治国方略的义利，二是人禽之分的义利，三是道德目的的义利。

第二，因为意义不同，义利的具体所指也不同：治国方略的义指施行仁政，利指单纯追求富国强兵；人禽之分的义指人之所以为人的道德特性，利指物质利益；道德目的的义指为义而善，利指行善掺杂的功利目的。

第三，因为具体所指不同，义利的关系也不同：治国方略的义利和道德目的的义利是彼此对立关系，唯独人禽之分的义利是价值选择关系；后世论义利主要是在人禽之分意义上展开的，所以价值选择关系是义利之辨的核心。

第四，因为不同义利的属性不同，对于利的态度也不相同：对于治国方略的利，孟子坚决反对；对于道德目的的利，孟子也坚决反对；而对于人禽之分的利，孟子从来不完全反对，只是劝人们不要把它当作最高的价值选项。

明白了上面四点，孟子如何看待义利这个争论了两千多年也没有争论清楚的老问题，就再也不是一头雾水，一堆乱麻了。想要了解义利的真谛，明确儒家对于利的态度吗？那首先要分清是哪一种意义的利：如果是治国方略的利，孟子是不准讲的，因为孟子反对单纯追求富国强兵,"不准言利说"于此权且当之,但也仅限于此;如果是道德目的的利,孟子同样是不准讲的,因为孟子主张道德必须是纯粹的,必须排除一切功利目的,"去利怀义说"于此权且当之,但也仅限于此;如果是人禽之分的利,孟子并不排除,只是强调在义和利发生矛盾的时候,应该"先立其大",以义作为最高的价值选择,"先义后利说"于此权且当之,但也仅限于此。

四、公与私：义利诠释中的沉疴痼疾

——校正关于孟子义利之辨的一种错误诠释

案：区分治国方略、道德目的、人禽之分三种义利，指出人禽之分义利是价值选择关系，为澄清宋明儒学的失误创造了良好的条件。但还有一个疑点没有解决，这就是公和私的问题。本文进一步对此加以分析，强调孟子不以公私论义利，荀子始将公私概念加入义利之中，到宋代这种做法成了一个基本模式，产生了不好的影响，不仅将儒学引向了"去欲主义"，而且直接影响着人们的思维习惯，以至于今天仍然可以看到它的影子。要准确理解孟子义利思想，把握先秦儒学真精神，必须彻底消除这一沉疴痼疾。发表于《中国文化研究》2002年第1期。

义利之辨是儒家学说的一项核心内容，对中国文化发展影响极大。但由于种种原因，这方面的误解也非常严重，其中以公私论义利，是各种误解中最为严重的一种，堪称义利诠释中的沉疴痼疾。本文就此展开讨论，希望引起学界同仁注意，彻底清除这种诠释方法的恶劣影响。

一

在孟子，义利同公私是两对不同的概念，二者没有必然的联系。

先说义和利。义,《说文》释为"己之威仪也。"段玉裁注云:"古者威仪字作义,今仁义字用之。仪者,度也,今威仪字用之。谊者,人所宜也,今情谊字用之。""义为古文威仪字,谊为古文仁义字。"这是说,"义"字的古义为"自己的威仪",而相当于仁义的"义"只是"谊"字,"谊"就是"人所宜也"。因为"古经传写既久,肴杂难辨",后人一般将"义"释为宜,"义"字的古义反而不明了。

以"宜"释"义"至迟从西周铭文就开始了。周初成王时代的"师旅鼎"铭文中有这样的句子:"懋文令曰:'义礿叡垦不从垦古征,令母彩,斯又内于师旅。'"其中"义礿叡垦不从垦古征"可释为"宜宣布之于其不从其长上征者",[1]这里的"义"字明确作"宜"解,而这种用法在甲骨文中尚未见到。所以"从现存史料看来,'义'之取得'宜'之涵义似应自西周初年始"。[2]其后,以"宜"释"义"非常典型的例子,当数《中庸》。《中庸》第二十章说:"义者宜也,尊贤为大。亲亲之杀,尊贤之等,礼所生也。"朱熹《中庸章句》说:"宜者,分别事理,各有所宜也。礼,则节文斯二者而已。"这都是以"宜"释"义"。

虽然以宜释"义"原则上是对的,但对于理解《孟子》还略嫌不足。因为孟子谈义,很大程度上和义利之辨联系在一起,作为"分别事理,各有所宜"的"义"与义利之辨是一种什么关系,这种传统的解释还难以说清楚。因此,对义的含义还要作进一步的分析。《孟子》中"义"字凡 108 见,频率相当高,含义也比较复杂,但如果细加分析不难看出,孟子论"义"有其内在的规律。汉语发展的历程中,一般说来,单字的含义比较含混宽泛,复合词则较为

---

[1] 郭鼎堂:《西周金文辞大系考释》,香港影印本 1957 年版,第 26b 页。
[2] 黄俊杰:《孟学思想史论》卷一,(台)东大图书公司 1990 年版,第 135 页。

性善之谜——破解儒学研究的哥德巴赫猜想

丰富具体，我们往往可以根据复合词来确定这个词的含义。《孟子》中"义"的复合词一共有三个，即"理义""礼义""仁义"。其中"理义"只出现1次，特指正确的道理，一般的道理。"礼义"出现5次，特指人伦之理，礼仪之理。"仁义"出现得比较多，共27次，特指道德的内在根据。

"利"字出现39次，有三个基本的义项，含义相对比较简单。一是锐利之"利"，指兵器的尖韧锋利。如"可使制梃以挞秦楚之坚甲利兵矣"（《孟子》1.5），"威天下不以兵革之利"（《孟子》4.1），这是"利"字的本义。二是利益之"利"，指经济上的利益等等。如"有贱丈夫焉，必求垄断而登之，以左右望，以罔市利"（《孟子》4.10），"人之所以求富贵利达者"（《孟子》8.33）。这是"利"字的引申义。三是利于之"利"，即有利于的意思。如"安其危而利其菑"（《孟子》7.8），"杨子取为我，拔一毛而利天下，不为也。墨子兼爱，摩顶放踵利天下，为之"（《孟子》13.26）。这也是"利"字的引申义。"利"字的本义相对讲比较独立，便于区分，而其引申义，即利益之"利"与有利之"利"，则比较接近，容易混淆。

接下来再看公和私。从历史上看，公和私的含义有一个由具体逐渐走向抽象的过程。西周时期，"公"或"私"多指社会上具体的人或事。如《尚书》"今天相民，作配在下，明清于单辞。民之乱，罔不中听狱之两辞；无或私家于狱之两辞。"[1] 孔颖达疏曰："汝狱官无有敢受受货赂。成私家于狱之两辞，勿于狱之两家受货致富。"这里的私作"具体"和"个人"解。这种具体意义的"私"和"公"在《诗经》中表现得更加明显。如"薄污我私，薄浣我衣"[2] 中的"私"字当"燕服"解，指平日家居所穿的衣服。"言私其豵，献豜于公"[3] 中的"公"字和"私"字指"公家"和"私家"。

---

1 《尚书·吕刑》。

2 《诗经·周南·葛覃》。

3 《诗经·豳风·七月》。

"私人之子，百僚是试"[1]的"私"字指"私家人"。"雨我公田，遂及我私"[2]的"公"字和"私"字指"公田"和"私田"。这些例证说明，《尚书》和《诗经》中的"公"和"私"均指具体的人和事，尤其指卿、大夫和士之个人的事物或行动，与国君的"公"形成对比。

到了春秋，"公"和"私"的这种含义延续了下来。《左传》中的"公"和"私"多指政治上的"公家"或"私家"，依然为具体义。文公六年（前621年），臾骈曰："以私害公，非忠也。"这里有"私"指"私怨"，"公"指杀贾氏以妨赵盾的事。襄公二十六年（前548年），晏子曰："非其私昵，谁敢任之。"这里的"私昵"指为个人所昵爱的人。昭公五年（前537年），女叔齐与晋侯讨论鲁国政情说："公室四分，民食于他，恩莫在公。"这是讲民心不在鲁公。昭公二十年（前522年）："暴征其私"。这里的"私"指私有财物。哀公五年（前490年）："私僮不及公"。这里的"公"指公家之事。这些"公"字和"私"字都是指具体的东西。

春秋战国之交，孔子论"公"和"私"继承了这种传统。《论语》中"公"作为单字（即不包括"公曰"等）共有7次，[3]基本的含义是"公事"。如"非公事，未尝至于偃之室也"（《论语》6.14），"禄之去公室五世矣"（《论语》16.3）。"私"字只出现2次，含义是个人，私人。如"退而省其私"（《论语》2.9），"私觌，愉愉如也"（《论语》10.5）。这里的"私"字还没有贬义。

孟子论"公""私"和孔子基本一致。《孟子》中"公"作为单字（不含"公曰"）共出现14次，[4]基本含义一是"公事"，二是"爵位"。指"公事"的句子如"惟助为有公田"（《孟子》5.3），"同

---

[1] 《诗经·谷风之什·大东》。
[2] 《诗经·甫田之什·大田》。
[3] 杨伯峻统计为6次，似有误。
[4] 杨伯峻亦说14次，但其中将"公曰"也算在内，故统计似有误。

养公田"(《孟子》5.3),"于卫孝公,公养之士也"(《孟子》10.4)。指"爵位"的句子如"公侯皆方百里"(《孟子》10.2),"王公之尊贤者也"(《孟子》10.6),"柳下惠不以三公易其介"(《孟子》13.28)。显然,这里的"公"字只是指"公事"和"爵位",并无褒贬之义。

《孟子》中"私"字出现 10 次,除"私妻子"(《孟子》8.30)指"偏爱"外,其余均指"个人的""私人的",例句如下:"沈同以其私问曰"(《孟子》4.8),"不告于王而私与之吾子之禄爵"(《孟子》4.8),"夫士也,亦无王命而私受之于子,则可乎"(《孟子》4.8),"而独于富贵之中有私垄断焉"(《孟子》4.10),"遂及我私"(《孟子》5.3),"八家皆私百亩"(《孟子》5.3),"公事毕,然后敢治私事"(《孟子》5.3),"予私淑诸人也"(《孟子》8.22),"有私淑艾者"(《孟子》13.40)。我不厌其烦地将这些"私"字列出来,意在表明,在《孟子》的文本中,"私"字的基本含义只是"个人的""私下的",并无任何不好、必须排斥的意思,同后人心目中总是将"私"字赋予一种贬义有所不同。

以上分析足以说明,在孟子,"义"字的主要含义是"宜",具体又可分为"理义""礼义"和"仁义","利"字有锐利之"利",利益之"利",利于之"利"。"公"字和"私"字主要指社会上具体的人和事,如公田私田等等。孟子从来没有把义等同于公,把利等同于私,以公私论义利缺乏文字的根据。

二

以公私论义利不仅缺乏文字的根据,而且完全不合孟子义利之辨的主旨。孟子论义利并非笼统而说,其间有三种不同的意义,即治国方略的意义、人禽之分的意义、道德目的的意义。也就是说,严格说来,共有三种不同的义利之辨,即治国方略的义利之辨、人禽之分的义利之辨、道德目的的义利之辨。在这三种不同的义利之辨当中，孟子都没有掺入公私的内容。

治国方略是孟子论义利的第一种意义。这种意义的义利之辨，主要见于孟子同梁惠王的那次著名对话。"孟子见梁惠王。王曰：'叟！不远千里而来，亦将有以利吾国乎？'孟子对曰：'王！何必曰利？亦有仁义而已矣。'"（《孟子》1.1）古往今来，研究者常常认为这一章是孟子不准人们追求物质利益。其实，孟子和梁惠王这次谈话的主旨是政治问题，是以何种方略治国的问题，而不是能不能要物质利益的问题。

孟子见梁惠王是在公元前320年。梁惠王一见孟子便问"将有以利吾国乎"，态度何以如此之急切？这从魏国的历史可以看得找到答案。自从韩、赵、魏三家分晋之后，便有了魏国，经过几代人的努力，到梁惠王继任后，魏国的力量大增，成为战国诸雄中的强国。随后，魏国的力量不断衰弱，从公元前341年到公元前322年的二十年的时间里，打的大的败仗就有九次之多，力量大减，东方霸业开始由魏国向齐国转移。梁惠王不死心，决心为死者报仇雪恨，卑辞厚礼以招贤者，希望人们为他出主意，想办法，使他的国家迅速强盛起来。

把问题放在这样一个背景下，对话的内容就好理解了。对话一开始，梁惠王讲的"将有以利吾国乎"的"利"是"利于""有利"之"利"，也就是对我的国家有什么好处，有什么利处的意思。而这个利处，又有具体所指。朱熹《四书章句集注》认为，这里讲的利是指"富国强兵"。可见，"亦将有以利吾国"是征求有没有富国强兵的好办法。孟子很明白梁惠王所讲利的含义，但他认为，这种利，这种单纯追求富国强兵的办法不可行，讲不得，最好的办法是施行仁政王道，所以才说"何必曰利"，将这个话头打住，劝梁惠王放弃霸道治国的想法。

根据以上分析，"何必曰利？亦有仁义而已矣"这句话是说："梁惠王，你那一套单纯追求富国强兵的办法是行不通的，何必要去讲呢？只有行仁政才能使国家真正强盛起来，要使国家强盛只要行仁政就可以了。"因此，孟子同梁惠王谈话的主旨，是劝导梁惠王施行仁政王道，不能单纯追求富国强兵，也就是说，这里讲的是治国方略问题。

一些学者不明白这个道理，以为"何必曰利"是说不准言物质利益，但这明显与孟子"制民之产"等说法相冲突。为了解决这个矛盾，他们把公私概念纳入其中，强行说和，认为"何必曰利"是不准讲私利，"制民之产"虽然也是利，但那是公利，公利是可以求的。这种说法看似合理，实则难以成立。这是因为，既然"何必曰利"根本不是可不可求物质利益的问题，而是应该以何种办法治理国家的问题，仁义不等同于公利，霸道也不等同于私利，那么以公私判别这种特殊意义的义利，就难免进退失据了。

人禽之分是孟子论义利的第二种意义。这种意义的义利涉及的是"利益"之"利"和"道德"之"义"的关系问题。孟子认为人之所以为人，是因为人有义，有道德，如果只讲利，不讲义，那就与禽兽无异了。一个人最终成为一个人，还是沦为禽兽，关键在于选择利还是选择义。所以，这种义利不再涉及治国方略问题，而是人们在人生问题上必须进行的一种价值选择。

就人禽之分的义利而言，孟子从来没有否定利的作用。比如，孟子曾明言，圣贤之君行仁政王道，必须制民以产，保证庶民的基本生活，农家要有"五亩之宅"，"百亩之田"，而"宅"和"田"无疑是物质利益，所以物质利益是可以求的。孟子自己也是一样，在宋国，宋君送金七十镒，因为准备远行，就接受了，后到薛国，薛君送金五十镒，为了防备路上的危险，也接受了。接受礼物无疑也是物质利益，孟子同样接受了，可见他并不完全否定物质利益。

虽然不否认利，但孟子还是继承了孔子的传统，更加重视义。因为在孟子看来，利是负责人物质生存的层面，义是负责人道德生存的层面；没有利，人没有办法生存，没有义，就会与禽兽无异。

既然利和义都很重要,都不能去掉,在两者发生矛盾的情况下,就有一个选择问题。一个人最终能够成为人,就是因为他以义为重,以义为最高层次的选择。

由此可见,人禽之分的义利涉及的主要是义利何者更为重要的问题,本质上属于价值选择关系。孟子虽然不反对谈利,不反对人们享受物质生活,但更加重视义。正如梁启超所说,当人们面临义和生(生也是一种利)的冲突的时候,"势必舍其一乃能取其一,孰取孰舍,即人禽所攸分也。禽兽所欲无更甚于生,所恶无更甚于死。人决不然。然舍彼而取此则为人,舍此而取彼则为兽矣。"[1]此话不长,但道出了人禽之分义利问题的真谛。

人禽之分的义利说到底无非是这样一个思想:每个人都有自己的利,也都有自己的义,只要不违背义,可以光明正大最大限度追求自己的利;如果义和利发生了矛盾,就应该毫不犹豫选择义,放弃利。这种意义的义利同公私没有直接联系,绝不能说只有公利可求,私利不可求。比如,彭更对孟子"后车数十乘,从者数百人"的做法不解,认为是过分了。孟子根本不这样看,认为"非其道,则一箪食不可受于人;如其道,则舜受尧之天下"(《孟子》6.4)。也就是说,关键是看有没有道:有道,利再大亦不为过;无道,利再小亦不能受。乘车之类无疑属于私利,但孟子并没有说,这是私利,万万不能求。可见,人禽之分的"义"字指"理义"或"礼义",核心是"宜",也就是恰当,有道理的意思。只要有道理,合理义,再大的私利也不为过。那种以为孟子辨义利是要人们只能求公利,不能求私利的看法,实实在在是歪曲了孟子,冤枉了孟子,称其为混沌不堪、糊涂透顶并不为过。

道德目的是孟子论义利的第三种意义。孟子认为,道德应该是纯粹的,不能掺杂任何其他目的。孟子讲过这样一段话:"哭死

---

1 梁启超:《梁启超论孟子遗稿》,《学术月刊》1983年第5期。

而哀，非为生者也。经德不回，非以干禄也。言语必信，非以正行也。"(《孟子》14.33)为了仁义而仁义，不是把仁义作为谋取其他利益的工具。哭死者而悲哀，不是做给活人看的；由道德而行，不致违礼，不是为了求取官职；言语一定有信，不是为了让人知道我的行为端正。这些论述明白无误地说明了这样一个道理：真正的道德必须是为了行善而行善，为了道德而道德，除此之外不能有其他的功利目的。

这也就是孟子在同宋牼对话中谈的"去利怀义"。宋牼准备以不利劝说秦楚罢兵，孟子认为，这个志向很好，但理由不行。因为在这种情况下，秦王楚王即使罢兵也只是"悦于利"，而不是"悦于仁义"，这样一来，做臣属的为了利而服事君主，做儿子的为了利而服事父亲，做弟弟的为了利而服事兄长，这样君臣、父子、兄弟之间就没有仁义，而只有利了，果真如此，国家是一定要灭亡的。反之，如果是因为"悦于仁义"而罢兵，做臣属的为了仁义而服事君主，做儿子的为了仁义而服事父亲，做弟弟的为了仁义而服事哥哥，"去利怀仁义以相接"(《孟子》12.4)，君臣、父子、兄弟之间就没有利，而只有仁义了，果真如此，国家就一定能够大行王道。

在《离娄下》孟子将这个思想表达得更加清楚了："人之所以异于禽兽者几希，庶民去之，君子存之。舜明于庶物，察于人伦，由仁义行，非行仁义也。"(《孟子》8.19)人与动物的区别只在自己的那一点点道德本性，君子与庶人的不同只在能够保存那一点点道德本性。舜明白这个道理，于是由仁义之路而行，而不是把仁义当作工具和手段。"由仁义行"和"行仁义"词句接近，但却是两种截然不同的态度："由仁义行"是指凡事都按照自己的良心本心去做，毫不计较外在的功利得失，而"行仁义"则是把仁义当作工具，用来博取外在的利益好处。圣贤之人当"由仁义行"，只有小人才去"行仁义"。

借助康德的理论可能有助于理解孟子的这个伟大思想。康德认为，人是理性的存在者，是自由的，只有理性才能决定人的价值；同时人又是感性的存在者，受自然因果律的制约，没有自由。理性有普遍性，不受时间地点条件的影响，可以给人提供统一的行为原则；而感性没有普遍性，受时间地点条件的影响，无法提供统一的原则。在这种两分的结构中，只有承认理性为目的本身，才能找到行为的普遍性法则，揭示自由的规律。人们以自身理性为唯一目的，依此而行，自己立法，自己服从，这就是道德自律。

从这个意义上看，孟子道德目的的义利与康德的道德自律学说，的确有相似的一面。孟子认为，真正的道德善行，必须是服从内在仁义之心的要求，而不能是为了任何别的目的。具体来说，为人臣者只能是为仁义事君，为人子者只能是为仁义而事父，为人弟者只能是为仁义而事兄，这是为义务而义务，为道德而道德。反之，如果为人臣者为利而事君，为人子者为利而事父，为人弟者为利而事兄，就是预设了其他目的。前者是真道德，后者是非道德。

透过上面的分析，可以明白，道德目的的"义"字即"由仁义行"的那个"仁义"，特指道德必须是纯粹的，而道德目的的"利"字特是指功利目的。在这个意义上，孟子十分重义，但这个重义只是强调"由仁义行"，强调道德必须是纯粹的；在这个意义上，孟子也的确不准言利，但这个不准言利只是说不能"行仁义"，成就道德不能追求任何功利目的。这里面没有公和私的什么事，道德目的的义利与公和私不沾边。

三

以公私论义利由来已久。这个源头可以追溯到荀子。荀子谈义利与孟子有一个很大的不同，就是把公私的概念引入其间。荀子说："明分职，序事业，材技官能，莫不治理，则公道达而私门塞矣，公义明而私事息矣。"(《荀子·君道》)这里明显将公与私对举，并提出通过"公道达""公义明"而达到"私门塞""私事息"的目的。不仅如此，荀子还指出："君子贫穷而志广，隆仁也。富贵而体恭，杀势也。怒不过夺，喜不过予，是法胜私也。《书》曰：'无有作好，遵王之道，无有作恶，遵王之路。'此言君子之能以公义胜私欲也。"(《荀子·修身》)这里特别值得重视是"以公义胜私欲"一句，这是一个重大转折，在儒学发展史上的负面作用不可低估。"在荀子思想体系中，'义'不只是一个与'利'相对而言的静态观念，'义'是动态的强制力，它与荀子思想中的'礼'一样，具有矫治人类自然本质的力量，它与荀子思想中的'法'的差别实在间不容发。"[1]在这种思想体系的指导下，必然将义等同于公，将利等同于私，将公义等同于善，将私欲等同于恶。

这种情况到了宋代更为严重。伊川是典型的例子。伊川并不完全排斥利，如他说过"君子未尝不欲利"，[2]但在此过程中，他有一个重要失误，这就是以公私作为判定义利的标准。他说："义与利，只是个公与私也。才出义，便以利言也。只那计较，便是为有利害；若无利害，何用计较？利害者，天下之常情也；人皆知趋利而避害，圣人则更不论利害，惟看义当为不当为，便是命在其中也。"[3]这种以公私分别义利的致思方式，在宋儒中开了一个很坏的头。

朱子基本上是按照程伊川以公私判定义利的路子走的。《四书章句集注》说："此章言仁义根于人心之固有，天理之公也。利心生于物我之相形，人欲之私也。""循理而公于天下者，圣人之所以尽其性也；纵欲而私于一己者，众人之所以灭其天也。""天理人欲，无硬底界，此是两界分上功夫。这边功夫多，那边不到占过

---

1 黄俊杰：《孟学思想史论》卷一，(台)东大图书公司1991年版，第151页。
2 程颢、程颐：《河南程氏遗书》卷十九，《二程集》，中华书局1981年版，第249页。
3 程颢、程颐：《河南程氏遗书》卷十七，《二程集》，中华书局1981年版，第176页。

来。若这边功夫少,那边必侵过来。""而今只是分别人欲与天理,此长,彼必短;此短,彼必长。"[1]朱子这方面的论述很多,其核心是说,义和利的区别在于义是天理之公,利是人欲之私;圣人与众人的区别在于圣人是循理而公于天下,众人是纵欲而私于一己。

时至今日,以公私论义利在学术界仍然是一种时尚,有关的论述充斥于各种报刊书籍,以下随手选出几则。

吴乃恭《孟子》一书在介绍了孟子义利思想之后指出:"孟子主张实行'制民之产',使农民有'恒产',这是重视人民、集体和国家的公利;他反对兼并战争、反对王公大人的享乐生活,这是反对不仁不义的私利。"在论述的结尾,针对当今社会公和私、个人利益和集体利益的关系问题进一步指出:"孟子提倡天下为公的思想,主张以道义统帅欲利,个人私利服从公利,这种义利观应当批判地继承。"[2]

刘鄂培新近大作《孟子大传》对此所言更加明确。书中写道:"孟子所反对的'利',指上至国君、大夫,下至士庶之人,举国上下相互争夺一己之'私利'。孟子所主张的'义',指有利于天下、人民的'公义',亦即是'公利'。因此,'义利之辨'实为公私之辨。两者的关系是重'公义'轻'私利',体现了'尚公'的道德原则。"在另一处又说:"孟子倡导的这场辩论,其中'义'指的是国家、民族、社会的'公义','利'指的是个人一己的'私利'。'义利之辨'的主旨是辨明'公义'与'私利'的关系,亦即辨明两者谁重谁轻,谁先谁后的问题。因此,孟子倡导的'义利之辨',即关于公与私的关系的辩论。"[3]

以公私论义利在台湾学者中间也很流行。黄俊杰在《孟子思想史论》卷一中说:"就'义''利'相对的材料加以检讨,我们可以

---

[1] 黎靖德编:《朱子语类》卷十三,中华书局1986年版,第225页。
[2] 吴乃恭:《孟子》,吉林文史出版社1997年版,第209、213页。
[3] 刘鄂培:《孟子大传》,清华大学出版社1998年版,第237、244页。

性善之谜——破解儒学研究的哥德巴赫猜想

说，孔子虽未明白使用'公利'二字，但孔子义利思想中的'利'实是指私人的货殖之利而言的，孔子所反对的是'私利'的谋求。至于'公利'，他不但不反对，甚至加以提倡，认为'公利'即是'义'的表现。""孔子用来与'义'对举的'利'是指个人'私利'而言，至于公利，他不但不排斥，而且认为是实践'义'的自然结果。"[1]

与古人不同，今人这种解说更多了一层理论色彩。这些学者认为，一般而论，利首先与个人或特殊集团相联系，而个人之利往往彼此矛盾，如果片面以利作为行为的准则，不可避免地会造成社会成员在利益关系上的冲突。相对利而言，义超越了个人的特殊利益，具有普遍性的特点，它所体现的乃是普遍的公利，惟其如此，才能对特殊的利益起调节作用。所以义与利的关系在一定意义上便表现为公利与私利的关系，以义调节利，在某种意义上就是"公私之分"。

由此可知，以公私论义利在理论上存在着根本性的弊病。请一言以折之：公利是为国家，为民众，这当然是对的，可以求，但即使是私利，如果不违背义，不违背礼，何尝就不能去求？如果人人都不去求私利，社会怎么能发展呢？如果人人都谈私利而色变，距"去欲主义"还就多远呢？如果人人内心都有求私利的冲动，而周围环境却绝对不允许，如何能不滋生表面一套，背后一套，虚伪不实的风气呢？这就说明，以公私论义利，是绝对不能将义利之辨的诠释引向正轨的。义利诠释之谬，莫大于公私。

总之，孟子从来没有以公利论义利。将公私的概念加入义利之中对准确理解孟子本意不利，对清晰梳理儒家思想发展不利，对积极促进社会经济发展不利，是义利诠释中的沉疴痼疾。这种方法危害极大，影响甚广，不仅直接导致了明清两代对儒学的严厉批评，

---

[1] 黄俊杰：《孟学思想史论》卷一，（台）东大图书公司1990年版，第133、139页。

而且在今天的某些政治口号（如大公无私）中还可以常常看到它的影子。现在是彻底清除这一沉疴痼疾，还孟子义利之辨一个清白的时候了。

五、孟子之乐的层级性质及其意义

案：本文发表于《云南大学学报》2003年第2期，从孟子的义利观扩展到孟子的幸福观。孟子的幸福观也就是孟子的"乐"观。孟子之乐可分为食色之乐、事业之乐、道德之乐。孟子既肯定食色之乐，又肯定事业之乐，但更加重视道德之乐。所谓道德之乐即是人的内在道德要求得到满足后的一种满足感，这种满足感也就是后人孜孜以求的孔颜乐处。食色之乐、事业之乐、道德之乐属于层级价值选择关系，内在价值一级高于一级，不断追求更高级的快乐，既是人生前进的动力，又是人生意义的所在。后来我在《贡献与终结——牟宗三儒学思想研究》第四卷提出"满足说"以反驳牟宗三的"赋予说"，即发端于此。

"乐"是孟子思想中不可或缺的组成部分，对中国文化有深远影响。《孟子》讲的"乐"即相当于今天所说的"幸福"，因此孟子有关"乐"的思想其实就是孟子的幸福观。本文试图通过分析孟子关于乐的思想，一方面揭示儒家幸福观的层级性质，另一方面展现其重要的理论意义和现实意义。

一

孟子之乐，基本可分三类。

首先是食色之乐。孟子认为，人生存在世界上，必然有食色的要求，当这种需要得到满足的时候，内心会有愉悦感，这种愉悦感即为食色之乐。孟子并不排斥食色之乐，这可以引孟子原文为证："丈夫生而愿为之有室，女子生而愿为之有家；父母之心，人皆有之。"（《孟子》6.3）"好色，人之所欲"，"富，人之所欲"，"贵，人之所欲"。（《孟子》9.1）"欲贵者，人之同心也。"（《孟子》11.17）男孩生下来，父母愿意为其找妻室，女孩生下来父母愿意为其找婆家，因为有了妻室婆家，儿女才能生活美满。好色富贵可以说是典型的食色了，但孟子一点不排斥它们。这没有什么好奇怪的，人生活在社会上本来就有食色的要求，这种要求就是"所欲"，从这个角度出发，孟子何以说好色富贵是"人之所欲"，而不是"人之所恶"，就很好理解了。

其次是事业之乐。《孟子》中没有"事业"的说法，但有关的思想还是很明确的。孟子讲：君子有三乐，其中之一是"得天下英才而教育之"（《孟子》13.20）。教育是一种事业，一旦能够从事这项事业，对内而言可以使自己的学问传有后人，对外可言可以使圣学得以发展，这当然是件高兴的事情。孟子还认为，大丈夫为人一世，必当干一番大事。对孟子自己来说，这种大事就是辅佐明君，施行仁政。孟子非常自信，认为上天"如欲平治天下，当今之世，舍我其谁也？吾何不豫哉"（《孟子》4.13）。孟子自信他是当时最理想的人选，一旦能够实现这种理想，自然可以体验到内心的快乐。这种快乐显然已不属于食色的范畴，故称为事业之乐。

再就是道德之乐。依据对于孟子有关论述的分析，道德之乐是指经过主观努力，服从良心指令，成就道德之后内心的愉悦和满足。道德之乐可分为两种情况，一是反身而诚后内心的愉悦和满足，二是历尽艰辛成就道德后内心的愉悦和满足。

反身而诚是孟子的重要思想。孟子讲过："万物皆备于我矣。反身而诚，乐莫大焉。"（《孟子》13.4）在孟子看来，道德的根据就在自己内心，遇事逆觉反求，反身而诚，就会体会到一种巨大的道德之乐，即所谓"乐莫大焉"。孟子还讲"仁义忠信，乐善不倦"（《孟子》11.16），"尊德乐义，则可以嚣嚣矣"（《孟子》13.9）。"乐善不倦""尊德乐义"，是说要不停地向善行善，但也包含向善行善的本身即是快乐的意思，这些说法生动反映出孟子关于不断努力成就道德，同时也在这个过程中得到快乐的思想。

道德之乐的第二种情况有所不同。在第一种情况下，成就道德的愉悦，只要通过反身而诚就可以得到了，中间比较顺畅。在第二种情况下，则必须经过艰难险阻，克服重重困难，而这些困难在常人眼中只是痛苦，只有通过"辩证的转折"，[1] 才能变痛苦为快乐，变困难为愉悦。比如，物质条件恶劣不是幸福，但经过辩证的转折，可以成为成就道德的阶梯，转化为幸福。孔子认为，粗粮冷水，以臂作枕，不是人们希望的，但与"不义而富且贵"相比，还是前者对道德有利，于是这种苦就转变为一种乐，仁人君子可以乐在其中。颜渊很好地继承了孔子这个思想，得到孔子的表扬，赞扬他在艰难条件下仍"不改其乐"。孟子深得孔子思想底蕴，在《离娄下》专门引了孔子的这句话："颜子当乱世，居于陋巷，一箪食，一瓢饮；人不堪其忧，颜子不改其乐。"（《孟子》8.29）在孟子看来，人或修其天爵或修其人爵，修其天爵，就不会斤斤计较于人爵，而只修其人爵，必弃其天爵。颜渊重视修其天爵，以行道为己任，自然不会计较利欲条件的恶劣，从而达到"不改其乐"的境界。

值得注意的是，孟子有时又将道德之乐与天地联系在一起。如他说，君子有三种乐趣，其中第二种乐趣就是"仰不愧于天，俯不怍于人"（《孟子》13.20）。孟子之所以将道德之乐与天地联系起来，

---

[1] 此处的"辩证的转折"大致相当于牟宗三先生所说的"诡谲的即"，参见牟宗三《圆善论》，（台）学生书局1985年版，第306页。

是因为在他看来,天地是道德的最终根据,人们完善道德也是对天地负责,一旦做到了这一点,就将道德推向了极致,达到了天人合一的境界,体验到了"无愧于天"的乐趣。从这个意义上讲,"无愧于天"一类的说法本质上仍然属于道德之乐的范围,并不具有独立的意义,不宜过分将其夸大,乃至将其与道德之乐分离开来。[1]

二

既有食色之乐、事业之乐,又有道德之乐,那么这三种不同的乐是什么关系呢?孟子认为,这三种不同的乐都很重要,但有高低层次之分。

首先是事业之乐高于食色之乐。孟子讲过:"仕非为贫也,而有时乎为贫;娶妻非为养也,而有时乎为养。为贫者,辞尊居卑,辞富居贫。辞尊居卑,辞富居贫,恶乎宜乎?抱关击柝。孔子尝为委吏矣,曰:'会计当而已矣。'尝为乘田矣,曰:'牛羊茁壮长而已矣。'位卑而言高,罪也;立乎人之本朝,而道不行,耻也。"(《孟子》10.5)孟子对于儒者出仕有很高的要求,认为出仕为官的根本目的在于平治天下,解民倒悬,而不能只是追求利禄。虽然在实在无法生活的情况下,为了图些俸禄也可以为官,但那就不能做高官,只能做一些守门打更一类的小官,混口饭吃而已。否则,做了高官,政治主张却不能实行,那就是耻辱。这就说明,食色和事业有上下层次之分,食色为下,事业为上,如果事事以食色为重,就是颠倒了二者的关系。

孟子还讲:"君子有终身之忧,无一朝之患也。乃若所忧则有之:舜,人也;我,亦人也。舜为法于天下,可传于后世,我由

---

[1] 在这个问题上,我的理解与以前已有所不同,有关的情况可参阅杨泽波《孟子与中国文化》第三部分第五章,贵州人民出版社 2000 年版。

未免为乡人也，是则可忧也。忧之如何？如舜而已矣。"（《孟子》8.28）孟子在这里透露出了自己的忧虑：我是人，舜也是人，但舜是圣人，我仍然是乡人。这段话并不难理解，值得注意的是孟子在这个问题上的致思取向：孟子把自己和舜作了比较，认为自己不如舜，这个差别不在物质方面，而在事业方面，因为舜在事业上取得了成功，自己却没有。通过这种分析，不难得知，在孟子心目中，事业很重要，远在食色层面之上。

事业之乐虽然高于食色之乐，但又低于道德之乐。孟子讲："天下大悦而将归己，视天下悦而归己犹草芥也，惟舜为然。"（《孟子》8.28）虽然辅佐明君平治天下是孟子的政治理想，但这种政治理想的重要性仍然赶不上孝亲，为了能够孝亲，像舜那样的圣人甚至连天下都可以不做了。这里，事业之乐和道德之乐何者为上，何者为下，是非常明显的。

孟子与桃应的一段对话与此有关。"桃应问曰：'舜为天子，皋陶为士，瞽瞍杀人，则如之何？'孟子曰：'执之而已矣。''然则舜不禁与？'曰：'夫舜恶得而禁之？夫有所受之也。''然则舜如之何？'曰：'舜视弃天下犹弃敝蹝也。窃负而逃，遵海滨而处，终身䜣然，乐而忘天下。'"（《孟子》13.35）桃应问，舜的父亲瞽瞍一旦杀了人，作为天子的舜该怎么办呢？这是一个两难的问题：孟子不能说不抓瞽瞍，因为他毕竟犯了法；但身为天子的舜又不能眼睁睁地看着父亲去坐牢。面对这个难题，孟子设想了一个解决的办法：偷偷把父亲背上逃走，在海边快快乐乐地住一辈子。桃应的发问，把孟子逼到了两难的境地，使其不得不在两个问题中作出选择：要么继续做天子，要么要父子亲情。孟子最后选择了父子亲情，宁可不做天子。这个选择所包含的意义十分重大。天子不是人人能做的，代表了事业的成功，甚至可以说是最大成功。父子亲情代表的是人伦之理，是伦理道德的集中体现。孟子认为，舜为了父子亲情，可以舍弃天子之位。这就说明，在孟子心底深处，道德的重要性远远超过了事业的重要性。

既然道德之乐高于事业之乐，事业之乐又高于食色之乐，那么道德之乐高于食色之乐就是显而易见的了。孟子对此有大量的论述。比如，"公都子问曰：'均是人也，或为大人，或为小人，何也？'孟子曰：'从其大体为大人，从其小体为小人。'"（《孟子》11.15）人有良心本心，这是人的"大体"，也有食色利欲，这是人的"小体"。"大体"可以决定人的价值，"小体"不能决定人的价值，一旦二者发生矛盾，就应该毫不犹豫地保其"大体"，舍其"小体"。

以"大体"决定"小体"，是孟子的一贯思想，并有生动的比喻："人之于身也，兼所爱。兼所爱，则兼所养也。无尺寸之肤不爱焉，则无尺寸之肤不养也。所以考其善不善者，岂有他哉？于己取之而已矣。体有贵贱，有小大。无以小害大，无以贱害贵。养其小者为小人，养其大者为大人。今有场师，舍其梧槚，养其樲棘，则为贱场师焉。养其一指而失其肩背，而不知也，则为狼疾人也。"（《孟子》11.14）人对于身体的各个部分都要爱护，但身体有重要部分，也有次要部分，不要因小的部分影响大的部分，因次要的部分影响重要的部分。保养小的部分的是小人，保养大的部分的是大人。如果一个园艺家放弃梧桐梓树而去培养酸枣荆棘，那他就不是一个好的园艺家；如果一个人放弃肩头背脊而养其手指，那他就是一个糊涂透顶的人。

由食色之乐到达事业之乐，再由事业之乐到达道德之乐，这三者之间属于层级价值选择关系。层级值选择关系是孟子有关思想的核心。孟子这一思想在鱼和熊掌的比喻中表达得最为淋漓尽致："鱼，我所欲也，熊掌亦我所欲也；二者不可得兼，舍鱼而取熊掌者也。生亦我所欲也，义亦我所欲也；二者不可得兼，舍生而取义者也。生亦我所欲，所欲有甚于生者，故不为苟得也；死亦我所恶，所恶有甚于死者，故患有所不辟也……"（《孟子》11.10）鱼和熊掌，生和义都可以带来快乐，都是所欲求的，但如果二者不能同时得到，我宁可选择熊掌，选择义。由于有了这种层级价值选择关系，人也就能够不断向上，最终以道德之乐为最高满足，在满足道德之乐的同时，使自己成就道德，成为一个有道德的人。

需要强调的是，不能将这种层级价值选择关系解释为彼此对立的关系。层级价值选择关系与彼此对立的关系有原则的不同：彼此对立关系有绝对的排他性，要么要甲，要么要乙，二者不能共存；层级价值选择关系较为复杂，需要细加分辨。在一般情况下，不同层级的选择不构成冲突，没有排他性，只是在特殊情况下，才会构成矛盾，选择一方必须排除另一方。此时君子必须选择价值层面更高的，放弃价值层面较低的。对于这种价值选择关系，历史上人们多不能准确把握。还以鱼和熊掌为例，在日常生活中，人们常说："唉，鱼和熊掌，不能兼得，没有办法。"这实际上是把鱼和熊掌绝对对立起来了。在孟子看来，鱼和熊掌，道德之乐、事业之乐、食色之乐在很多情况下可以兼得，只在一些特殊情况下才是彼此对立的。如果不能牢牢把握这一点，将层级价值选择关系改换为彼此对立的关系，不仅不能把握孟子思想的真义，还会将其引入歧途。宋明之后，儒学天理人欲之争之所以引发一些不好的结果，这是一个重要的原因。[1]

三

明确孟子之乐的层级价值选择关系，具有重要意义。

从理论上说，明确这一关系可以将儒家幸福观与康德圆善论区别开来。牟宗三写作《圆善论》，希望以儒家思想解决康德不能解

---

[1] 参见杨泽波《孟子幸福观与后世去欲主义的产生》，(台)《孔孟月刊》1994年第5期和第6期。

决的圆善难题，在学术界引起了很大的反响，相关研究成果很多，有很大进步。但通过对于孟子之乐层级结构的分析，不难看到，这方面还存在着不少问题。

照我的理解，儒家幸福观和康德圆善论性质有很大的不同。康德认为，人是理性存在者，本身即具有理性能力，具有先天的道德形式，将这种道德形式付诸实行，就是道德善行。在这个过程中，人本身就是目的，一切行动都必须出自道德法则，不能掺杂任何个人利得的目的。但这还只是纯粹的善，不是圆满的善。因为人作为理性存在者是有限的，不是无限的，要使道德成为人"欲望官能的一个对象"，必须加上幸福才行。否则，人需要幸福，也有资格享受幸福，实际上却无福可享，就不能算是"圆满意欲"。为此必须考虑如何把道德和幸福结合起来。"道德学就其本义来讲并不是教人怎样求谋幸福的学说，乃是教人怎样才配享幸福的学说。"[1]由于道德是配享幸福的唯一参照指标，所以必须"精确比照道德"将幸福分配给有德之人。这种既有道德又有幸福的善，就是圆满的善（圆善）。

这种圆善思想儒家是没有的。康德所说的幸福在孟子称为食色之乐。食色之乐是"求在外者"，能不能得到，由命决定，得到了好，得不到也无可奈何。孔孟等儒学大师处处提撕人生，时时高扬仁义，但从来没有讲过有德之人必须配享现世之幸福，更不用说康德那种"精确的分配"了。当然，孟子也讲过"惟仁者宜在高位"（《孟子》7.1），但那只是说仁者在高位便于施行仁政，而不是说仁者成就道德就可以配享幸福了。"古之人修其天爵，而人爵从之"（《孟子》11.16），似乎和配享幸福有一定关联，实际也不尽然。因为孟子并没有把天爵和人爵看作一种必然综合关系，以人爵配合天爵，只是说人应该学习古人努力修其天爵，而不应该一味求

---

1 康德：《实践理性批判》，关文运译，商务印书馆1960年版，第132页。

性善之谜——破解儒学研究的哥德巴赫猜想

其人爵。孔子努力修天爵，但人爵却屡屡不顺，孟子很了解孔子的经历，所以上述引文只是强调天爵人爵何者重要，而不是说天爵必然会配享人爵。当然，我们必须承认，成就道德也会给人带来内心的愉悦，即我们所说的道德之乐，在某种程度上可以说这也是一种福，但这种乐、这种福只是心灵上的，而不是实际上的。这种心灵上的而非实际上的乐和福与康德所说的实际的幸福，性质完全不同。由此可见，康德所关心的所谓圆善问题，并不是儒学关心的课题，希望以儒家的幸福观解决康德无法解决的圆善难题，很可能是从一开始就把路走错了。

从现实上说，明确孟子幸福观的层级性质，对于指导人们的现实生活，也有重要作用。随着经济的发展，很多人的生活开始逐渐好了起来，这当然是好事，但由此也产生了不少问题。生活奢侈，比富斗阔，纸醉金迷，精神空虚的风气在一部分人中间渐渐滋长。虽说这种情况带有一定的历史必然性，虽说历史评价与道德评价始终是一对悖论，但这种情况发展之快、来势之猛、程度之高也足以引起有识之士的警惕。在这种情况下，重温孟子之乐，可以使人们明白食色之乐只是各种幸福中的一种，如果只求食色之乐不求事业之乐和道德之乐，则与离兽无异。大力宣传这个道理，有助于人们提高精神品位，使人们既有食色之乐、事业之乐，又有道德之乐，使我们的民族既物质昌盛又精神充足。

特别需要强调的是，在孟子之乐三个层面中，事业幸福虽然高于利欲幸福，但又低于道德幸福。这个思想就是古人说的"泰上立德，其下立功，其下立言"，也就是今天通常说的"先做人，后立业"。由于种种的历史原因，很长一段时间以来，我们对这个问题重视不够。学哲学只是为了变得"聪明"，活着只是为了事业有成，至于要不要"先做人"，要不要"堂堂正正做个人"，便很少有人关心了。这种做法造成的结果是"聪明人"越来越多，正人君子越来越少。支撑社会道德的内在动力涸竭了，社会道德当然就会出现问题。要解决这些问题，西方的东西所能起到的作用极其有限，我们应当将眼光回到传统，在传统的无尽宝藏中汲取营养。在这一宝藏之中，孟子之乐是一个非常重要的内容。深入挖掘这个内容，对于教育人们懂得道德之乐的重要性，确立"先做人，后立业"的正确价值选择，无疑会有重要的帮助作用。

六、孟子理想人格的思想与践行

案：根据《孟子评传》第六章"舜跖之辨"改写而成，发表于（台）《中国文化月刊》1998年第1期。文中提到的理想人格与普通人格的关系，至今仍未过时，仍有重要意义。

理想人格一词虽然是现代术语，但其思想主旨孟子已多有涉及。今天研究孟子关于理想人格的思想，对于了解孟子有关思想的内涵，以及这种思想对中国社会发展的影响，都有重要意义。

一、理想人格的层次

理想人格并非只在一个平面上，而是分为若干层次。孟子在评论乐正子的时候，对此有详细的说明：

> 可欲之谓善，有诸己之谓信，充实之谓美，充实而有光辉之谓大，大而化之之谓圣，圣而不可知之之谓神。（《孟子》14.25）

孟子在这里将人格区分出了善、信、美、大、圣、神六个层次。六个层次中最基础的是善。朱熹《四书章句集注》说："天下之理，其善者必可欲，其恶者必可恶。其为人也，可欲而不可恶，则可谓善人矣。"这是说，对人而言，善是可欲的东西，善人是可欲之人。"理义之悦我心，犹刍豢之悦我口。"（《孟子》11.7）像口舌天生喜欢刍豢一样，人心天生喜欢仁义礼智。这种"喜欢"就是"可欲"，就是善。换句话说，人心是自然"向善""欲善"的，沿着人心的自然趋向走，必然走向善的方面，人也就成为了善人。

信是"有诸己"的意思。《说文》将信与诚互训："信，诚也"，"诚，信也"。人在行动中处处以自己原本具有的善性为指导，这就是"有诸己"，就是信，也就是诚，而如果时时处处都做到信，也就使自己成为了"信人"。可见，如果细分的话，"有诸己"可以包含两层含义：第一，行为的根源是自己的良心本心，不是迫于外在的压力；第二，行为的目的只是为了自己的良心本心，不附加任何外在的目的。所以"有诸己"也是一种善，是真诚的善，而不是虚假的善。恰如见孺子将入于井前去抢救，这种行为是"可欲"的，是一种善，而这种善源于自己的良心本心，不是外力强加的。更为重要的是，救孺子的行动不是做给人看的，只是因为恻隐之心的发动，便去实行了。正因为如此，在孟子看来，"信"比"善"还要高出一个层次。

美和"充实"联系在一起，充实前面讲的"善"和"信"，就叫作美。朱熹《四书章句集注》说："力行其善，至于充满而积实，则美在其中而无待于外矣。""力行"的目的是求善，就是前面讲的"可欲之"，也就是善。"力行"的根据和目的不在别处，而在自己的内心，就是前面讲的"有诸己"，也就是信。将这种"可欲之"的"善"，与"有诸己"的"信"充实起来，达到相当的程度，即朱子说的"充满积实"，这就是美了。[1]

大是"充实而有光辉"的意思。《孟子》中大人一词有三义，一是在高位之人，如"说大人，则藐之，勿视其巍巍然"(《孟子》14.34)；二是有德之人，如"养其大者为大人"(《孟子》11.14)；

---

[1] 学术界常常将这里的美与审美放在一起讨论，有违孟子原意。但这个问题与本文主题有一定距离，此处不加详论。

三是有德同时也有功业之人，如"惟大人能格君心之非"（《孟子》7.20）。"充实而有光辉之谓大"即属于第三种情况。朱熹《四书章句集注》说："和顺积中而英华发外，美在其中而畅于四支，发于事业，则德至盛而不可加矣。"就是说，内心之德不仅充实，而且德照于人，光泽于业，这就叫作大。可见，美和大的区别，在于美只是于内充实，大还要显露于外，发于事业。下面两章有助于这个问题的理解：

> 唯大人为能格君心之非。君仁，莫不仁；君义，莫不义；君正，莫不正。一正君而国定矣。（《孟子》7.20）
>
> 有大人者，正己而物正者也。（《孟子》13.19）

君王在治理国家中的作用没有别人可以替代，只要君王做到仁、做到义、做到正，天下莫不仁、莫不义、莫不正。这就叫作"一正君而国定矣"。但是君王常常有不正确的思想，需要大人对其心加以纠正。"正己而物正"，就是说大人自身正，又能"格君心之非"，从而"国定"而天下正。可见这里的大人，主要是强调发于事业，光泽于人。

总的看来，善、信、美、大，都比较好理解，但圣和神的歧义较多，理解起来就比较困难了。

先说圣。朱熹《四书章句集注》依据张载"大可为也，化不可为也，在熟之而已矣"的说法，将此句释为："大而能化，使其大者泯然无复可见之迹，则不思不勉，从容中道，而非人力之所能为矣。"与此不同，赵岐注为："大行其道，使天下化之，是为圣人。"焦循《孟子正义》则认为："此谓德业照于四方而能变通之也。"

我认为，赵岐和焦循的看法准确一些。根据有二：首先，《孟子》中"化"字出现5次，一次指"死亡"，其他4次除此次外还有"瞽瞍厎豫而天下化"（《孟子》7.28），"所过者化，所存者神"（《孟子》13.13），"有如时雨化之者"（《孟子》13.40），都指"化育""变化",并无"化解""融会"的意思。其次,孟子与孔子对于圣人的看法不尽相同。孔子讲:"圣人,吾不得而见之矣,得见君子者,斯可矣。"(《论语》7.26)大概因为当时孔子没有找到一个开明君王,其政治理想不能实现,所以感叹圣人不得而见,能见到君子就不错了。孟子心目中圣人的标准似乎要低一些。伯夷、伊尹、柳下惠虽然各不同道,各有不足,但孟子认为他们都能行于仁道,使一方百姓受尧舜之道的润泽,所以也是圣人,是"圣之清者""圣之任者""圣之和者"(《孟子》10.1)。孟子对这三个人的评价,正好与"大而化之之谓圣"的说法相吻合。可见,"大而化之之谓圣"与"达则兼善天下"(《孟子》13.9)有关,与"君子所过者化,所存者神"同义,是"不仅充实表现出光辉,而且其德业能够使天下四方发生变化,就是圣"的意思。

　　再说神。这里的神指"神奇""神妙",而不是指神人,这一点应该没有争议。问题在于如何理解"不可知之"。在我看来,这和"行权"问题有一定关系。孟子有段话可作这方面的参考。淳于髡认为,孟子身为三卿之一,没有建立上辅君王下安臣民的功业,就想离开,仁人似乎是不这样做的。孟子看法不同,认为伯夷不以自己贤人的身份服侍不肖的人,伊尹五次去汤那里,五次又去桀那里,柳下惠不讨厌恶浊的君主,不拒绝微贱的官职。这三个人都是贤人圣人,而他们的行为却各不相同,这常常使人无法理解。孟子认为,虽然这三个人的具体行为不同,但总的方向是一样的,这就是仁。我今天离去,尽管人们不理解,但也是为了仁。接着孟子又讲到孔子:"孔子为鲁司寇,不用,从而祭,燔肉不至,不税冕而行。不知者以为为肉也,其知者以为为无礼也。乃孔子则欲以微罪行,不欲为苟去。"(《孟子》12.6)孟子以孔子的言行为自己离去作辩护。孔子在鲁国当司寇不被重用,找个借口,匆匆离去。人们或以为孔子是为了争祭肉,或以为孔子嫌鲁国失礼,但有谁能知道孔子的真实初衷呢?

性善之谜——破解儒学研究的哥德巴赫猜想

下面两章可视为这个问题的总结：

> 行之而不著焉，习矣而不察焉，终身由之而不知其道者，众也。(《孟子》13.5)
>
> 君子之所为，众人固不识也。(《孟子》12.6)

一方面，庶民百姓只知如此去做而不知其当然，习惯了却不深知其所以然，一生都走这条道，却不了解这是什么道。另一方面，君子存心养性达到一定境界后，在践仁行义的过程中，"行权"应变，应付自如，会根据各种不同的条件，采取不同的做法。两方面加起来，就造成了君子所作所为一般人并不深知其故的情况。"不可知之之谓神"，指的就是这种情况。这就说明，神是圣达到一定程度后，可以根据情况变化调整自己的行为方案，从而达到游刃有余、"出神入化"境界的意思。因此，神与圣本质相同，只是层次更高，没有十分特别的意思。儒家始终把圣人作为理想人格的极致，而没有另外再单独列出一个"神人"，即为明证。

二、理想人格的范例

孟子不仅对理想人格有层次上的排列，而且有时间上的排列，他说：

> 由尧舜至于汤，五百有余岁；若禹、皋陶，则见而知之；若汤，则闻而知之。由汤至于文王，五百有余岁，若伊尹、莱朱，则见而知之；若文王，则闻而知之。由文王至于孔子，五百有余岁，若太公望、散宜生，则见而知之；若孔子，则闻而知之……(《孟子》14.38)

这里依次讲到了尧、舜、禹、汤、文王、孔子，成为著名的道统说的起源。在这种排列中，体现了作为理想人格的典范在孟子心目中的地位。

尧、舜、禹、汤、文王、孔子,都是孟子心目中理想人格的典范,但如果具体分析起来,每个人又各有特点,各有侧重。下面仅以舜、文王、孔子为例,作个案分析,以便了解孟子心目中理想人格的情况。[1]

孟子称颂舜的话当中,很多都与性善有关:

> 尧舜,性者也;汤武,反之也。(《孟子》14.33)

> 人之所以异于禽兽者几希,庶民去之,君子存之。舜明于庶物,察于人伦。由仁义行,非行仁义也。(《孟子》8.19)

> 舜之居深山之中,与木石居,与鹿豕游,其所以异于深山之野人者几希;及其闻一善言,见一善行,若决江河,沛然莫之能御也。(《孟子》13.16)

> 大舜有大焉,善与人同,舍己从人,乐取于人以为善。自耕稼、陶、渔以至于帝,无非取于人者。取诸人以为善,是与人为善者也。故君子莫大乎与人为善。(《孟子》3.8)

舜行仁德,是出于本性,而汤武行仁德,是经过反身而求,这就要差一点了。正因如此,舜才能够做到"哭死而哀,非为生者也。经德不回,非以干禄也。言语必信,非以正行也"。但是舜与常人相比,从源头上讲,也没有多大的区别。因为人和禽兽的区别只有那么一点点,舜所以能超过庶人,只在于能够将这"几希"保存下来,不使其流失,听到善言,见到善行,便勇于去做而已。

孟子还常常称赞舜为大孝:

> 人少,则慕父母;知好色,则慕少艾;有妻子,则慕妻子;仕则慕君,不得于君则热中。大孝终身慕父母。五十而慕者,予

---

[1] 钟彩钧在这方面作了有益的探索,见其论文《孟子思想与圣贤传统的关系》,载于黄俊杰主编《孟子思想的历史发展》,(台)"中央研究院"中国文哲研究所筹备处1995年版。

> 于大舜见之矣。(《孟子》9.10)
>
> 舜视弃天下犹弃敝蹝也。窃负而逃,遵海滨而处,终身䜣然,乐而忘天下。(《孟子》13.35)

舜的父母对舜不好,但舜还是能够孝顺父母,做到"五十而慕",甚至如果父母犯了罪,连天子也不做了,与父亲一块逃到海边,快活地生活。孟子认为,孝的本身就是仁,就是义。舜能够做到大孝,正说明舜是性善的典范。

另外,孟子还把舜作为贤臣的代表:

> 圣人,人伦之至也。欲为君,尽君道;欲为臣,尽臣道。二者皆法尧舜而已矣。不以舜之所以事尧事君,不敬其君者也。(《孟子》7.2)

尧是仁君的典型,舜是贤臣的典型,为臣就应当像舜对待尧那样"敬其君"。《离娄上》说:"陈善闭邪谓之敬。"(《孟子》7.1)赵岐注将此句解为:"陈善法以禁闭君之邪心,是为敬君。"朱熹《四书章句集注》亦持此义。可见,像舜那样"陈善闭邪",是孟子心目中的最理想的为臣敬君之道。

孟子对于文王的称道,多在仁政方面:

> 取之而燕民不悦,则勿取。古之人有行之者,文王是也。(《孟子》2.10)
>
> 老而无妻曰鳏,老而无夫曰寡,老而无子曰独,幼而无父曰孤。此四者,天下之穷民而无告者。文王发政施仁,必先斯四者。(《孟子》2.5)
>
> 文王之囿方七十里,刍荛者往焉,雉兔者往焉。与民同之。民以为小,不亦宜乎!(《孟子》2.2)

孟子主张王道主义,文王是这种理想的典型,每逢孟子与君王谈王道仁政的时候,总是以文王为例,说文王与民同乐,说文王善养孤老，说文王重视民心，把文王作为王道主义的典型。"师文王，大国五年，小国七年，必为政于天下矣。"(《孟子》7.7）可以说，在孟子对文王的赞颂当中，王道主义仁政学说才得到了具体的展露。

孟子对孔子的称颂，代表了他自己的学习榜样。孟子最敬重孔子，对于孔子的重视程度，没有人可以与之相比，《孟子》中光是引孔子的话就高达26则。孟子称赞孔子说的话也特别多，如："自有生民以来，未有孔子也。"(《孟子》3.2）"以德服人者，中心悦而诚服也，如七十子之服孔子也。"(《孟子》3.3）孟子多次引孔子弟子的话赞扬孔子，比如："学不厌，智也；教不倦，仁也。仁且智，夫子既圣矣。""以予观于夫子，贤于尧舜远矣。""见其礼而知其政，闻其乐而知其德，由百世之后，等百世之王，莫之能违也。""岂惟民哉？麒麟之于走兽，凤凰之于飞鸟，泰山之于丘垤，河海之于行潦，类也。圣人之于民，亦类也。出于其类拔乎其萃，自有生民以来，未有盛于孔子也。"(《孟子》3.2）"江汉以濯之，秋阳以暴之，皓皓乎不可尚已。"(《孟子》5.4）

在这众多的赞语当中，最重要的是以下三章：

  1. 伯夷，圣之清者也；伊尹，圣之任者也；柳下惠，圣之和者也；孔子，圣之时者也。孔子之谓集大成。集大成也者，金声而玉振之也。金声也者，始条理也；玉振之也者，终条理也。始条理者，智之事也；终条理者，圣之事也。智，譬则巧也；圣，譬则力也。由射于百步之外也，其至，尔力也；其中，非尔力也。(《孟子》10.1）

这是盛赞孔子的德性。伯夷、伊尹、柳下惠也是古之圣人，但只是圣之清者，圣之任者，圣之和者，而孔子却可以集其大成，"可以仕则仕，可以止则止，可以久则久，可以退则退"(《孟子》3.2），为圣之时者，其德性之纯熟，远非前三人可比。

  2. 世衰道微，邪说暴行有作。臣弑其君者有之，子弑其父者

> 有之。孔子惧，作《春秋》。《春秋》，天子之事也；是故孔子曰："知我者其惟《春秋》乎！罪我者惟《春秋》乎！"(《孟子》6.9)

这是盛赞孔子的功业。孔子原为一介平民，但不甘心世道衰微，邪说横行，于是作《春秋》。作《春秋》本来为天子之事，孔子为之，为的是拯世救民，所以才说："知我者其惟《春秋》乎！罪我者惟《春秋》乎！"孟子将孔子作《春秋》看成一大事，认为"孔子成《春秋》而乱臣贼子惧"(《孟子》6.9)，并将此与大禹之治水而天下平，周公兼夷狄而百姓宁，同等看待。

> 3. 杨墨之道不息，孔子之道不著，是邪说诬民，充塞仁义也。仁义充塞，则率兽食人，人将相食。吾为此惧，闲先圣之道，距杨墨，放淫辞，邪说者不得作。作于其心，害于其事；作于其事，害于其政。圣人复起，不易吾言矣。(《孟子》6.9)

这是说孟子为什么要学习孔子。孔子之后，世道益乱，人心益坏，在孟子看来，这全是杨朱、墨翟之言猖行天下之过，要使天下太平，必须距杨朱、墨翟之言，倡孔子仁义大道，否则人心不正则政事不正，政事不正则王道不行，王道不行则天下难平。这就说明，孟子一生一世，所做所为，全以孔子为榜样：他的学说源自孔子，他的力量源自孔子，他的信心源自孔子，他的希望也源自孔子。这便是他所说的"乃所愿，则学于孔子也"(《孟子》3.2)。

三、理想人格的实践

孟子不仅提出了理想人格的理论，而且在现实生活中身体力行，努力建构理想人格，使自己升华为理想人格的化身，为后世所敬仰和学习。因此，研究孟子对理想人格的实践，就显得很有必要了。

孟子对于理想人格的实践，有众多表现，初步分类，有如下十端：

1. 志于仁义。理想人格是一种精神力量，这种精神力量的源泉不能来自外部，而只能来自内心，来自内心原本具有的仁义。人只要志于仁义，就可以成就大事，成为大人：

> 王子垫问曰："士何事？"
> 孟子曰："尚志。"
> 曰："何谓尚志？"
> 曰："仁义而已矣。杀一无罪非仁也，非其有而取之非义也。居恶在？仁是也；路恶在？义是也。居仁由义，大人之事备矣。"
> （《孟子》13.33）

士身负着伟大使命，志行必须要高于常人，这就是所谓有"尚志"，而"尚志"无非就是按仁义行事，这就是所谓的"仁义而已"。仁是天下最广大的居所，义是天下最平坦的大道，只要能够居住在仁的居所里，行走在义的大道上，不做任何不仁不义的事情，就可以成为大人了。

2. 存心向善。立志于仁义，便有了向善的内心根据，就可以保证时时处处向善不已。下面这段话讲的就是这个道理：

> 待文王而后兴者，凡民也。若夫豪杰之士，虽无文王犹兴。
> （《孟子》13.10）

普通百姓虽然也有良心善性，但容易受到环境的影响，所以要等待文王这样的圣人出现之后，"以先觉觉后觉"，才能保持自己的善性，奋发有为。豪杰之士与此不同，即使没有文王那样的圣人出现，也能不受环境的影响，不随波逐流，保持自己的良心善性，奋发有为。这就说明，理想人格在任何情况下都能保持自己的良心善性，存心向善，乐此不疲。

3. 恒存忧患。艰苦对人是一种锻炼，忧患可以使人奋发有为，历史上许多著名人物都来自困苦的环境。从事田野耕作的舜后来成了天子,从事夯土筑墙的傅说后来被殷之武丁提拔为相,从事捕鱼制盐的胶鬲被举为殷纣的大臣,当过狱官之长的管夷吾成为齐桓公之相,孙叔敖从偏僻的海滨被举为楚国的令尹,百里奚从掳者手中赎出被举为秦缪公之相。孟子从这些事实中得出了如下重要的结论:

> 故天将降大任于是人也,必先苦其心志,劳其筋骨,饿其体肤,空乏其身,行拂乱其所为,所以动心忍性,曾益其所不能。人恒过,然后能改;困于心,衡于虑,而后作;征于色,发于声,而后喻。入则无法家拂士,出则无敌国外患者,国恒亡。然后知生于忧患而死于安乐也。(《孟子》12.15)

对于一个人来讲,上天如果要他成就大事,必定先磨砺他们的心志,劳累他们的筋骨,饥饿他们的肌体,空乏他们的身子,一有行动就阻挠扰乱他们,以此来触动他们的内心,坚韧他们的性格,增加他们的能力。对于一个国家来说,内没有严明的行法之人,诤谏之士,外没有与之抗衡的国家和外患的忧惧,常常容易灭亡。由此可知,忧患使人生存,安乐使人死亡。《尽心上》第十八章讲的是同样的道理:

> 人之有德慧术知者,恒存乎疢疾。独孤臣孽子,其操心也危,其虑患也深,故达。(《孟子》13.18)

人们之所以有道德、智慧、道术、知识,常常在于他们有灾患。孤立之臣、庶孽之子,由于地位低下,处境艰难,总是操心不安,陷于虑患,所以才能通达。

4. 重耻知辱。内心有了仁义,也就有了道德是非的标准,有了道德是非的标准,就知道了什么是光荣,什么是羞辱。所以,重耻知辱是理想人格不可缺少的一项内容。《尽心上》六七两章专门谈这个问题。孟子说:

> 人不可以无耻，无耻之耻，无耻矣。(《孟子》13.6)
>
> 耻之于人大矣，为机变之巧者，无所用耻焉。不耻不若人，何若人有？(《孟子》13.7)

一个人不能没有羞耻感，不以羞耻为羞耻，就说明这个人连羞耻之心都没有了。羞耻之心对人生非常重要。如果一个人不以赶不上别人为羞耻，就不会有前进的动力，当然也就永远赶不上别人，永远落在别人后面。

5. 摈除乡愿。在《孟子》全书的倒数第二章，万章问孟子，什么叫作乡愿？孟子回答说：

> "何以是嘐嘐也？言不顾行，行不顾言，则曰，古之人，古之人。行何为踽踽凉凉？生斯世也，为斯世也，善斯可矣。"阉然媚于世也者，是乡原也。(《孟子》14.37)

乡愿这种人对狂放之人不满意，说何必要这样志大气高呢？动不动就说古之人，古之人，实在是言语和行为不能相符。这种人对狷介之人也不满意，说为什么要这样落落寡合呢？生在这个世界上，为这个世界上做事，过得去就行了。"阉然媚于世也者，是乡原也。"这就点出了乡愿的要害：低贱地献媚于世人的那种人就是乡愿。万章对此似乎还没有完全理解，继续问道，整个乡里都说这种人好，孔子却批评这种人是德行的损害者，这是为什么呢？孟子解释道：

> 非之无举也，刺之无刺也，同乎流俗，合乎污世，居之似忠信，行之似廉洁，众皆悦之，自以为是，而不可与入尧舜之道，故曰"德之贼"也。(《孟子》14.37)

乡愿这种人，指责他们却举不出缺点，责骂他们又找不到由头，混同于流俗，迎合于浊世，为人似乎忠诚守信，处事似乎方正清洁，自己觉得正确，到处得人喜欢，但就是不能与之深入尧舜之道，所以是损害德行的人。由此可见，所谓乡愿，就是圆滑玲珑，处处讨好,没有骨气,缺乏原则,低贱地向世人献媚的哪种人。要培养理想人格必须摈除乡愿。

6. 志向宏大。以上这些做好了,便成就了道德,但仅仅如此,还不能纠正社会的失序状态,真正有道德的人不能满足于这些,还必须有宏大的志向,对社会发展作出自己的贡献。孟子就是这样做的,他说:"如欲平治天下,当今之世,舍我其谁也?"(《孟子》4.13)孟子认为,社会发展是一乱一治的,其周期大约是五百年,在这期间必定有大人出现,随着大人的出现,天下也就由乱到治了。但可惜的是,从周朝伊始到孟子已经七百多年了,圣人还未出现,天下还未平治,这大概是上天无心吧,如果上天果真要平治天下,当今之世,我孟轲是最好的人选。这种气魄,这种志向,是理想人格的必然要求。也正是在这样意义上,孟子不免有所感叹:

> 舜,人也;我亦人也。舜为法于天下,可传于后世,我由未免为乡人也,是则可忧也。忧之如何?如舜而已矣。(《孟子》8.28)

舜成为天下的模范,名声传于后代,可是我孟轲仍然是个普通人,这才是我所忧患的。这种忧患,正是孟子志向宏大的表现。

7. 出仕以道。在当时的情况下,士人只有出仕为官,依靠开明的君王,才能实现王道政治的理想,所以儒家从不主张隐世,孔子孟子也无不希望出仕为官。孟子同周霄的对话详细谈到了这个问题:

> 周霄问曰:"古之君子仕乎?"
>
> 孟子曰:"仕。《传》曰:'孔子三月无君,则皇皇如也,出疆必载质。'公明仪曰:'古之人三月无君,则吊。'"
>
> "三月无君则吊,不以急乎?"
>
> 曰:"士之失位,犹诸侯之失国家也。《礼》曰:'诸侯耕助,以供粢盛;夫人蚕缫,以为衣服。牺牲不成,粢盛不洁,衣服不

备,不敢以祭。惟士无田,则亦不祭。'牲杀、器皿、衣服不备,不敢以祭,则不敢以宴,亦不足吊乎?"(《孟子》6.3)

孟子认为,士人失去官职,如同诸侯失去国家:诸侯失去国家,只能流亡他国;士人失去官职,就无法实现自己的政治抱负。所以孟子肯定了士人应该出仕,并以孔子为例,说孔子三个月没有国君任用就非常着急了。

但另一方面,士人出仕也必须合乎礼义,不能胡来。孟子打比方说:

> 丈夫生而愿为之有室,女子生而愿为之有家;父母之心,人皆有之。不待父母之命,媒妁之言,钻穴隙相窥,逾墙相从,则父母国人皆贱之。古之人未尝不欲仕也,又恶不由其道。不由其道而往者,与钻穴隙之类也。(《孟子》6.3)

士人希望出仕为官,如同男孩希望有妻室,女孩希望有婆家,是很正常的。但是士人出仕必须合乎礼义,否则便如同男女之间不经父母之命,媒妁之言,随便扒门相望,爬墙私会一样,让人轻视耻笑。

当然,孟子也不绝对排除士人有时为了穷困而出仕的可能,只是强调如果那样的话,就应该拒绝高官显位,只当一些小官,图些微薄的俸禄罢了。他说:

> 仕非为贫也,而有时为贫;娶妻非为养也,而有时为养。为贫者,辞尊居卑,辞富居贫。辞尊居卑,辞富居贫,恶乎宜乎?抱关击柝。孔子尝为委吏矣。曰,"会计当而已矣。"尝为乘田矣,曰,"牛羊茁壮长而已矣。"位卑而言高,耻也;立乎人之本朝,而道不行,耻也。(《孟子》10.5)

理想人格的出仕,必须以行道为职志,不应以俸禄为目的。如果身居要职,领取高额俸禄,却不能按自己的政治主张办事,实现王道政治的理想,那便是一种耻辱。

8. 志气浩然。大丈夫当有浩然之气。什么是浩然之气?孟子自己也觉得难以讲明白:

> 难言也。其为气也,至大至刚,以直养而无害,则塞于天地之间。其为气也,配义与道;无是,馁也。是集义所生者,非义袭而取之也。行有不慊于心,则馁矣。(《孟子》3.2)

浩然之气主要包括三个方面的内容:首先,从性质上说,浩然之气和"义与道"相配合,而"义与道"都属于人的精神范围,所以浩然之气是人的一种精神力量,精神状态,而不属于物质范畴,如精气之类。其次,从力量上说,浩然之气最伟大,最刚强,一旦人具有了浩然之气,便可以立于天地之间。最后,从培养上说,浩然之气必须用正直来培养,不能加以损害,一旦做一件于心有愧的事情,它就疲软了,而且这种培养必须长期坚持,不是偶然的正义行为所能取得的。

9. 忘人之势。孟子认为,理想人格面对君王决不应卑躬屈膝,低人一等,下面两段话非常有名:

> 说大人,则藐之,勿视其巍巍然。堂高数仞,榱题数尺,我得志,弗为也。食前方丈,侍妾数百人,我得志,弗为也。般乐饮酒,驱骋田猎,后车千乘,我得志,弗为也。在彼者,皆我所不为也;在我者,皆古之制也,吾何畏彼哉?(《孟子》14.34)

> 古之贤者好善而忘势;古之贤士何独不然?乐其道而忘人之势,故王公不致敬尽礼,则不得亟见之。见且不由得亟,而况得而臣之乎?(《孟子》13.8)

向诸侯进言,应当藐视他们,不要在乎他们高高在上的样子。孟子从两个方面作了比较。一方面是"在彼者"的"堂高数仞,榱题数尺","食前方丈,侍妾数百人","般乐饮酒,驱骋田猎,后车千乘"。这些东西虽然豪华气派,但不是我最终的价值所求,所

六、孟子理想人格的思想与践行

以"我得志，弗为也"。另一方面是"在我者，皆古之制也"。所谓"古之制"即"先王之制"，也就是王道仁政的伟大理想，具备了这种伟大的力量，才能成为"王者师"，才能精神充实，不为外物所动，王公如果不能恭敬尽礼，就不能多次相见。所以，两方面相比较，"在我者"更加重要，更加宝贵，所以才有"吾何畏彼"的结论，才有"忘人之势"的气魄。

在实际生活当中，孟子努力实践自己的理论，为后人树立了"忘人之势"的榜样。这方面的例子不胜枚举，比如：

> 孟子谓齐宣王曰："王之臣有托其妻子于其友而之楚游者，比其反也，则冻馁其妻子，则如之何？"
> 王曰："弃之。"
> 曰："士师不能治士，则如之何？"
> 王曰："已之。"
> 曰："四境之内不治，则如之何？"
> 王顾左右而言他。(《孟子》2.6)

孟子为了劝说齐宣王施行仁政，先从外围入手，连设三问，步步逼近：一问如果有人不能履行诺言，使朋友的妻室儿女挨饿受冻怎么办？再问如果掌管刑罚的长官不能管理下级怎么办？三问如果一个国家政治搞得不好百姓受苦怎么办？问题如此尖锐，将对方逼到死角，齐宣王不能答，只能顾左右而言他。

又如：

> 孟子将朝王，王使人来曰："寡人如就见者也，有寒疾，不可以风。朝，将视朝，不识可使寡人得见乎？"
> 对曰："不幸而有疾，不能造朝。"
> 明日，出他吊于东郭氏。公孙丑曰："昔者辞以病，今日吊，或者不可乎？"
> 曰："昔者疾，今日愈，如之何不吊？"

> 王使人问疾，医来。
>
> 孟仲子对曰："昔者有王命，有采薪之忧，不能造朝。今病不愈，趋造于朝，我不识能至否乎？"
>
> 使数人要于路，曰："请必无归，而造于朝！"
>
> 不得已而之景丑氏宿焉。(《孟子》4.2)

这个例子有很强的戏剧性。孟子准备朝见齐宣王，齐宣王派人传话说他原本应该来看孟子的，但不巧生病了，不能来，如果孟子肯来朝，在临朝办公的时候，可以见孟子。孟子不高兴了，说他也生病了不能上朝，可第二天又到别人家吊丧去了。齐宣王派人问病情，不见孟子，弟子只好一边找借口说孟子的病刚刚好一点，已经上朝去了，但不知是不是赶到了，一边派人到孟子回家的路上拦住孟子，让他无论如何不能回家，赶快上朝去。孟子没有办法，只好躲到别人家借宿。弟子认为，齐宣王对孟子很尊敬，但不见孟子对齐宣王尊敬，对孟子的做法不解。孟子不以为然，引用曾子的话说："晋楚之富，不可及也；彼以其富，我以吾仁；彼以其爵，我以吾义，吾何慊乎哉？"齐宣王有富，有爵，我有仁，有义，我并不比他低到哪里。孟子还指出："天下有达尊三：爵一，齿一，德一。朝廷莫如爵，乡党莫如齿，辅世长民莫如德。恶得有其一以慢其二哉？"(《孟子》4.2)齐宣王只有爵，而我有齿和德，齐宣王不能凭其爵位而轻视我的年龄和道德。如果齐宣王真的要有所作为，应该像汤对待伊尹、桓公对待管仲那样对我，"学焉而后臣之"，怎么能随便摆架子呢？

以上只是孟子忘人之势众多事例中的两件，其他如在与齐宣王对话中直言"君有大过则谏；反复之而不听，则易位"(《孟子》10.9)；在与齐宣王的宠臣王驩接触过程中，不屑与其言语(《孟子》4.6，8.27)，都是很好的例子，不能具引。

10. 困达不变。实现王道主义是孟子的崇高理想，但是这种理想能不能实现,要受很多条件的限制,不完全决定于自己。能够实现则好,不能实现怎么办?因此,正确看待穷困与显达,便成了理想人格必须面对的问题。孟子对这个问题的看法,简单说就是困达不变。他说:

> 孟子谓宋勾践曰:"子好游乎?吾语子游。人知之,亦嚣嚣;人不知,亦嚣嚣。"
> 曰:"何如斯可以嚣嚣矣?"
> 曰:"尊德乐义,则可以嚣嚣矣。故士穷不失义,达不离道。穷不失义,故士得己焉;达不离道,故民不失望焉。古之人,得志,泽加于民;不得志,修身见于世。穷则独善其身,达则兼善天下。"(《孟子》13.9)

宋勾践,其人姓名不见其他古籍,详情不可考,但从上下文看,似乎属纵横家流。当时通过游说取得职位的士人很多,纵横家是其中的一种。孟子认为,游说应当以行道为目的,尊崇德,乐于义,这样就可以做到穷困不失义,显达不离道。穷困不失义,士人贵自得;显达不离道,民众不失望。"穷则独善其身,达则兼善天下",这才是理想人格对此的态度。

以上十条简单说来,可以用大丈夫精神加以概括。景春认为,像公孙衍、张仪足可以冠此称号了,因为他们身居要职,佩五国相印,发起脾气诸侯恐惧,安静下来天下太平。孟子不同意这种看法,指出:

> 是焉得为大丈夫乎?子未学礼乎?丈夫之冠也,父命之;女子之嫁也,母命之,往送之门,戒之曰:"往之女家,必敬必戒,无违夫子!"以顺为正者,妾妇之道也。居天下之广居,立天下之正位,行天下之大道;得志,与民由之;不得志,独行其道。富贵不能淫,贫贱不能移,威武不能屈,此之谓大丈夫。(6.2)

性善之谜——破解儒学研究的哥德巴赫猜想

关于什么人可以称为大丈夫，孟子之时有不同的看法。景春认为，公孙衍、张仪足以算是大丈夫了。孟子则认为，公孙衍、张仪只知顺从君主的意志，满足君主的欲望，与"必敬必戒，无违夫子"的从嫁女子无异，是"以顺为正"的"妾妇之道"，根本不是什么大丈夫。居住在天下最宽广的居所里，站立在天下最正确的位置上，行走在天下最广阔的大道上，能实现志向就与民众一同前进，不能实现志向就独自施行自己的原则，富贵无法诱惑，贫贱无法动摇，威武无法屈服，这才是真正的大丈夫。这既是对于景春的批评，又可以看作孟子的自勉。检阅孟子一生，将大丈夫精神称谓孟子的人格，实在是再恰当不过了。

孟子对于理想人格的实践，是《孟子》全书中最感人肺腑、震撼人心的篇章。每逢读到这些，面对孟子中骨挺立、一身傲气的伟大形象，对比自己的渺小鄙陋，无不怦然心动、无地自容。这种人格与后来专制制度下俗儒、鄙儒、小儒相比简直是两个世界，决不可同日而语。孟子的人格形象，光彩照人，催人奋进，成为后世志士仁人取之不尽，用之不竭的精神源泉。

四、理想人格对后世的影响

孟子关于理想人格的思想和实践对后世有重要影响，这种影响可以简单概括为四个字，这就是"学做圣人"。

荀子虽然主张性恶论，但其理论的终极目的仍然是劝导人们从善，学做圣人，这和孟子并无二致。荀子特别强调学习的目的就是立志成为圣人。"圣人者道之极也，故学者固学为圣人也。"(《荀子·礼论》)"学恶乎始？恶乎终？……其义则始乎为士，终乎为圣人。真积力久则入。学至乎没而后止也。故学数有终，若其义则有不可须臾舍也。为之人也，舍之禽兽也。"(《荀子·劝学》)学习的目的就是学做圣人，虽然其间道路漫长，但这个目标不能丢，把握住了这一点,才能成为人,否则如同禽兽。

《大学》也主张学做圣人。《大学》提出了著名的"三纲领""八条目":"大学之道,在明明德,在亲民,在止于至善。""古之欲明明德于天下者,先治其国;欲治其国者,先齐其家;欲齐其家者,先修其身;欲修其身者,先正其心;欲正其心者,先诚其意;欲诚其意者,先致其知;致知在格物。物格而后知至,知至而后意诚,意诚而后心正,心正而后身修,身修而后家齐,家齐而后国治,国治而后天下平。"学界一般认为,"八条目"中,修身以上,为"明明德",属于内圣之事;修身以下,为"亲民",属于"外王"之事。"三纲领""八条目"明显反映了儒家内圣外王的思想,并且把内圣外王的思想更加条理化,系统化了,可以说,儒家内圣外王思想的表达在《大学》里达到了极致,而内圣外王说到底,还是以圣人为做人的终极目的。

如果说《大学》中表达的学做圣人的思想还特别注重平天下一方面的话,秦汉之后,儒家理想人格思想的内涵则发生了某种程度的转向,其表现就是外王方面开始萎缩,内圣方面开始扩张。这可以用《礼记·儒行篇》作为代表。据韦政通考证,《儒行篇》的作者为儒家理想人格提出的新的构想主要表现为:自立、容貌、备豫、近人、特立、刚毅、守义、出仕、忧思、宽裕、举贤授能、任举、特立独行、规为、交友、尊让等等。如果将这些特点与先秦儒家内圣外王的理想人格作一个比较的话,很容易发现其间有了重大的变化。第一,先秦诸子的理想人格为圣王,秦、汉统一后读书人所向往的则是成为一个儒。前者以天下为志,但玄远难能企及;后者以修身立己为本,多属切实可行的行为规范。第二,先秦诸子的外王理想在治国平天下。而《儒行篇》所说的"忧思""举贤授能""任举",虽亦与外王有关,但侧重于儒者的德性和胸怀。第三,先秦诸子对内圣的构想多属原则性的,而且语意含混,而《儒行篇》对立身行己之道,说得既具体又真切，将先秦各家的思想作了一次综合，其中既有儒家思想，也包含墨家和道家成分。[1]

虽然圣人的内涵发生了微妙的变化，但学做圣人的基本思想始终没变，随着唐宋之后儒学的复兴，学做圣人的基本思想成为整个思想界占主导性的观点。横渠经常劝导前来求学者学做圣人。据《张载集·吕大临〈横渠先生行状〉》记载："学者有问，多告以知礼成性、变化气质之道，学必如圣人而后已，闻者莫不动心。"伊川也说："人皆可以至圣人，而君子必至于圣人而后已。不至于圣人而后已者，皆自弃也。"[2] 龟山同样提倡学习圣人："予尝谓学者视圣人，其犹射之于正鹄乎，虽巧力所及有中否、远近之不齐，然未有不志乎正鹄而可以言射者也。"[3] 又说："以圣人为师，犹学射而立的，然的立于彼，然后射者可视之而求中，若其中不中，则在人而已。不立之的，以何为准？"[4]

朱子虽然不看重荀子，但在学做圣人的问题上，与荀子的观点没有原则性的不同。他说："古之学者，始乎为士，终乎为圣人。此言知所以为士，则知所以为圣人矣。今之为士者众，而求其至于圣人者，或未闻焉。岂亦知所以为士而然耶？将圣人者固不出于斯人之类，而古语有不足信者耶？颜子曰：舜何人哉，予何人哉。孟子所愿则学孔子。二子者，岂不自量其力之所至而过为斯言耶？不然，则士之所以为士而至于圣人者，其必有道矣。"[5] 又说："然人须当以尧舜为法，如射者之于的，箭箭皆欲中的。其不中者，其技艺未精也。人到得尧舜地位，方做得一个人，无

---

[1] 韦政通：《传统中国理想人格的分析》，载于《儒家与现代中国》，（台）东大图书有限公司1974年版，第31页。
[2] 程颢、程颐：《河南程氏遗书》卷二十五，《二程集》，中华书局1981年版，第318页。
[3] 《杨龟山先生集》卷四《与陈传道序》。
[4] 《杨龟山先生集》卷二《语录》。
[5] 《朱子大全》卷七十四《杂著·策问》。

所欠阙,然也只是本分事,这便是'止于至善'。"[1] 朱子认为,做人的过程由士始,以圣终。只有到了尧舜的境界,才能算是"止于到善",才能说"做得一个人"。这里,学做圣人的思想已经表达得再清楚不过了。

阳明在如何成就道德、如何成为圣人,方法上与朱子观点不同,但在以圣人为人生最高目的这一点上,却相差无几。他说:"圣人气象自是圣人的,我从何处认识?若不就自己良知上真切体认,如以无星之秤而权轻重,未开之镜而照妍媸,真所谓以小人之腹而度君子之心矣。圣人气象何由认得?自己良知原与圣人一般,若体认得自己良知明白,即圣人气象不在圣人而在我矣。"[2]《传习录》当中无处不说学圣人,做圣人,以致后来许多人"读《传习录》,始信圣人可学而至"。[3]

清人张伯行专门写有《圣人可学而至论》,其中说:"盖圣之所以为圣,只此伦理之克尽而已。天下同此伦理,根于性为仁义理智之德,必于情为恻隐羞恶辞让是非之端,风于事为君臣父子兄弟朋友之常,此人之所以异于禽兽而圣之所以与我同类者也。圣贤千言万语,谆谆告诫,无非欲人尽此伦理,成得个人。既成得人,而圣已不外是矣。诚能于日用之间,入则孝,出则弟,事事本之以忠而行之以恕,去其所以不如尧舜孔子者,就其所以如尧舜孔子者,则亦尧舜孔子而已矣,尚何圣人之不可学哉?"[4] 张伯行没有太高名望,他的说法可以代表当时一般士人的基本看法。这足以说明,虽然在圣人的具体内涵方面,秦汉前后有一个转折,但学做圣人,以圣人为人生最高目标这个总原则始终没变。

---

1 黎靖德编:《朱子语类》卷五十五,中华书局1986年版,第1306页。
2 王阳明:《传习录中》,《王阳明全集》,上海古籍出版社1992年版,第59页。
3 《明儒学案·北方王门学案·尤时熙》。
4 《正谊堂文集》卷九。

五、理想人格的意义

孟子关于理想人格思想的意义是多方面的，可以从不同的角度总结。如果从本文主题出发，至少有两个方面值得一提，这就是：第一，坚持了最高的做人道德标准；第二，提供了实践这种标准的实例。

孟子对于做人道德标准的要求非常严格。他说：

> 公孙丑曰："道则高矣，美矣，宜若登天然，似不可及也；何不使彼为可几及而日孳孳也？"
>
> 孟子曰："大匠不为拙工改废绳墨，羿不为拙射变其彀率。君子引而不发，跃如也。中道而立，能者从之。"（《孟子》13.41）

从语气上看，孟子主张以尧舜为做人的榜样当时已经有了很大的影响，但也有一些人不理解。公孙丑此问即是一例。在公孙丑看来，道是很高很好的，但它太高太大了，如同登天一样，难以达到，为什么不把标准降低一点，让人们感到可以攀求而不断努力呢？孟子不同意这种说法，认为做人的标准不能降低，就如同高明的工匠不因为拙劣工人改变规矩，高明的射手不因为拙劣的射手改变开弓的标准一样。

树立做人的最高道德标准，有深远的理论意义。人的需要分为不同的等级，有物质方面的需要，有事业方面的需要，有道德方面的需要。从道德本身说，又有道德他律和道德自律之分。道德自律是道德的最高界限，只有达到了这种境界，才可以说成为了一个真正的人。另一方面，人与圣人又属同类，有着成为圣人的潜力，但在很多情况下，这种潜力得不到充分的发挥，人因此只能成为俗儒，成为小人，致使整个社会浑浑噩噩，没有朝气。就一般情况而言，一个人取得成就的大小，决定于他为自己制定目标的高低；一个人成为什么样的人，决定于他选取什么样的理想人格。孟子大谈理想人格,始终坚持做人的最高道德标准,就是因为只有这样才能将人的潜力充分发挥出来,才能使社会多一些善人,少一些恶人。

孟子处处高扬古代圣贤,为建构理想人格提供了实例,增强了理论的说服力量。孟子标举舜,主要是把他作为性善的典型。在孟子看来,人所以异于禽兽者几希,庶人去之,圣人存之,但是如何证明这个道理,以这个道理说服人呢?孟子说,且看大舜,大舜就是如此。孟子标举文王,主要是把他作为仁政的典型。在孟子看来,诸侯都有不忍之心,以不忍之心行不忍之政,得天下易如反掌,但是如何证明这个道理,以这个道理说服人呢?孟子说,且看文王,文王就是如此。这样一来,孟子学说的说服力无疑就大大提高了。

从这个意义上说,孟子推举古代圣贤实际上是将自己的理想附加到古代圣贤的身上,以古代圣贤作为自己理想人格的载体。这可以用孟子重孝加以说明。孟子重孝反映了古老的邹鲁文化的遗风。但是,舜与大孝究竟有多少实际的联系,是很难讲的。舜之所以成为大孝的典型,与孟子极力推崇,将大孝的思想附加在舜的身上,有直接的关联。正如有的学者所说:"孝道思想不始于孟子,可是经由孟子,孝道思想有很大的发挥,为舜虚构了几则生动的孝亲故事,便是发挥的方式之一。由于孟子的影响,后世二十四孝的故事里,舜竟被列为榜首。"[1]正因如此,中国社会的圣贤人物便有了"层级累加的传统",头上的光环越来越大,越来越亮。

当然,这并不是说孟子有意造假,欺骗世人,而是因为中国自古就有崇古的传统,孟子不过是这种精神的表现罢了。关于中国古代崇古的传统以及对于这种现象原因的分析,学界已有不少成果。[2]

---

[1] 韦政通:《儒家与现代中国》,(台)东大图书有限公司1974年版,第12页。

[2] 参见胡曲园《从〈老子〉说到中国古代社会》,载于《复旦大学学报》1987年第1期。韦政通:《传统中国理想人格的分析——崇古价值取向的研究》,载于《儒家与现代中国》,(台)东大图书有限公司1974年版。钟彩钧:《孟子思想与圣贤传统的关系》,载于黄俊杰主编《孟子思想的历史发展》,(台)"中央研究院"中国文哲研究所筹备处1995年版。

综合这些成果，附以己见，中国崇古传统的原因，至少有这样一些：第一，原始部族都有崇拜祖先的习俗，世界上各种不同文化几乎没有例外；第二，中国古代文化曾经有过极丰盛的年代，值得人们留恋；第三，先秦儒家均为平民，倡导王道仁政人微言轻，无征不信，抬出古代圣贤可以增加自己的力量；第四，从心理上讲，人们习惯于美好的追忆，贵远而贱近；第五，中国人特别重视崇古，还和汉语中动词没有时态变化，在心理距离上容易接近古人有一定关系。

虽然以圣人为做人最高标准有积极意义，但也容易出现问题。因为就整个社会来说，绝大多数人都是普通百姓，如果把标准全都定在圣人上，对于大部分人而言很难做到，一旦无法达到，就会失去信心，就容易产生虚伪。与其这样，不如将标准定得具体一点，首先致力于普通人格的开发，然后才是圣人人格的建构。也就是说，完整的人格应当有两个层次，首先是普通人格，然后才是圣人人格。中国近代关于培养新人的学说，已经明显标示了这个趋向的必然性。正如冯契所说："平民化的自由人格是近代人对培养新人的要求，与古代人要使人成为圣贤、成为英雄不同。近代人的理想人格不是高不可攀的，而是普通人通过努力都可以达到的。我们所要培养的新人是一种平民化的自由人格，并不要求培养全智全能的圣人，也不承认有终极意义的觉悟和绝对意义的自由。"[1]

---

[1] 冯契：《冯契文集》第三卷，华东师范大学出版社1996年版，第309页。

七、王霸之辨正义

案：本文由《孟子评传》第三章改写而成，专门讨论王霸问题。王霸之辨是孟子思想的重要组成部分，这部分内容也是在义利之辨名义下展开的，属于治国方略的范畴，如何理解王霸之辨，因此也成了义利诠释的重要内容。一些学者将孟子的王道思想理解为"民为政治主体论"，我不赞成这种理解，认为王道思想是一种"理想化的君本论"，本质属于"理想政治"，而"理想政治"与"现实政治"之间的张力，是维系中国传统政治健康有序发展的神秘力量。我将这种理解概括为"张力说"，强调这是正确解读两千年中国政治发展史的密码。连载于（台）《孔孟月刊》1997年第12期、1998年第1期。

王霸之辨是孟子思想的重要内容，凡治孟学者没有不重视王霸之辨的。但近代以来对这个问题的理解争议较多。本文首先对孟子关于王霸之辨的材料加以梳理，然后围绕有关争议问题提出自己的见解，以求教于各位方家。

一、王霸之辨的缘起

（一）王霸之辨的时代精神

孟子生于乱世之秋。对于这种乱世的状况，孟子从不同方面有过详细的描述：

> 圣王不作，诸侯放恣，处士横议，杨朱、墨翟之言盈天下。天下不归杨，则归墨。杨氏为我，是无君也；墨氏兼爱，是无父也。无父无君，是禽兽也。……杨墨之道不息，孔子之道不著，是邪说诬民，充塞仁义也。仁义充塞，则率兽食人，人将相食。（《孟子》6.9）

> 争地以战，杀人盈野；争城以战，杀人盈城，此所谓率土地而食人肉，罪不容于死。（《孟子》7.14）

> 今也制民之产，仰不足以事父母，俯不足以畜妻子；乐岁终身苦，凶年不免于死亡。（《孟子》1.7）

这些论述分别讲的是思想领域、社会秩序、民众生活。"天下之生久矣，一治一乱。"（《孟子》6.9）乱极则治，大乱要求大治。孟子认为，在当时各诸侯国争战不止的情况下，要达到大治，就必须统一。"（梁襄王）卒然问曰：'天下恶乎定？'吾对曰：'定于一。'"（《孟子》1.6）在孟子看来，只有"定于一"，使社会统一，才能使天下得以治理。可以说，希望出现治世，追求天下统一，是当时的时代精神。

问题在于，什么时候治世才能出现？什么人才能够使治世出现？孟子根据自己对历史的观察，认定当时治世应该已经出现了。且看他的根据：

> 五百年必有王者兴，其间必有名世者。由周以来，七百余岁矣。以其数，则过矣，以其时考之，则可矣。（《孟子》4.13）

"王者"指尧、舜、汤、文、武等古代圣王；"名世者"指皋陶、稷、契、伊尹、莱朱、太公望、散宜生等德业名望可以名于一世的贤人；"五百年"指自尧、舜至汤，自汤至文、武相隔皆五百余年。[1] 在孟子看来,"王者"和"名世者"的出现与否,直接关系到社会的治和乱:其出,则社会治,其隐,则社会乱,其周期约为五百年。至孟子之时,周朝开国已经七百多年,年数早已超过了,"王者"和"名世者"理当出现,乱世理当转为治世。孟子希望这样的"王者"尽快地出现,同时也希望自己能够成为这样的"名世者",并以"天将降大任于是人"的历史责任感,自觉承担起社会由乱到治的历史重任。

(二)两种不同的平治方略

虽说乱极则治,但社会如何才能平治,还有一个方法问题。孟子对当时不同的平治方法有严格的区分。在孟子与梁襄王谈"定于一"之后,紧接着又谈到:

> "孰能一之?"对曰:"不嗜杀人者能一之。"(《孟子》1.6)

只有统一才能使天下安定,只有不喜欢杀人的人才能使天下统一。但当时"不嗜杀人者"不多,"嗜杀人者"却到处都是。

从这段对话看,当时有两种不同的平治天下的方法,一是"不嗜杀人者"的方法,一是"嗜杀人者"的方法。《公孙丑上》对这两种方法的不同结果作了描述:

> 以力假仁者霸,霸必有大国;以德行仁者王,王不待大——汤以七十里,文王以百里。以力服人者,非心服也,力不赡也;以德服人者,中心悦而诚服也,如七十子之服孔子也。《诗》云"自西自东,自南自北,无思不服。"此之谓也。(《孟子》3.3)

---

[1] 朱熹《四书章句集注·孟子集注》云:"自尧、舜至汤,自汤至文、武,皆五百余年而圣人出。名世,谓其人德业闻望可名于一世者,为之辅佐,若皋陶、稷、契、伊尹、莱朱、太公望、散宜生之属。"

朱熹《四书章句集注》云："力，谓土地兵甲之力。假仁者本无是心，而借其事以为功者也。霸，若齐桓、晋文是也。""以德行仁，则自吾之得于心者推之，无适而非仁也。""以力假仁者"与上文"嗜杀人者"基本同义，指倚仗土地兵甲之力，对外强取豪夺，征战夺地；"以德行仁者"与上文"不嗜杀人者"基本同义，指对内实行仁义，以德服人。"以力假仁者"虽然可以暂时成就霸业，威武一时，但不能使被征服者心悦诚服，真心服膺；"以德行仁者"虽然暂时力量弱小，但邻国之人心向往之，四海归心，终将为王天下。"以力假仁者"为霸道，"以德行仁者"为王道。

霸道与王道的差别，在一定的意义上，又表现为得国家与得天下的差别。在孟子，天下与国家在涵义上有严格的区别，这种区别在以下几章中表现得非常明显：

> 以大事小者，乐天者也；以小事大者，畏天者也。乐天者得天下，畏天者保其国。(《孟子》2.3)

> 天子不仁，不保四海；诸侯不仁，不保社稷；卿大夫不仁，不保宗庙；士庶人不仁，不保四体。(《孟子》7.3)

> 人有恒言，皆曰："天下国家。"天下之本在国，国之本在家，家之本在身。(《孟子》7.5)

> 巨室之所慕，一国慕之；一国之所慕，天下慕之；故沛然德教溢乎四海。(《孟子》7.6)

> 一国之善士斯友一国之善士，天下之善士斯友天下之善士。(《孟子》10.8)

天下和国家的区别表现为：在性质上，国家只是诸侯国，而天下是各诸侯国之上的中央政权；在范围上，国家只是天下的一个组成部分，而天下比国家要大得多，可以说是各个国家的集合体，与四海一词的含义相一致；在管理上，国家属于诸侯的势力范围，而天下属于中央政权，为天子的职权范围。《论语》中天下和国家已经是两个不同的概念了,[1] 孟子将这两者的区别特别彰显出来,用以强调两种不同的平治天下的方法。

孟子是这样说的:

> 好善优于天下,而况鲁国乎?(《孟子》12.13)

> 不仁而得国者,有之矣;不仁而得天下者,未之有也。(《孟子》14.13)

鲁国打算让乐正子治理国政,孟子高兴得睡不着觉,因为他知道乐正子"其为人也好善",而好善足以治理天下,何况一个鲁国呢?这就是说,好善行仁不仅可以治理好国家,而且可以得到民心,近悦远来,影响邻国,从而治理好天下。反过来说,不好善行仁,而好穷兵黩武,纵然可以一时得势,在诸侯中称霸,但必然引起其他国家的畏惧,招致天下的反抗。所以,不仁而得到国家者有之,而能得到天下的却从未有过。

(三)孟子黜霸道而扬王道

孟子黜霸道。一次,齐宣王同孟子谈到了他的最大欲望:

> (孟子)曰:"王之所大欲可得闻与?"
>
> 王笑而不言。
>
> 曰:"为肥甘不足于口与?轻暖不足于体与?抑为采色不足视于目与?声音不足听于耳与?便嬖不足使令于前与?王之诸臣皆足以供之,而王岂为是哉?"
>
> 曰:"否,吾不为是也。"
>
> 曰:"然则王之所大欲可知已,欲辟土地,朝秦楚,莅中国而抚四夷也。以若所为求若所欲,犹缘木而求鱼也。"

---

1 孔子说:"管仲相桓公,霸诸侯,一匡天下,民到于今受其赐。"(《论语·宪问》第十七章)"兴灭国,继绝世,举逸民,天下之民归心焉。"(《论语·尧曰》第一章)这两处的天下都不能理解为国家,可见,在孔子天下与国家已是两个不同的概念了。

> 王曰："若是其甚与？"
>
> 曰："殆有甚焉。缘木求鱼，虽不得鱼，无后灾。以若所为求若所欲，尽心力而为之，后必有灾。"（《孟子》1.7）

孟子一语道破齐宣王最大的欲望不是吃饭穿衣佣人服侍，而是希望开拓疆土，秦楚臣服，抚有海内，威震八方。孟子对此极不认可，认为这是比缘木求鱼更有害的做法，一味而行，必有严重祸患。

因为行霸道"必有后灾"，不是平治天下的好办法，所以孟子坚决反对，态度十分强烈，措辞十分严厉：

> 由此观之，君不行仁政而富之，皆弃于孔子者也，况于为之强战？争地以战，杀人盈野；争城以战，杀人盈城，此所谓率土地而食人肉，罪不容于死。故善战者服上刑，连诸侯者次之，辟草莱、任土地者次之。（《孟子》7.14）

冉求做了季氏的总管，不但没有改变季氏的德行，反而加倍征收粟米，孔子便不认他是自己的学生了。当时动辄争地以战，争城以战，杀人盈野，杀人盈城，这更无异于率领土地来吃人肉了。孟子主张，凡是好战的人，从事合纵连横的人，拓展土地增加百姓赋税的人，都应该受到最高的惩罚。

孟子扬王道。孟子认为，实行王道才是平治天下的最好办法，用他的话来说，叫作"仁者无敌"：

> 今王发政施仁，使天下仕者皆欲立于王之朝，耕者皆欲耕于王之野，商贾皆欲藏于王之市，行旅皆欲出于王之涂，天下之欲疾其君者皆欲赴愬于王。其若是，孰能御之？（《孟子》1.7）

一旦能够施行仁政，履行王道，便会大势所趋，民心所向：天下的仕人、耕者、商贩、旅客都愿意奔赴大王的国家，天下对自己国君不满的人都愿意投奔大王的身边。这种局面谁也抵挡不住，"然而不王者，未之有也"（《孟子》1.7）。孟子称这种情况为"人和"

七、王霸之辨正义

(《孟子》4.1)。在战争各个条件当中，天时赶不上地利，地利又赶不上人和。所谓人和主要是指内部团结，人心归向。有了人和，便是得道，支持的人便多，直至天下归顺；没有人和，便是失道，支持的人便少，直至亲戚都来反叛。以天下归顺去攻伐连亲戚都反叛的人，除非不战，战必能胜。用孟子的话，这就叫作："国君好仁，天下无敌焉。"(《孟子》14.4)

二、圣王：王道主义的前提

(一) 君

要想以王道主义统一天下，满足时代精神的要求，在各诸侯国竞争十分激烈的情况下，不能凭空起事，必须以某个诸侯国为载体，而决定当时诸侯国内部事务的是国君，这样国君便成了实现王道的前提。孟子很清楚这个道理，他见齐威王、滕文公、梁惠王、齐宣王等等，就是希望能够说服他们，对内施行仁政，做一个实实在在的样板，使邻国之民望之若父母，求之若水火，纷纷前来，一举完成王天下的使命。正因如此，孟子对国君有很高的要求，要求国君必须是仁者。在孟子看来，做到仁者并不难，每个国君都有成为仁者的潜质潜能：

> 人皆有不忍人之心。先王有不忍人之心，斯有不忍人之政矣。以不忍人之心，行不忍人之政，治天下可运于掌上。(《孟子》3.6)

人人都有不忍之心，以不忍之心为基础，就可以行不忍之政，治理天下就可以运转于手掌之上；齐宣王有不忍之心，孟子断定"是心足以王矣"，只要由此真心去努力就可以了。

孟子将此叫作"推恩"：

> 挟太山以超北海，语人曰："我不能。"是诚不能也。为长者折枝，语人曰："我不能。"是不为也，非不能也。故王之不王，非挟太山以超北海之类也；王之不王，是折枝之类也。老吾老，以及人之老；幼人幼，以及人之幼。天下可运于掌。《诗》云："刑于寡妻，至于兄弟，以御于家邦。"言举斯心加诸彼而已。故推恩足以保四海，不推恩无以保妻子。古之人所以大过人者，无他焉，善推其所为而已矣。(《孟子》1.7)

挟着泰山跨越北海，是真的做不到；替老年人折取树枝，是人人都能做的，只是不愿意去做。老吾老，以及人之老；幼我幼，以及人之幼，这样便足以治理天下了，其关键在于"推恩"。"推恩"就是"举斯心加诸彼"，也就是将这样的善心扩大到其他方面。古代圣人没有玄妙之处，只是善于把自己的作为推及他人而已。"故王之不王，不为也，非不能也。"现在的国君只要肯于"推恩"，完全可以成为仁君，称王于天下。

当然，相应的制度也是不可少的。这个道理孟子讲得很明白：

> 徒善不足以为政，徒法不能以自行。(《孟子》7.1)

仅有善心不足以治理国政。善心只是一种道德意识、道德品质、道德特性，属于道德范围，而平治天下属于政治操作、政治运转、政治建设。国君要想以王道平治天下，还必须有相应的一套政治制度，必须认真效法"先王之道"或"先王之法"，以此为标准。"圣人既竭目力焉，继之以规矩准绳，以为方员平直，不可胜用也；既竭耳力焉，继之以六律正五音，不可胜用也；既竭心思焉，继之以不忍人之政，而仁覆天下矣。故曰，为高必因丘陵，为下必因川泽；为政不因先王之道，可谓智乎？"(《孟子》7.1) 在孟子看来，凡事都有其标准，规矩是方圆的标准，六律是五音的标准，先王之道是政治的标准，国君行先王之道便能平治天下，不行先王之道就不能平治天下。所以，先王之道是为政最明智的选择，也是对国君

七、王霸之辨正义

最基本的要求。

(二) 君与臣

臣作为君的辅弼，在治理国家过程中，有重要作用，因此臣本身的情况如何也是一个不可忽视的问题。孟子认为，为人臣者首先必须是一个善人。鲁国打算让乐正子治理国政，孟子非常高兴。公孙丑问乐正子是不是坚强有力，是不是聪明远虑，是不是识多见广，孟子都说不是，孟子之所以高兴只是因为乐正子"其为人也好善"：

> 好善优于天下，而况鲁国乎？夫苟好善，则四海之内皆轻千里而来告之以善；夫苟不好善，则人将曰："訑訑，予既以知之矣。"訑訑之声音颜色距人于千里之外。士止于千里之外，则谗谄面谀之人至矣。与谗谄面谀之人居，国欲治，可得乎？（《孟子》12.13）

好善是为臣的最基本要求，如果臣好善，不仅是鲁国，就是整个天下都可以治理好。

除此之外，孟子还对臣提出了一个特殊的要求，这就是正君：

> 在事君人者，事是君则为容悦者也；有安社稷臣者，以安社稷为悦者也；有天民者，达可行于天下而后行之者也；有大人者，正己而物正者也。（《孟子》13.19）

孟子把臣分为四等：最低一等只是事奉君主，一切为了博取君主欢心；其次是安定社稷，以安定社稷为愉悦；再次是天民，以整个天下为目标；最后是大人，是通过正己而使天下都归于正的人。

这里的"正"即包括"正君"：

> 人不足与适也，政不足间也；唯大人为能格君心之非。君仁，莫不仁；君义，莫不义；君正，莫不正。一正君而国定矣。（《孟子》7.20）

适,同"谪",义为指责;间,义为非议。孟子认为,人事不值得过于指责,政事不值得过于非议,最重要的是有大人,只有大人才能纠正国君的错误,使国君做到仁,做到义,做到正。只要端正了国君,国家也就安定了。

尤有进者,孟子甚至认为臣下对君有"易位"的权力:

> 齐宣王问卿。孟子曰:"王何卿之问也?"王曰:"卿不同乎?"曰:"不同,有贵戚之卿,有异姓之卿。"王曰:"请问贵戚之卿。"曰:"君有大过则谏;反复之而不听,则易位。"王勃然变乎色。曰:"王勿异也。王问臣,臣不敢不以正对。"王色定,然后请问异姓之卿。曰:"君有过则谏,反复之而不听,则去。"(《孟子》10.9)

由于亲疏不同,臣的职责也不相同。王室宗族之卿与国君有血缘关系,国君的祖先也是他们的祖先,如果国君不听谏言,在不得已的情况下,他们可以另立新君。异姓之卿在国君有过错的情况下,应当反复进谏,如果国君不听,就应该离开。这里虽然"易位"的权力只属于贵戚之卿,而不属于异姓之卿,但君的权力的至上性,已经打了一定的折扣。

(三)君与民

在君与民的关系上,孟子提出了一个非常重要的思想,这就是民为贵,君为轻。他说:

> 民为贵,社稷次之,君为轻。是故得乎丘民而为天子,得乎天子为诸侯,得乎诸侯为大夫。诸侯危社稷,则变置。牺牲既成,粢盛既洁,祭祀以时,然而旱干水溢,则变置社稷。(《孟子》14.14)

这是最能代表孟子君与民关系思想的一段论述。赵岐注说:"君轻于社稷,社稷轻于民。丘,十六井也。天下丘民皆乐其政,则为天子,殷汤周文是也。"焦循于"丘十六井"一句解释说:"《周礼·地官·小司徒》'九夫为井,四井为邑,四邑为丘'。一邑四井,四邑故为十六井。然则丘民犹言邑民、乡民、国民也。"又引王念孙《广雅疏证》说:"丘,众也。《孟子·尽心篇》:'得乎丘民而为天子。'《庄子·则阳篇》云:'丘里者,合十姓百名以为风俗也。'《释名》云:'四邑为丘,丘,聚也。'皆众之义也。"可见,丘民即是众民。在《孟子》中,民又分为两部分,一是"国人",指居住在城里面的"民";一是"野人",指居住于田野之中从事农业生产的"民"。孟子看来,得到诸侯欢心便可做大夫,得到天子欢心便可做诸侯,得到丘民的欢心便可做天子。如果诸侯危及土神谷神,就改立诸侯。如果祭祀工作做得很好,却还是闹灾荒,就改立土神谷神。

由此不难看出,"得乎丘民"主要是"得乎民心"的意思。民心在孟子政治思想中占有极为重要的地位。这一思想在下面一段论述中讲得很清楚:

> 桀纣之失天下也,失其民也;失其民者,失其心也。得天下有道:得其民,斯得天下矣。得其民有道:得其心,斯得民矣。得其心有道:所欲与之聚之,所恶勿施,尔也。民之归仁也,犹水之就下、兽之走圹也。故为渊驱鱼者,獭也;为丛驱爵者,鹯也;为汤武驱民者,桀与纣也。今天下之君有好仁者,则诸侯皆为之驱矣。虽欲无王,不可得也。今之欲王者,犹七年之病求三年之艾也。苟为不畜,终身不得。苟不志于仁,终身忧辱,以陷于死亡。(《孟子》7.9)

汤武得天下,是因为得到了民心,桀纣失天下,是因为失去了民心。得民心最好的办法,是把他们想要的为他们积蓄起来,不把他们的憎恶强加在他们身上。虽然这个效应并不能立时可得，有待不断积累，好比医治陈年老病需要三年陈艾，如果不准备，一辈子也得不到一样，但如果不这样做，必将终身忧患受辱，以至于陷于死地。

为了得民心，必须解决百姓的基本生活问题：

> 是故明君制民之产，必使仰足以事父母，俯足以畜妻子，乐岁终年饱，凶年免于死亡；然后驱而之善，故民之从之也轻。（《孟子》1.7）

制民之产，百姓生活有了保障，心态就稳定了，就便于领导了。

为了得民心，必须遇事听从百姓的意见：

> 国君进贤，如不得已，将使卑逾尊，疏逾戚，可不慎与？左右皆曰贤，未可也；诸大夫皆曰贤，未可也；国人皆曰贤，然后察之；见贤焉，然后用之。左右皆曰不可，勿听；诸大夫皆曰不可，勿听；国人皆曰不可，然后察之；见不可焉，然后去之。左右皆曰可杀，勿听；诸大夫皆曰可杀，勿听；国人皆曰可杀，然后察之；见可杀之焉，然后杀之。故曰，国人杀之也。如此，然后可以为民父母。（《孟子》2.7）

选拔贤人，识别不贤，是治理国家的大事，需要认真处理。在这个过程中，左右亲近的人和众大夫的意见不能随便听信，而应当征求国人的意见。只有国人都说贤再去起用，国人都说可杀再去杀之。

为了得民心，必须做到与民同忧同乐：

> 今王鼓乐于此，百姓闻王钟鼓之声，管籥之音，举欣欣然有喜色而相告曰："吾王庶几无疾病与，何以能鼓乐也？"今王田猎于此，百姓闻王车马之音，见羽旄之美，举欣欣然有喜色而相告曰："吾王庶几无疾病与，何以能田猎也？"此无他，与民同乐也。今王与百姓同乐，则王矣。（《孟子》2.1）

七、王霸之辨正义

国君喜欢鼓乐，喜欢田猎，只要能够与民同之没有什么不好，因为一旦如此，民亦乐其乐，忧其忧，上下一致，君民同心，这样便无敌于天下了。用孟子的话说就是："乐民之乐者，民亦乐其乐；忧民之忧者，民亦忧其忧。乐以天下，忧以天下，然而不王者，未之有也。"(《孟子》2.4)

为了得民心，必须救民于水火：

> 取之而燕民悦，则取之。古之人有行之者，武王是也；取之而燕民不悦，则勿取，古之人有行之者，文王是也。以万乘之国伐万乘之国，箪食壶浆以迎王师，岂有他哉？避水火也。如水益深，如火益热，亦运而已矣。(《孟子》2.10)

燕国内乱后，齐国能否伐燕，有不同意见。孟子认为，燕国虐害本国的百姓，使其处于水深火热之中。在这种情况下，如果燕民高兴，齐国便可以前去征讨，如果燕民不高兴，就不能去，否则只能使百姓更加受苦受难。

为了得民心，还可以进行最高政权的转移：

> 使之主祭，而百神享之，是天受之；使之主事，而事治，百姓安之，是民受之也。天与之，人与之，故曰，天子不能以天下与人。舜相尧二十有八载，非人之所能为也，天也。尧崩，三年之丧毕，舜避尧之子于南阳之南，天下诸侯朝觐者，不之尧之子而之舜；讼狱者，不之尧之子而之舜；讴歌者，不讴歌尧之子而讴歌舜，故曰，天也。夫然后之中国，践天子位焉。而居尧之宫，逼尧之子，是篡也，非天与也。《太誓》曰："天视自我民视，天听自我民听。"此之谓也。(《孟子》9.5)

舜帮助尧治理天下二十八年，尧死之后，舜为了使尧的儿子能够继承天下，自己躲得远远的。但天下诸侯朝见天子、打官司都不到尧的儿子那里去，而到舜这里来。这样舜才回来，坐了朝廷。孟子将这些都上升为天意，引《尚书》的话说"天视自我民视，天听自我民听"。顺从民心也就是顺从天意,可见民心是多么重要了。

总之,在孟子政治思想中民心发挥着至关重要的作用,这就是后人所说的"得民心者得天下,失民心者失天下"。

三、保民:王道主义的措施

"保民"的说法出现在《梁惠王上》,原文是孟子说:"保民而王,莫之能御也。"梁惠王说:"若寡人者,可以保民乎哉?"(《孟子》1.7)赵岐注说:"保,安也。"[1]但与"百姓之不见保,为不用恩焉""故推恩足以保四海,不推恩不足以保妻子"(《孟子》1.7),"乐天者保天下,畏天者保其国"(《孟子》2.3),"儒者之道,古之人若保赤子"(《孟子》5.5)等论述参阅,可知《孟子》中"保民",有狭义和广义之别。狭义的"保民"只是安民,而广义的"保民"也包括养民和教民。杨伯峻将"保"字解释为"安定""保护""保持",实有所见。[2]因此,此处标题"保民:王道主义的措施"中的"保民"指广义,具体包含安民、养民、教民三项内容。

(一)安民

安民(狭义的保民)是孟子王道主义的一项重要措施。这项措施主要表现为两条:首先是保护人民免于自然的灾祸,其次是保护人民免于人为的祸端。

保护人民免于自然的灾祸,是孟子很重视的一个社会问题:

> 当尧之时,天下犹未平,洪水横流,泛溢于天下,草木畅茂,禽兽繁殖,五谷不登,禽兽逼人,兽蹄鸟迹之道交于中国。

---

[1] 朱熹《四书章句集注·孟子集注》说:"保,爱护也。"涵义略窄,不取。
[2] 杨伯峻:《孟子译注》,中华书局1960年版,第390页。

> 尧独忧之，举舜而敷治焉。舜使益掌火，益烈山泽而焚之，禽兽逃匿。禹疏九河，瀹济漯而注诸海，决汝汉，排淮泗而注之江，然后中国可得而食也。(《孟子》5.4)

在尧的时候，天下还没有太平，洪水泛滥，禽兽食人，自然灾害十分严重。尧选拔舜来治理，赶走了禽兽，禹疏通江河，人民才能在中原大地上得以生息。三王时代为理想盛世，重要的一条，就是因为他们为人民免除了自然的灾祸。中国是农业社会，战国时期生产力水平有限，农业生产主要是靠天吃饭，自然灾害对人民生活的影响，显得特别重要，孟子对这个问题也特别重视。

保护人民免于人为的祸端，主要是指反对军事上的穷兵黩武。穷兵黩武常常是造成民不得安的直接因素。孟子对于战争的态度比较复杂。在孟子身上，孔子春秋笔法，坚持征伐有道，仍留有痕迹。孟子曾多次讲过理想的军事秩序："天子讨而不伐，诸侯伐而不讨。"(《孟子》12.7)"春秋无义战。彼善于此，则有之矣。征者，上伐下也，敌国不相征也。"(《孟子》14.2)这就是说，征伐之事，仅限于天子讨伐有罪的诸侯，诸侯之间不相互征伐。但是，在战国时代，天子式微，收拾不住，敌国相争，屡见不鲜。在这种情况下，再坚持先前那种"征伐有道"的原则，实际上已经行不通了，孟子也不得不面对现实，对当时的战争作一些分别。一方面，他反对敌国之间无原则的战争，认为这种战争杀人盈野，杀人盈城，兵荒马乱，流离失所，倒霉的只能是老百姓。孟子痛斥梁惠王不仁，"以土地之故，糜烂其民而战之，大败，将复之，恐不能胜，故驱其所爱子弟以殉之，是之谓以其所不爱及其所爱也"(《孟子》14.1)，便是出于这个道理。

另一方面，孟子又不一概反对战争，如果遇有残暴无道，倒行逆施的执政者，为了使民避于水火，"王往而征之，夫谁与王敌"(《孟子》1.5)。这种讨伐，是以仁伐不仁，解民于倒悬，也未尝不是好事。当燕国发生内乱，齐国大臣沈同私下询问的时候，孟子便说可以伐燕。但"唯天吏，可以伐之"，对不仁之君的讨伐必须是出自仁义之师，是替天行道，不然的话，便是"以燕伐燕"（《孟子》4.8），对百姓仍然不会有任何的好处。所以要做到安民，应当注意反对穷兵黩武。

保护人民免于人为的祸端，还要注意防止政治上的不当行为。政治上的不当行为，也是扰民的重要原因。孟子曾批评当时邹国的政局说：遇到灾年，百姓中年老体弱的弃尸于山沟荒野，年轻力壮的逃难于四面八方，"而君之仓廪实，府库充，有司莫以告，是上慢而残下也"（《孟子》2.12）。这个"有司莫以告"，不能开仓放粮，赈灾救民，以致形成"上慢而残下"的局面，便是由政治上的不当行为造成的。要做到安民，显然也必须防止这种情况。

（二）养民

孔子对民有"富之""教之"之说。[1] 孟子继承了这个思想，在同梁惠王的谈话中谈到，百姓有了基本的产业，丰年能吃饱，灾年不饿死，"然后驱而之善，故民之从之也轻"。不然的话，基本生活得不到保证，"救死而恐不赡，奚暇治礼义哉"（《孟子》1.7），"菽粟如水火，而民焉有不仁者乎"（《孟子》13.23）。这说明，儒学始终以保证百姓基本生活需要为第一要务，人伦之教育、德性之提升则在其次。这方面的态度是很实际的，没有任何高远空虚之处。

要保证百姓基本生活的需要，在孟子主要有四条：一是制民之产，二是使民以时，三是取民有制，四是善养孤寡。

制民之产。制民之产就要给予百姓一份固定的产业，孟子说：

---

[1] "子适卫，冉有仆。子曰：'庶矣哉！'冉有曰：'既庶矣，又何加焉？'曰：'富之。'曰：'既富矣，又何加焉？'曰：'教之。'"（《论语·子路》第九章）

> 民之为道也，有恒产者有恒心，无恒产者无恒心。苟无恒心，放辟邪侈，无不为已。及陷乎罪，然后从而刑之，是罔民也。焉有仁人在位罔民而可为也？（《孟子》5.3）

民如果没有固定的产业，就不会有稳定的思想，没有稳定的思想，就会放荡胡来，无所不为。所以，要让百姓有稳定的思想，就必须让其有一份固定的产业。这份固定的产业，对于农民而言，就是土地，而解决土地问题最好的办法就是实行井田制度。

孟子极力宣扬井田制，是因为这种制度对于王道主义来说有很多好处，根据上引章句分析，这至少有以下五个方面：（一）便于分田制禄。划分井田，必须先从田地的分界开始，分界划好了，分配田地，制定俸禄就非常方便了；（二）便于行政管理。在井田的基础上，丧葬和迁徙都不出乡里，一乡便是一个小的行政管理单位，为有效的行政管理带来了方便；（三）便于纯和乡风。乡里同耕于井田，出入劳作相互伴随，抵御盗寇相互帮助，病痛意外相互照顾，有利于百姓的友爱和睦；（四）便于区别野人。与国人相对，野人指田野之人；与君子相对，野人指劳动者。农民在井田上先公田，后私田，公田为税，私田为食，这样也就帮助将君子和野人区分开来；（五）最重要的，便于恒产恒心。实行井田制度，每个农民都有了一份固定的土地，有了一份"恒产"，"有恒产者有恒心"，心情和思想也就稳定了，由此而来，整个社会也就稳定了。

以上五个方面说到底，无非有两条：一是正经界，保证制民之产的落实，防止土地兼并；二是行助法，保证取民有制，防止赋税无度（详下文）。这是孟子宣扬井田制的初衷。

使民以时。使民以时，是说动用百姓要照顾到季节，不要耽误了农时：

> 百亩之田，勿夺其时，八口之家可以无饥矣。（《孟子》1.7）
> 斧斤以时入山林，林木不可胜用也。（《孟子》1.3）

> 鸡豚狗彘之畜，无失其时，七十者可以食肉矣。(《孟子》1.7)
> 数罟不入洿池，鱼鳖不可胜食也。(《孟子》1.3)
> 食之以时，用之以礼，财不可胜用也。(《孟子》13.23)

孟子对待时令季节问题，真可以说是细致入微了：农业生产要"勿夺其时"，林业生产要"以时入山林"，畜牧业要"无失其时"（从最广的意义上，渔业生产要"数罟不入洿池"，也可以纳入时令季节问题）。在先秦各大思想家当中，对此如此重视，没有能超过孟子的。这主要是因为，当时战争不断，而农业、林业、畜牧业、渔业的生产季节性强，为打仗频繁征集农民，必然有误农时，影响生产。孟子反对霸道，宣传王道，特别关注这个问题。[1]

取民有制。取民有制，是指赋税要合理可行，反对横征暴敛：

> 王如施仁政于民，省刑罚，薄税敛。(《孟子》1.5)
> 易其田畴，薄其税敛，民可使富也。(《孟子》13.23)

薄税是使民富足的方法之一，是保障百姓生活的必要手段，所以孟子在总的原则上主张薄收赋税。但过分的薄收又不能保证国家的正常消费，因此必须以合理为度。孟子对税率问题十分当心，并对夏贡、商助、周彻三种的赋税作了认真比较，他说：

> 彻者，彻也；助者，藉也。龙子曰："治地莫善于助，莫不善于贡。"贡者，校数岁之中以为常。乐岁，粒米狼戾，多取之而不为虐，则寡取之；凶年，粪其田而不足，则必取盈焉。(《孟子》5.3)

"彻"是通的意思，即通过对不同情况的通盘计算而实行十分抽一

---

[1] 常见一些学者从生态平衡角度挖掘孟子思想的现代意义。孟子强调生产时节问题，主要是劝导当时的当权者使民以时，注意养民，以行王道，这只要证之以"勿夺其时"的"夺"字，便足以说明问题了。如果单纯从生态平衡角度分析问题，容易丢失孟子这一重要立意。

七、王霸之辨正义

的税率;"助"借助的意思,即借助农民的劳力来耕种公有土地,也就是实行劳役地租;"贡"是比较若干年的收成得出一个定数,无论丰年灾年都按这个定数征收。孟子认为,"助"法比较合理,"贡"法最不可取。因为按照"贡"法,丰年谷物充溢,多收不算暴虐,但并不多收;灾年收成还赶不上肥田的费用,却非要取满定数,农民交租后已无法维持生活。[1] 因此,孟子建议,实行"野九一而助,国中什一使自赋"(《孟子》5.3)的税率。

孟子不仅主张薄税,而且主张在某些方面免税:

> 市,廛而不征,法而不廛,则天下之商皆悦,而愿藏于其市矣;关,讥而不征,则天下之旅皆悦,而愿出于其路矣;耕者,助而不税,则天下之农皆悦,而愿耕于其野矣;廛,无夫里之布,则天下之民大悦,而愿为之氓矣。(《孟子》3.5)

在市场上给商人空地储藏货物而不征税;在关卡上只稽查而不征税;耕种者只需助耕公田而不交税;在人们居住的地方,不征收额外的地税和雇佣钱。这种免税的做法,大大减轻了人们的负担,各行各业的人士安心生产经营,是养民的重要举措。

善养孤寡。善养孤寡是孟子养民思想中一个很特殊的内容,孟子对此描述说:

> 老而无妻曰鳏,老而无夫曰寡,老而无子曰独,幼而无父曰孤。此四者,天下之穷民而无告者。文王发政施仁,必先斯四者。(《孟子》2.5)

鳏寡孤独是社会中最贫困而又无依靠的人,实行王道仁政,必须最先考虑到他们,也只有照顾好这些人,王道仁政的优越性才能充分显现出来。值得注意的是,鳏寡孤独中有三种是老人,这样善养老

---

[1] 陈顾远认为,龙子所说是当时的贡法,而不是夏时的贡法。此说有一定道理。陈顾远:《孟子的政治哲学》,国华书局1947年版,第88—89页。

人便成了王道仁政重要的节目。孟子在这方面最著名的论述是下面这一章：

> 伯夷辟纣，居北海之滨，闻文王作，兴曰："盍归乎来！吾闻西伯善养老者。"太公辟纣，居东海之滨，闻文王作，兴曰："盍归来乎！吾闻西伯善养老者。"天下有善养老，则仁人以为己归矣。……所谓西伯善养老者，制其田里，教之树畜，导其妻子使养其老。五十非帛不暖，七十非肉不饱，不暖不饱谓之冻馁。文王之民无冻馁之老者，此之谓也。(《孟子》13.22)

这段话的前半段又见于《离娄上》第十三章，文字略有出入。孟子重视老人是很有名的，他曾讲过："天下有达尊三：爵一，齿一，德一。朝廷莫如爵，乡党莫如齿，辅世长民莫如德。"(《孟子》4.2)这种尊重老人的做法，一方面应该看作是邹鲁文化传统的遗风，另一方面也应该看作是孟子为其王道政治所制定的一个标准。王道政治的一项重要内容是养民，在养民过程是，不仅对一般的百姓要养，对社会上那些孤苦无靠的老人更要养，只有这样才能将王道的阳光洒向每一个角落。孟子说："二老者，天下之大老也，而归之，是天下之父归之也。天下之父归之，其子焉往？诸侯有行文王之政者，七年之内，必为政于天下矣。"(《孟子》7.13)这把意思讲得很明白了。从这个角度出发，善养老人何以在王道主义中占有一席之地，便不难理解了。

（三）教民

百姓基本生活有了保证之后，便要对其进行教育，否则"饱食、暖衣、逸居而无教，则近于禽兽"(《孟子》5.4)。从个人角度看，教育是保证人们有别于禽兽的重要手段；从社会角度看，教育又是保证社会和谐有序的重要措施。正因如此，孟子十分重视对民的教育，教民成了王道主义的重要内容。

教民的目的。教民的目的，在于"明人伦"。与以希腊为源头的西方文明起源于对于外部世界的探求有所不同，以孔子为源头的儒家文明起源于对于人类本身的求索，其关注的热点，是人们如何才能有道德，人类社会如何才能和谐安定等问题，所以伦理道德问题儒家教育的主要内容。孟子是儒家这一思想的重要代表，他明确指出，在学习问题上夏商周虽有所区别，但学习的目的却是相同的，即"皆所以明人伦"（《孟子》5.3）。

教民的内容。为了达到"明人伦"的目的，孟子继承了孔子"君君、臣臣、父父、子子"的思想，托古人之口，将人伦区分为五个方面，并在内容上对这五个方面提出了具体要求，这就是："父子有亲，君臣有义，夫妇有别，长幼有叙，朋友有信。"（《孟子》5.4）孟子认为，这五个方面做好了，人就高于禽兽之上，整个社会也就和谐安定了。

父子一伦，孟子所论最详。"父子有亲"，这个"亲"是指血缘亲情。父给子以生命，没有这种给予，子就无法来到世界上；父对子进行教育，没有这种教育，子也无法存在世界上。面对如此养育之恩，子对父必然有所感激和报答，这种感激和报答就是儒家讲的孝。孟子将孝看得非常重，他说："事，孰为大？事亲为大；守，孰为大？守身为大。不失其身而能事其亲者，吾闻之矣；失其身而能事其亲者，吾未之闻也。孰不为事？事亲，事之本也；孰不为守？守身，守之本也。"（《孟子》7.19）与事奉其他人相比，事奉父母最为重要，事奉父母是事奉的根本。这样，孟子便把孝抬到了前所未有的高度。

夫妇一伦，孟子突出一个"别"字。这个"别"字，当主要指男女身份地位的差别。孟子处在父权制的时代，父在整个社会中居于统治地位，相应地，夫在一个家庭中也处于支配地位。这种观念对孟子自然有所影响。孟子讲夫妇有别，就是强调在家庭生活中，夫妇属于主从关系，妻子应当服从丈夫。这一思想在"俯足以蓄妻子"(《孟子》1.7),"良人者,所仰望而终身也"(《孟子》8.33),"女子之嫁也,母命之,往送之门,戒之曰:'往之女家,必敬必戒,无违夫子。'以顺为正者,妾妇之道也"(《孟子》6.2),等论述中表达得非常清楚。身为人妻应该恭敬谨慎,无违丈夫,只有这样家庭才能和谐,社会才能稳定。

兄弟一伦,孟子强调"长幼有叙"。"长幼有叙"当然含有年长与年幼之间的关系,但主要还是讲兄弟之间的关系,强调弟弟要敬重服从兄长,也就是要悌。孟子讲"义之实,从兄是也"(《孟子》7.27),"入以事其父兄,出以事其长上"(《孟子》1.5),"徐行后长者谓之弟,疾行先长者谓之不弟"(《孟子》11.2),这都是说明为人弟者必须敬重兄长,顺从兄长。[1]

朋友一伦,孟子讲一个"信"字,"朋友有信"是强调朋友之间的往来,应当以守信为原则。孟子衡量人的基本标准之一便是信,"仁义忠信"(《孟子》11.16),"孝悌忠信"(《孟子》13.32),是他常讲的话题。他认为,为了使民众得到治理,身为臣子必须得到君主的信任,但"不信于友,弗获于上矣"(《孟子》7.12)。他把弟子乐正子称为"信人"(《孟子》14.25),已经是很高的评价了。由此也不难看出,信对于朋友是多么重要了。

君臣一伦,上面在讲王道主义的君臣关系时已经有过详细的论述,这里不再论及。

---

[1] 值得注意的是,父子、夫妇、兄弟之间的关系,都是双相的:既有子对父的孝,又有父对子的慈;既有妇对夫有顺,又有夫对妇的养;既有弟对兄的悌,又有兄对弟的爱。总的来看,孟子对前者比较重视,对后者则强调不够。也就是说,在这三伦当中,孟子比较关注子对父,妇对夫,弟对兄的义务一面,而不大注意父对子,夫对妇,兄对弟的责任一面。比如,孟子十分注意子对父要孝,但对于父亲应尽的责任方面,除了讲过"古者易子而教之,父子之间不责善"(7.18)之外,涉及不多。夫妇关系也是一样。孟子非常讲究妇对夫要顺从,但夫对妇的责任,除了讲"蓄妻子"(1.7)的"蓄"之外,讲的也很少。孟子相对温和的五伦后来发展为比较僵化的五常,和这种畸轻畸重的倾向不无关系。

教育的方法。教育必须有适当的方法才能达到预期的目的,孟子在这方面的论述有很多。值得一提的是,这些论述当中,有相当一部分是孟子作为教育家对学生进行教育的经验总结,与教民尚有一间之隔,所以这里只是将其要点列举如下,不多占用篇幅。

正己正人。孟子对教育者本身有很高的要求。他说:"仁者如射:射者正己而后发。"(《孟子》3.7)"贤者以其昭昭使人昭昭,今以其昏昏使人昭昭。"(《孟子》14.20)教育者只有首先自己端正,自己明白,才能使受教育者清楚明白,而当时的当权者自己不正,对治国大道糊糊涂涂,却担负着教民的责任,这样没有不把事情办糟的。

坚持标准。教育必须立于高标准。孟子很重视教育学生的标准:"大匠不为拙工改废绳墨,羿不为拙工变其彀率。君子引而不发,跃如也。中道而立,能者从之。"(《孟子》13.41)正如高明的匠人不因为工人笨拙而改变和废弃规矩一样,君子教人也不应该因为学生笨拙而降低标准。

因材施教。孟子认为,虽然教人的标准不能降低,但是由于受教育者的具体情况千差万别,施教的具体方法也有所不同。"君子之所以教者五:有如时雨化之者,有成德者,有达财者,有答问者,有私淑艾者。此五者,君子之所以教也。"(《孟子》13.40)孟子在这里列举了五种不同的教育方法,可见教育的方法多种多样,关键是要做到因材施教。

博学反约。这是对教育者教学方法提出的要求。孟子说:"博学而详说之,将以反说约也。"(《孟子》8.15)教育者应当对有关知识有广博的涉猎,吃深吃透,抓住要点,只有这样才能要言不烦,一语破的,使受教育者得其要领,事半功倍。

自求自得。孟子认为,每个人都有诚善之性,都有成就道德的根据,这是对其进行教育的内在基础。教育不是别的,只是将这个内在的基础挖掘出来而已。他说:"君子深造之以道,欲其自居得之也。"(《孟子》8.14)这里说的自得是自己发觉、自己求得良心本心的意思,这是孟子性善论的基本原则。因为性善论是孟子整个思想体系的基石,将这个道理延伸到教育领域,自然也就成了其教育思想的基本方法。

注重环境。环境对人有很大的影响,要想教育取得好的效果,必须考虑到环境的因素。"富岁,子弟多赖;凶岁,子弟多暴,非天之降才尔殊也,其所以陷溺其心者然也。"(《孟子》11.7)这就说明,年成的丰歉,会对人的思想状况造成有很大影响。往大处说,楚人欲学齐语,只是让齐人教他是不够的,还必须有好的语言环境才行,如果只有一个齐人教他,周围有许多楚人打扰,那肯定学不好。这个比喻虽然主要是批评宋国国君周围缺少善人,但也有很强的普遍性。

四、"民为政治主体论"质疑

(一)"民为政治主体论"的例证

学界一般从民本论的角度解读孟子的王道主义,这方面的意见比较统一,但对于应该如何理解民本论,却多有争议。不少学者认为,民本论就是主张国家的政治主权在人民而不在国君,甚至可以说民本论与西方民主思想十分接近。这种看法起源很早,流行也很普遍,以下随手拈出几例,以资为证:

康有为《孟子微》:"此孟子立民主之制,太平法也。盖国之为国,聚民而成之,天生民而利乐之。民聚则谋公共安全之事,故一切礼乐政法皆以为民也。但民事众多,不能人人自为公共之事,必公举人任之。所谓君者,代众民任此公共保全安乐之事。为众民之所公举,即为众民之所公用。民者如店肆之东人,君者乃聘雇之司理人耳。民为主而君为客,民为主而君为仆,故民贵而君贱易明也。"[1]

郎擎霄《孟子学案》:"夫以主权属于君主者,则邦国为君主所有;以主权属于贵族者,则邦国为贵族所有;以主权属于人民者,则邦国为人民所有。邦国为人民所有者,然后人民得以之与人,取之于人。今孟子谓民能以天下与人,而天子不能以天下与人,是邦国民有,而主权在民也。法人卢梭亦谓邦国之主权不在于一人,而在于众人,与孟子之意相近。"[2]

谭煊吾《孟子的民主思想》:"总观孟子的民本思想,实概括现代民主思潮的一切:孟德斯鸠的法意,卢梭的民约论,法国革命所争取的自由、平等、博爱;林肯不惜南北一战所换来的民有、民治、民享;国父集中外大成所手创的三民主义:民族、民权、民生;以及柏拉图的理想国,老子的小国寡民,……等等。成为理想的追求,或是进步的建设,要皆离不了孟子以民为本的思想范畴。故孟子不仅是中国民主政治的褓姆,也是世界先知先觉者的革命导师。孟子这人,真千古伟大的哲人。"[3]

袁保新《孟子三辨之学的历史省察与现代诠释》:孟子的思考"主要是从人性论而来,认为每一个人作为道德的存在,具有一样的尊贵与价值,并顺着这一个原则,提出了一个与西方近代'民主'概念颇为近似的'民本'学说。"[4]

上述种种说法的一个共同点,是认为民本论是以民为政治的主体。为了行文的便利,我将这种观点简称为"民为政治主体论"。

---

1 康有为:《孟子微》,中华书局1987年版,第20-21页。
2 郎擎霄:《孟子学案》,商务印书馆1933年版,第67-68页。
3 谭煊吾:《孟子的民本思想》,见吴康等著《孟子思想研究论集》,(台)黎明文化事业公司1982年版,第257页。
4 袁保新:《孟子三辨之学的历史省察与现代诠释》,(台)文津出版社1992年版,第109页。

（二）"民为政治主体论"不能成立的理由

在我看来，"民为政治主体论"是不能成立的。

"民为政治主体论"的主要论据是《孟子》的两段原文，但仔细分析不难发现，这两段原文并不能充当这种观点的论据。这两段原文前面已经引用过，但为了说明问题，只能不厌其烦，再次引述如下。第一段原文是这样的：

> 民为贵，社稷次之，君为轻。是故得乎丘民而为天子，得乎天子为诸侯，得乎诸侯为大夫。诸侯危社稷，则变置；牺牲既成，粢盛既洁，祭祀以时，然而旱干水溢，则变置社稷。（《孟子》14.14）

持"民为政治主体论"的论者对此章是这样解释的："对于孟子而言，政治的主体是人民，而不是国君，因为'得乎丘民而为天子'，既然天子的统治权者是从人民而来，那么在政治衡量上，民贵而君轻，自然也是不容怀疑的。"[1]

但是，就孟子此章的本意来说，很难得出上述结论。先看"得乎丘民而为天子"。将此句与"不嗜杀人者能一之"（《孟子》1.6）、"得天下有道：得其民，其得天下矣"（《孟子》7.9）、"诸侯之宝三：土地、人民、政事"（《孟子》14.28）等章句参读，可知这一句的意思是，如果君王能够施行仁政，便能得到庶民的拥戴，在诸侯相互竞争的过程中，就有了克敌制胜的法宝，就可以统一天下。简言之，"得乎丘民而为天子"是"如果得到庶民真心拥护，便可以统一天下，成为天子"的意思，而不能理解为"天子的统治权是从人民而来"的。

再看"民为贵"。在孟子看来，在统一天下的过程中，君主最

---

1 袁保新：《孟子三辨之学的历史省察与现代诠释》，（台）文津出版社1992年版，第110页。

为次要,因为君主不好可以变换,这就是孟子说的"诸侯危社稷,则变置"。社稷(也就是土神与谷神,此处指代国家)也不特别重要,因为一个国家治理不好,无法承当统一天下大任,可以换另一个国家,这就是孟子说的"变置社稷"。相比而言,最为重要的是"民",如果一个国家的百姓生活安泰,民心大顺,近悦远来,不需要前去招徕,自己就会趋之若鹜,遇有外敌入侵,"可使制梃以挞秦楚之坚甲利兵"(《孟子》1.5);而敌国不行仁政,陷溺其民,失去民心,"王往而征之,夫谁与王敌"(《孟子》1.5)。因此,"民为贵"的"贵"字,与"君为轻"的"轻"相对,是尊贵、主要的意思,核心是讲"得民心者得天下,失民心者失天下",并不是说国家政权的主体是民而不是君。将本章解释为丘民是政治主体,天子的统治权从人民而来,在国家政权中民比君更为重要,是以今释古,实在不妥。

第二段原文见于《梁惠王下》:

> 国君进贤,如不得已,将使卑逾尊,疏逾戚,可不慎与?左右皆曰贤,未可也;诸大夫皆曰贤,未可也;国人皆曰贤,然后察之;见贤焉,然后用之。左右皆曰不可,勿听;诸大夫皆曰不可,勿听;国人皆曰不可,然后察之;见不可焉,然后去之。左右皆曰可杀,勿听;诸大夫皆曰可杀,勿听;国人皆曰可杀,然后察之;见可杀之焉,然后杀之。故曰,国人杀之也。如此,然后可以为民父母。(《孟子》2.7)

此章误解更为严重。人们看到孟子在"用人""去人""杀人"问题上如此重视国人的作用,便联想到希腊城邦的民主制度,认为这是"孟子提出解消国君主体性的主张"。[1]关于国人在古代社会中的作用,杜正胜有过系统的研究,并给予了充分的肯定。他认为,国

---

[1] 黄俊杰:《孟学思想史论》,(台)东大图书公司1991年版,第164页。

人在当时是一个重要的政治力量,在贵族政治下,有举足轻重的作用,构成与国君、贵族鼎足而三之势。但与此同时,杜正胜也看到了国人这种作用与希腊民主制度的不同,明确指出:"可惜这段国人的光荣历史亦随城邦的没落而告结束,无法创造以广大城里人为基石的'民主'政治。这是因为国人干与政治本身就有先天的限度,他们平时影响政治的行为多出于舆论,是消极性的。"[1]这个判断相当客观。国人作为一个阶层活跃于政治生活,可以上溯到西周时代。《左传》记载国人活动特别详尽,单国人一词在《左传》中就出现八十二次之多。[2]当时国人对内可以过问国政,对外可以过问外交,是政治生活中的一种重要力量。但是,应该看到,国人过问政治,只是舆论性的,一般只能相当于孔子所说"庶人不议"的"议",没有实际的权力,也没有严密的组织制度作为保障,真正的权力还是在国君手里。孟子所说"用人""去人""杀人"要听从国人的意见,充其量不过是在舆论上听取国人的反映,以顺应民意,符合民心而已,同上面所说"得乎丘民而为天子"的意思相近,至于参与政治的实际权力,是根本谈不上的。既然参与政治的实际权力无法保证,自然也就谈不上什么民为政治主体了。

(三)"民为政治主体论"产生的原因

"民为政治主体论"产生的原因较为复杂,粗略说来至少有两方面:第一,对民本论史料的理解有欠准确;第二,由于时代的特点,以感情代替了现实。

我国自古就有民本论的传统,但对民本论史料的理解却常有误解,这在《左传》"民为神主"的理解方面表现得尤为明显。《左传》关于民与神有许多精彩的论述,如"夫民,神之主也,是以

---

[1] 杜正胜:《周代城邦》,(台)联经出版公司1979年版,第133页。
[2] 黄俊杰:《孟学思想史论》,(台)东大图书公司1991年版,第163页。

圣王先成民而后致力于神",[1] "古者六畜不相为用，小事不用大牲，而况政用人乎？祭祀以为人也。民，神之主也"。[2] 常见一些论者以此作为"民为政治主体论"的思想渊源。但细细考查不难发现，《左传》中的这些论述并不是这个意思。《说文解字》："主，镫中火主也"。段玉裁注说："《释器》：'瓦豆谓之登。'郭曰：'即膏镫也。'《说文》金部之镫锭二字也。其形如豆，今之镫盏是也。上为盎，盛膏而燃火，是为主。"这是主字的本义，引伸为神灵寄托之处。杜预《春秋左传集解》说："言鬼神之情，依民而行。"这是正确的。《左传》中关于民与神关系的论述主要是强调治理国家不能听信于神，而应听信于民。这个思想在《左传》另一段文字中表达得更为清楚："国将兴听于民，将亡，听于神。神聪明正直而壹者也，依人而行。"[3] 由此可见，"民为神之主"主要是否定神权，肯定人权，代表了由神权向人权的过渡。如果把"民为神主"理解为民是神的主宰，并且进一步以此为"民为政治主体论"张目，就是望文生义了。[4]

民本论的思想资源，论者还常常引证《尚书》，特别是出自《五子之歌》和《泰誓》中的两条：（1）"民为邦本，本固邦宁。"[5]（2）"天视自我民视，天听自我民听。"[6] 问题在于，《五子之歌》和《泰誓》两篇均为伪书，时间上要晚于孟子。"民为邦本，本固邦宁"一句不见于《孟子》，不知其来源，可能是伪书作者受孟子思想影响而作，所以不能作为孟子思想的源头。"天视自我民视，天听自我民听"一句学界已断定是伪书作者从《孟子》中抄去的。不过，既然孟子明言其出处，可知其本身为真，可以作为孟子思想

---

1 《左传·桓公六年》。
2 《左传·僖公十九年》。
3 《左传·庄公三十二年》。
4 参见张岱年《中国哲学史方法论发凡》，中华书局1983年版，第105页。
5 《尚书·五子之歌》。
6 《尚书·泰誓》。

性善之谜——破解儒学研究的哥德巴赫猜想

的源头。但即使如此,根据《左传》"民,神之主也"的思想分析,"天视自我民视,天听自我民听"也只是"神(天)以民为依归"之意,并不是强调民是政治的主体,以此作为"民为政治主体论"的根据,同样站不住脚。

由此可见,无论是《左传》还是《尚书》,都无法充当"民为政治主体论"的根据,持此观点的学者,或在语义上,或在时间上,对把握其本义方面存在缺陷,这是将民本论理解为"民为政治主体论"的一个主要原因。

民主是西方政治学的重要概念,按其本义是指多数人的统治,即通常所说的主权在民。在古希腊,民主是指人民通过议会、选举等等手段,掌握和运用国家政权。十七、十八世纪,启蒙思想家孟德斯鸠、卢梭等人又以私有财产神圣不可侵犯为基础,提出"天赋人权""主权在民""在法律面前人人平等"等口号,反对封建等级特权和君主专制制度,强调人民是国家政权的主人,是国家政治的主体。随着时间的推移,到了近现代,主权在民的民主思想也进入了中国,直到这个时候人们方才了解什么是民主。身受坚船利炮欺侮的中国学人不甘心自己的落后,在努力学习西方思想的同时,也积极从古人那里挖掘思想资源。将古老的民本传统说成是与西方民主近似的东西,就是在这种情况下发生的。[1]

但是良好的愿望不能代替现实,民主是西方的东西,中国思想史中并没有民主的传统。这方面意大利传教士利玛窦的看法值得重视。他说:"从远古以来,君主政体就是中国人民所赞许的唯一政

---

[1] 如袁保新认为:"大体而言,我们不能说两千多年前孟子的王道仁政的思想,就已经发展了近代西方的民主理论,但是,孟子从人性论出发所主张的'民本'思想,的确涵有'主权在民'的成分,却也是不容否认的事实。遗憾的是,孟子在揭举民本思想的同时,未能进一步从法制的层面来规划,而秦汉之后的儒者,又后继乏人,结果只有在西风东渐之后,我们才能真正接续上孟子的思想,为孟子的民本理念注入法制架构的思考。"袁保新:《孟子三辨之学的历史省察与现代诠释》,(台)文津出版社1992年版,第117页。

七、王霸之辨正义

体。贵族政体、民主政体、富豪政体或任何其他的这类形式,他们甚至连名字都没有听说过。"[1]利玛窦在中国生活了几十年,对中西政治的不同有切身的感受。他明言"民主政体"在中国"甚至连名字都没有听说过",而我们却把古老的民本传统看作是与西方民主近似的东西,是主张民为政治主体,这不近于可笑吗? 不难看出,以感情代替现实,是将民本论理解为"民为政治主体论"的另一个原因。

(四)民本论是"理想化的君本论"

既然民本论不能解释为"民为政治主体论",那么对其应当如何理解呢? 我的基本看法是,民本论是一种特殊的君本论,确切一点说,是一种"理想化的君本论"。

首先,民本论的基础仍然是君本论。这方面最有力的证据,就是孟子关于君与民关系的论述。读《孟子》很容易注意到这样一个事实,这就是孟子常常将君主与百姓的关系比喻为父母与子女的关系。这方面的论述非常多:

> 兽相食,且人恶之;为民父母,行政,不免于率兽而食人,恶在其为民父母也?(《孟子》1.4)
>
> 如此,然后可以为民父母。(《孟子》2.7)
>
> 信能行此五者,则邻国之民仰之若父母矣。率其子弟,攻其父母,自有生民以来未有能济者也。(《孟子》3.5)
>
> 为民父母,使民盻盻然,将终岁勤动,不得以养其父母,又称贷而益之,使老稚转乎沟壑,恶在其为民父母也?(《孟子》5.3)

这些论述侧重点有所不同,但都把君主视为民之父母。中国是一个

---

[1] 利玛窦:《中国札记》第一卷第六章,转引自王文亮《中国圣人论》,中国社会科学出版社1993年版,第215页。

血缘联系非常紧密的国度，家庭之中，父母处于至高无上的地位，父母二字决不是可以轻易许人的；社会则是家庭的扩大，君主同样处于至高无上的地位，这恰如父母在家庭中的地位。在中国，家庭是家长制，社会是君主制，这是最基本的常识。孟子认为，为官即等于"为民父母"，父母官掌管着最高的权力，百姓只是其手下的子民，这清楚说明孟子是主张君本论的，君本论是孟子政治思想的基础。这方面日本近代启蒙思想家福泽谕吉的一段话可作参考，他说："在亚洲各国，称国君为民之父母，称人民为臣子或赤子，称政府的工作为牧民之职，在中国有时称地方官为某州之牧。这个牧字，若照饲养兽类的意思解释，便是把一州的人民当作牛羊看待。把这个名称公然标榜出来，真是无礼之极。"[1] 福泽谕吉的话可能有些过分，但不可否认，他点到了问题的要害。孟子明言为官是"为民父母"，我们却认为孟子主张政治的主体在民而不在君，实在是将孟子思想现代化了。

这是从理论上说，从实际上看也是一样。孟子周游列国，游说君王，是希望能够说服他们，让他们运用手中的权力，施行仁政，从而完成平治天下的历史重任。在这个过程中，孟子的工作重心始终放在君主身上，没有放在百姓身上，更没有在百姓中间鼓动什么"主权在民"，动员百姓起来造君主的反，"夺回自己手中的权力"等等。孟子虽然不承认武王伐纣是臣弑君，只是"诛一夫"（《孟子》2.8），也讲过"君有大过则谏；反复之而不听，则易位"（《孟子》10.9），但那也只是在"贵戚"中换一个明智一点的君主而已。这些都说明，孟子并没有突破君本这个总的限度，在本质上仍然是主张君本论。

其次，民本论又不是典型的君本论，而是一种"理想化的君

---

[1] 福泽谕吉：《劝学篇·论名分产生伪君子》，转引自王文亮《中国圣人论》，中国社会科学出版社1993年版，第265页。

七、王霸之辨正义

本论"。孟子主张的君本论有自己的特点，这个特点至少包括如下一些内容：1.注意关心庶民的生活。2.强调听取庶民的意见。3.比较重视庶民的社会作用。4.对君主在道德上、政治上有较高的要求。5.对君主的权力进行适当的限制。这些特点归结到一点，就是重视民心的作用，所以民本论在本质上是一种"民心论"。[1] 所谓"民心论"是在君本论基础上，重视民心的作用，强调成败得失由民心向背来决定的一种政治学说。虽然这种政治学说的基础仍然是君主制，但因为它比较重视民心的作用，在一定程度上反映了庶民百姓的利益，从而在客观上对君主专制制度起到了一定的限制作用，符合社会发展的一般规律，所以我把它称为"理想化的君本论"。

"理想化的君本论"与不受限制或少受限制的君主专制政治相比，无疑是一个很大的进步。正因为如此，后世对现实政治进行调整的时候，无不以孟子为精神资源，这只要看一看唐太宗的"水能载舟，亦能覆舟"，看一看真德秀的《大学衍义》就可以很清楚了（详见下文）。

（五）"理想化的君本论"与"理想政治"

由此可见，"理想化的君本论"实际上主张的是在君本论的基础上的"理想政治"。

以往对于民本论的理解虽然各有差异，但总是把民本论作为与君本论绝对对立的范畴看待。[2] 这种看法虽然可以解释中国传统

---

[1] 最初我想用"民心论"的说法取代"民本论"这个概念。后来考虑到"民本论"的概念有长远历史，在人们心目中已成定式，生造"民心论"这一新词不足以改变人们的习惯，弄不好还可能会造成新的混乱，最后定稿时放弃了原先的打算，而是强调应该着重从"民心论"的角度理解民本论。

[2] 比如徐复观便以"二重主体性"的理论，对于中国传统政治进行解说。徐复观：《儒家政治思想与民主自由人权》，（台）八十年代出版社1979年版，第218-219页。

政治内在张力的一些规律，但也存在一些问题。既然民本论与君本论绝对对立，那么在君主专制的中国，除极个别情况外（如明洪武三年，明太祖罢孟子配享孔庙[1]），为什么民本论能够得以生存，与君主专制政体长期"和平共处"呢？将民本论理解为"理想化的君本论"，可以合理解释这种现象。因为民本论的基础仍然是"君本论"，这个大限并没有突破，所以它在专制政体中才能够得以生存，而没有被禁绝；又因为民本论是"理想化"的君本论，与现实君本论有一段距离，形成了一定的张力，所以它才能够成为一种"理想政治"，与现实专制政治相抗衡，成为两千年来反对君主专制的思想武器。

政治思想史告诉我们，政治必须有与之相抗衡的力量，否则一定是腐败的政治。将中西政治思想史作一个简单比较，就会发现，这两者之间有一个明显的不同。西方中世纪的政治有一种巨大的外在力量与之抗衡，这种力量就是宗教。在一般的情况下，政治和宗教的利益一致，没有矛盾，但在一些特殊情况下，政治与宗教又会发生矛盾，这时宗教便成为政治的制约力量，使政治不得不小心从事。中国自先秦之后的两千年的历史中，君主专制并没有一种像西方宗教那样与之抗衡的力量。尽管天谴说有时勉强可以充当这个角色，但实际的效用比较有限，自汉代王充批驳谶纬学说以后更是如此。中国两千年历史中有些阶段之所以发展得还比较好，一个重要原因就是因为有一种"理想政治"与"现实政治"在无形地抗衡，这种"理想政治"就是孟子的王道主义民本论。

把握"理想政治"与"现实政治"的张力，是正确解读中国两千年政治发展史的密码。我将此概括为"张力说"。事实证明，中国历史上凡是治理比较好的朝代或一个朝代比较好的某一时期，都

---

1 朱元璋命国子监黜孟子祀，《明史》载于洪武五年（1372年），容肇祖据全祖望《鲒埼亭集》及李之藻《泮宫礼乐疏》，认为应为洪武三年，其说较有据。容肇祖：《明太祖的〈孟子节文〉》，《读书与出版》第二年第四期，上海生活书局1947年版，第16-21页。

和孟子的民本论在思想上有一定的关联。

以唐代情况为例。经过魏晋南北朝,特别是隋朝之后,李唐开国君王为了巩固自己的政权,不得不认真总结历史的经验。李渊和李世民都是比较开明的君王。史载唐高宗李渊"颇好儒臣",唐太宗李世民更是"锐意经术",并公开宣称"朕今所好者,惟在尧舜之道,周孔之教"。[1] 早在称帝之前,李世民就在秦府设置十学士,留心儒学,即位后即诏求前代通儒之孙,加以厚待。李世民总结历史经验所得出的重要结论,就是在待民方面:"舟所以比人君,水所以比黎庶,水能载舟,亦能覆舟尔。"[2] "为君之道,必须先存百姓,若损百姓以奉其身,犹割股以啖腹。"[3] "国以人为本,人以食为本。"[4] 这些历史经验的总结,反映出虽然孟子的地位当时还不高,但孟子王道主义民本论在当时实际已占有重要地位,而由孟子勾画出来的"理想政治"的蓝图已经形成了与"现实政治"的巨大张力。正是这种张力使最高统治者不敢恣意妄为,随便胡来,才使唐代之初治理得比较好,出现令人称道的贞观之治。

孟子的王道主义民本论为"现实政治"提供了一个与之相抗衡的"理想政治",而这种"理想政治"的载体就是孟子。孟子为了这个理想奋斗了整整一生,虽然他的目标没有最终实现,但是却为后人树立了榜样,开创了以道统与政统相抗衡的伟大传统。道统与政统的对立,从本质上说,就是"理想政治"与"现实政治"的对立,而作为道统或"理想政治"载体的,不是别人,正是士人这个

---

[1]《贞观政要·慎所好》,《文渊阁四库全书》卷四〇七,(台)商务印书馆1986年版,第479页。

[2]《贞观政要·教戒太子诸王》,《文渊阁四库全书》卷四〇七,(台)商务印书馆1986年版,第434页。

[3]《贞观政要·君道》,《文渊阁四库全书》卷四〇七,(台)商务印书馆1986年版,第348页。

[4]《贞观政要·务农》,《文渊阁四库全书》卷四〇七,(台)商务印书馆1986年版,第509页。

性善之谜——破解儒学研究的哥德巴赫猜想

群体。这个群体又可分为两种，一种是在朝者，一种是在野者。

在朝者一般是指那些在中央政权任职，可以接触最高统治权的士人。比如，南宋真德秀撰有《大学衍义》，其中说："臣始读《大学》之书，见其自格物、致知、诚意、正心、修身、齐家，至于治国平天下，其本末有序，其先后有伦，盖尝抚卷三叹曰：为人君者，不可以不知《大学》；为人臣者，不可以不知《大学》。为人君而不知《大学》，无以清出治之源；为人臣而不知《大学》，无以尽正君之法。既又考观在帝王之治，未有不本之身而达之天下者，然后知此书所陈，实百圣传心之要典，而非孔氏之私言也。"[1]真德秀以经筵侍读的身份，向宋宁宗、宋理宗讲述《大学衍义》，真心希望帝王依照《大学》修齐治平的理路身体力行，因而深得理宗的信任。元代最高统治者虽为异族，但也重视《大学衍义》，元武宗认为"治天下此一书足矣"，[2]并命刊行以赐臣下。至明代，明成祖同样重视《大学衍义》，永乐九年（1411）三月，作《大学衍义赞文》。明神宗还拒绝臣下其他的推荐，主动听讲《大学衍义》。真德秀之所以撰写《大学衍义》，是因为《大学》的修身齐家治国平天下的一整套理论，可以有助他劝说宋代皇帝不满足于现实（实际上就是"现实政治"），树立远大志向，成为一代明君，治理好天下，为法于后人。真德秀虽然以《大学》为依据，但其基本理论与孟子王道主义民本论是一脉相承的。

在野者一般是指那些无法接触最高统治权，或者没有官职的士人。他们通过著书立说，宣传理想政治，在民间形成一种力量，直接或间接批评君主专制。明末黄宗羲对当时政治制度进行了严厉的声讨。《明夷待访录·原君》明确指出："古者以天下为主，君为客，凡君之所毕世而经营者，为天下也。今也以君为主，天下为

---

[1]《大学衍义·序》，《文渊阁四库全书》卷七〇四，（台）商务印书馆1986年版，第4998页。

[2] 转引自侯外庐等主编《宋明理学史》上卷，人民出版社1984年版，第609页。

客，凡天下之无地而得安宁者，为君也。是以其未得之也，屠毒天下之肝脑，离散天下之子女，以博我一人之产业，曾不惨然！"[1]《明夷待访录》在当时引起了强烈的反响，对后世的影响很大。梁启超在维新变法过程中，专门把此书印出来给人传看，作为反对君主专制主义强大的精神武器。

中国两千年政治发展史证实了这样一个规律：凡是"理想政治"与"现实政治"之间的张力比较大的时候，就是这个社会治理得比较好的时期；凡是"理想政治"与"现实政治"之间的张力比较小，或完全没有张力的时候，一定是政治黑暗，社会动荡的时期。这是一个基本规律，至于其他方面，比如土地兼并等等，都可以视为这个基本规律的外在表现，可以将其纳入次一级的规律。在这个过程当中，能够为"理想政治"提供蓝图的，正是孟子王道主义民本论。由此说来，孟子王道主义民本论所建构的"理想政治"其功不可不谓大矣。

---

[1] 黄宗羲：《黄宗羲全集》第一册，浙江古籍出版社1985年版，第2页。

八、孟子气论难点辨疑

案：气论是孟子研究中的难点，"知言养气章"又是难点中的难点。李明辉对这个问题有专门研究，撰有《〈孟子〉知言养气章的义理结构》一文，在学界有较大影响。该文对我有很大启发，但对其中的若干问题也有一些不同意见。为此，我撰写了这篇文章，将"知言养气章"细分为十个问题，层层分析，对孟子气论有了新的整体的理解。发表于《中国哲学史》2001年第1期。

《孟子》中"气"字出现的次数不少，有19次，[1]但章目却相当集中，除《告子上》第八章的两次"夜气"，以及《尽心上》第三十六章的一次"居移气"之外，都集中在《公孙丑上》第二章。因为这一章主要谈的是知言和养气问题，所以又称为"知言养气章"。学术界公认，这是《孟子》中最难理解的一章，古往今来争论不断。近年来，台湾学者黄俊杰、李明辉、林启屏等对此都有专文论述，有关的讨论业已成为一个热点。[2]这些讨论有很多很好的

---

[1] 据原哈佛燕京学社所编《孟子引得》统计。杨伯峻《孟子译注》统计为18次，不过其中尚不含夜气2次，否则共20次。有此出入，不知何故。

[2] 黄俊杰的《〈孟子〉知言养气章集释新诠》收于氏著《孟学思想史论》，（台）东大图书公司1991年版；李明辉的《〈孟子〉知言养气章的义理结构》和林启屏的《孟子思想中的道德与文学的关系》收于李明辉主编的《孟子思想的哲学探讨》，（台）"中央研究院"中国文哲研究所筹备处1995年版。此前，黄俊杰先生将以上书籍以及孟子的其他资料惠赠予我，对我帮助很大，在此特致谢意。

意见，但似乎也有一些不足。这里谈谈我对这个问题的一孔之见，就教于学界同仁。

为了便于分析，先按文义将"知言养气章"分为四段，依次引录如下：[1]

> 公孙丑问曰："夫子加齐之卿相，得行道焉，虽由此霸王，不异矣。如此，则动心否乎？"孟子曰："否。我四十不动心。"曰："若是，则夫子过孟贲远矣。"曰："是不难，告子先我不动心。"曰："不动心有道乎？"曰："有。北宫黝之养勇也：不肤挠，不目逃，思以一豪挫于人，若挞之于市朝；不受于褐宽博，亦不受于万乘之君；视刺万乘之君，若刺褐夫；无严诸侯，恶声至，必反也。孟施舍之所养勇也，曰：'视不胜犹胜也；量敌而后进，虑胜而后会，是畏三军者也。舍岂能为必胜哉？能无惧而已矣。'孟施舍似曾子，北宫黝似子夏。夫二子之勇，未知其孰贤，然而孟施舍守约也。昔者曾子谓子襄曰：'子好勇乎？吾尝闻大勇于夫子矣：自反而不缩，虽褐宽博，吾不惴焉；自反而缩，虽千万人，吾往矣。'孟施舍之守气，又不如曾子之守约也。"

> 曰："敢问夫子之不动心与告子之不动心，可得闻与？""告子曰：'不得于言，勿求于心；不得于心，勿求于气。'不得于心，勿求于气，可；不得于言，勿求于心，不可。夫志，气之帅也；气，体之充也。夫志至焉，气次焉；故曰：'持其志，无暴其气。'""既曰'志至焉，气次焉'，又曰'持其志，无暴其气'者，何也？"曰："志一则动气，气一则动志也。今夫蹶者趋者，是气也，而反动其心。"

> "敢问夫子恶乎长？"曰："我知言，我善养吾浩然之

---

[1] 李明辉的《〈孟子〉知言养气章的义理结构》使用了这种做法，对清楚分疏孟子思想很有帮助，所以本文也借用了这种做法。

气。""敢问何谓浩然之气?"曰:"难言也。其为气也,至大至刚,以直养而无害,则塞于天地之间。其为气也,配义与道;无是,馁也。是集义所生者,其义袭而取之也。行有不慊于心,则馁矣。我故曰,告子未尝知义,以其外之也。必有事焉,而勿正心;勿忘,勿助长也。无若宋人然:宋人有闵其苗之不长而揠之者,芒芒然归,谓其人曰:'今日病矣!予助苗长矣!'其子趋而往视之,苗则槁矣。天下之不助苗长者寡矣。以为无益而舍之者,不耘苗者也;助之长者,揠苗者也——非徒无益,而又害之。"

"何谓知言?"曰:"诐辞知其所蔽,淫辞知其所陷,邪辞知其所离,遁辞知其所穷。——生于其心,害于其政;发于其政,害于其事。圣人复起,必从吾言矣。"(《孟子》3.2)

我认为,此章之所以难解,主要表现在以下十个问题上。现根据自己的理解,依次分疏如下:

第一,什么是"不动心"? 赵岐以"畏难""畏惧"释"动心"。朱熹《四书章句集注》基本承此义,所不同的是,他依孔子"四十而不惑"之说,在"畏惧"基础上又加上"疑惑"的含义。我认为,相比而言,还是赵注比较准确些。

首先,"疑惑"是和认知相联系的概念,但从上下文来看,《孟子》这里主要谈勇,没有谈到认知问题,既然如此,又何谈"疑惑"呢? 另外,《孟子》中有15个"动"字,除"动心"或"不动心"外,其他"动"字都是"动作""操动""感动",没有"疑惑"的意思。再查《论语》《荀子》也是一样,《论语》"动"字出现6次,《荀子》中不算"感动""变动""振动","动"字出现50次,也没有"疑惑"的意思。这就说明,"动心"就是"使心动""畏难""畏惧","不动心"就是"不畏难""不畏惧",属于勇的范畴,和认知没有直接联系,朱子将"动心"释为"疑惑",其不合理是非常明显的。

值得注意的是，对"不动心"一词的界定关系重大，并非只是词句之争，直接影响到对全章的理解，后世关于本章的理解长期陷入混乱之中，一个重要原因就是没有将这个概念界定清楚（详见下文）。

第二，北宫黝、孟施舍、曾子"养勇"有哪些不同特点？北宫黝遇事蛮干一气，表面上一味求胜，但只是鲁夫之勇，层次比较低。与此不同，孟施舍"养勇"讲究内心的支持，能够做到内心不畏惧。孟子由此区分了两种不同的勇，一是"自反而不缩"式的勇，一是"自反而缩"式的勇。朱熹《四书章句集注》释"缩"为"直"。"自反而不缩"可以解释为"反躬自问，正义不在我"；"自反而缩"则可以释为"反躬自问，正义在我"。"自反而缩"式的养勇，特点是"约"，并说孟施舍养勇不如曾子"守约"。在《孟子》，"约"是简约的意思。曾子养勇为什么比孟施舍"守约"，孟子没有明讲。据推测，可能是因为曾子重视内心之仁，而据后来阳明所说，心原本是不动的，因此遇事只要反求诸己，按内心之仁行事，就可以毫不畏惧，这与孟施舍只是强求内心不畏惧相比，当然要简约多了。

第三，如何理解"不得于心，勿求于气"？这里首先需要弄清这样一些问题：一、什么是"得"？《孟子》中"得"字的基本意思是"得到""求得"，如"君子深造之以道，欲其自得之也"（《孟子》8.14），这里的"得"就是"得到"的意思。二、什么是"不得于心"？前面讲过，有两种不同的勇，首先是"自反而不缩"，即"反躬自问，正义不在我"式的勇，其次是"自反而缩"，即"反躬自问，正义在我"式的勇。"不得于心"与"反躬自问，正义不在我"意思相近，是说得不到心的支持，没有内在的良心本心作基础。三、孟子为什么赞同"不得于心，勿求于气"？在孟子看来，心是气的基础，没有心作基础，气就没有着落，表现出来的只能是莽夫之勇，劲头越大，危害越大。所以，孟子才说"不得于心，勿求于气,可"。

从表面上看,孟子此说是赞同告子的观点,与告子思想一致,其实孟子在这里只是表达自己对心与气关系的基本看法,与告子并不相同。告子虽然也讲"不得于心,勿求于气",但因为他主张义外,而主张义外,心必然空虚无着落,这样"不得于心,勿求于气"也就无法真正落实。也就是说,"不得于心,勿求于气"有两种不同的含义,即字面的含义和深层的含义。在字面的含义上,孟子与告子相同,孟子就是在这个意义上下一个"可"字的。在深层的含义上,孟子主张义内,"不得于心,勿求于气"可以讲得通,而告子主张义外,"不得于心,勿求于气"讲不通(因为告子没有内心的基础),所以孟子与告子又不相同。朱熹《四书章句集注》认为,孟子这个"可"字下得勉强。这个看法极为深刻。

第四,如何理解"不得于言,勿求于心"?这是本章争论最多的一个问题。我的基本看法是,"得"指"得到"。与孟子关于"知言"的论述相互参阅可知,"得言"就是"知言","不得于言"就是不知言。在孟子看来,言很重要,言为心声,"生于其心,害于其政;发于其政,害于其事"。在"天下之言不归杨,则归墨"的情况下,更是如此。所以孟子才把"距杨墨,放淫辞,邪说者不得作"(《孟子》6.9),作为自己重要的历史使命;也正因为如此,孟子工夫的一大特点就是"知言"。但告子却说,"不得于言,勿求于心",认为对于一种道理、一种学说不能了解(不得于言),便应该把它搁放起来,不去管它,不去追究其思想根源(勿求于心)。告子如此不重视言,与孟子的"知言"大相径庭,孟子当然要说"不可",给予批评了。

但问题在于,既然"不得于言,勿求于心"不对,告子何以会"不动心"呢?学术界对此有不同的见解,在这方面,朱子的观点占主导地位。《四书章句集注》说:"告子谓于言有所不达,则当舍置其言,而不必反求其理于心。"这就是说,在告子,如果对于某种理论学说不能了解，便应当把它放起来，不要因此而使心受到影响，这有点像是佛、道两家的制心工夫，因为与世隔绝，也就可以做到"不动心"了。徐复观依照这个思路作的解说最为通俗易懂："告子达到不动心的工夫，既不同于勇士，也不同于孟子，而是采取遗世独立、孤明自守的途径。一个人的精神，常常会受到社会环境的影响，因而会发生扰乱（动心）。告子的不得于言，勿求于心，是对于社会上的是非得失，一概看作与己无关，不去管它，这便不至使自己的心，受到社会环境的干扰。"[1] 这种观点虽然影响很大，但似乎不无问题。如李明辉所说，这是因为：一、说告子是道家者流，缺乏直接的证据；二、如此理解告子的"不动心"，无法与告子的义外说相联系。[2] 李明辉所说，特别是第一点，甚有道理。梁启超和钱穆都已证明，告子早年为墨子弟子，[3] 而这里却以近于道家的主张解说告子的思想，其不合理处非常明显。

为此，李明辉在《孟子知言养气章的义理结构》一文中提出了一种新的观点，认为可将"不得于言，勿求于心"改写成"得于言，乃可求于心"，意思是说，"凡是思想或主张中能成其理者，我们便可以之要求于心，作为心之圭臬"。[4] 由此可以推知"不得于言，勿求于心"与告子"不动心"的内在关联："根据告子道德实在论底观点，道德之价值与是非有其外在的客观标准，心之作用在于衡量并判断各种思想或主张是否合于此客观标准；只要相合，便可奉之为原则，而信守不疑。在这种情况下，由于心有守，自然可以不

---

1 徐复观：《孟子知言养气章试释》，载于《中国思想史论集》，（台）学生书局1993年版，第143页。
2 以上两点见李明辉《〈孟子〉知言养气章的义理结构》，载于李明辉主编《孟子思想的哲学探讨》，（台）"中央研究院"中国文哲研究所筹备处1995年版，第131页。
3 参见梁启超《饮冰室合集》第八册，中华书局1989年版，第82页；钱穆《先秦诸子系年考辨·墨子弟子考》，上海书店1992年版，第171-172页。
4 李明辉主编：《孟子思想的哲学探讨》，（台）"中央研究院"中国文哲研究所筹备处1995年版，第136页。

受其他外在因素之影响而得以不动。"[1] 这种观点的基础是对"不得于言,勿求于心"进行的语法分析。李明辉认为,"不"与"勿"是双重否定,在汉语中,这种句型表示前件为后件的先决条件,这类句子可以作正面的改写,如"不及黄泉,无相见也"可以改写为"及至黄泉,乃可相见也",同理,"不得于言,勿求于心"也可以改写成"得于言,乃可求于心。"

在我看来,这个基础并不稳固。双重否定作为一种语法结构有其特定的规律,虽可作正面改写,但因为侧重点不同,弄不好很容易出问题。仍以上引为例:"不及黄泉,无相见也",是强调不见的决心,如果改为"及到黄泉,乃可相见也",意思有所变化。原句的重点是"不要见",改写句的重点是"可以见",语气是不一样的。从形式逻辑上分析,"不及黄泉,勿可见也"中前件("及黄泉")是后件("可见")的必要条件,根据必要条件假言推理"无之必不然,有之未必然"的规则分析,原句意思是"不及黄泉是不能见的,及至黄泉能不能见则不一定"。如果将原句改写为"及至黄泉,乃可相见也",是把前件变成了后件的充分条件,意思是"到了黄泉就可以见了",违反了逻辑规则。既然这种观点的前提存在问题,其整个论点的价值也就值得重新考虑了。

我在反复揣摩孟子原文之后发现,人们之所以在这个问题上陷入混乱,一个重要原因是把两个原本各自独立的问题混在一起了。换句话说,"不得于言,勿求于心"和"不动心"是两个不同的问题,二者之间没有直接关系,"不得于言,勿求于心"并不是告子"不动心"的原因。前人为此所作的种种努力徒劳无功,不仅没有任何意义,而且使问题复杂化了。从概念的内涵分析,"不得

---

[1] 李明辉主编:《孟子思想的哲学探讨》,(台)"中央研究院"中国文哲研究所筹备处1995年版,第137页。

于言"属于"知"的范畴,是"不知言"的意思。孟子强调"知言",从上下文看,主要是防止"诐辞""淫辞""邪辞""遁辞"。而"不动心"属于勇的范畴,是"不畏惧"的意思。孟子"四十不动心",是说他四十岁的时候,即使加之卿相也已经无所畏惧了。由此可见,"不知言"与"不畏惧"之间没有必然的逻辑联系。朱子没有把"不动心"这个概念的内涵清理干净,依"四十而不惑"之义,在"不畏惧"的意义上加上"疑惑"的意思,就是为了使"不知言"与"不动心"之间发生联系,但由此也为自己带来了一系列无法解决的问题。

从本章的语脉分析,孟子这里主要是借助告子的话谈自己的特点。孟子强调,他的特点,一是知言,一是善养浩然之气。值得注意的是,这两个方面都与告子不同,所以当公孙丑问"夫子之不动心与告子之不动心"的时候,孟子并没有将话题限制在"不动心"的范围里面,而是顺着自己的思路将两个方面都讲到了:因为孟子"知言",深知理论的重要,所以不同意告子的"不得于言,勿求于心"的说法;因为孟子善养浩然之气,而浩然之气的基础是仁义内在,所以不同意告子的义外说,批评其"外之也"。严格讲来,孟子这种说法跨越了主题的范围,在逻辑上并不严格,造成了很大的麻烦。因为如果人们不从语脉上细细体会孟子的语义,只是从字面上看,很容易留下"不得于言"与"不动心"是一回事的印象。古往今来人们总是寻求"不得于言"与"不动心"的内在关联而又不得要领,就是这样造成的。

既然"不得于言,勿求于心"与告子"不动心"没有关联,那么告子是通过什么方法达到"不动心"的呢?在这方面阳明有段话讲得非常精辟,可作参考,他说:"告子只在不动心上著功,孟子便直从此心原不动处分晓。心之本体原是不动的,只为所行有不合义,便动了。孟子不论心之动与不动,只是集义,所行无不是义,此心自然无可动处。若告子只要此心不动,便是把捉此心,将他生生不息之根反阻挠了。此非徒无益，而又害之。"[1]这就是说，由于告子主张义外，所以只能硬把捉着心要他不动，尽管这种办法比较笨，但也可以达到"不动心"的目的。阳明此说，不仅解决了告子何以会"不动心"的问题，而且进一步证明了"不得于言，勿求于心"与"不动心"没有直接关系。

总之，在我看来，"不得于言，勿求于心"谈的是"知言"，"不得于心，勿求于气"谈的是"养气"，"知言""养气"是两回事，二者之间没有必然的逻辑联系。因此，"不得于言，勿求于心"何以造成告子的"不动心"，其本身就是一个伪问题，后人为此所作的种种解说总是不能圆顺通畅，免不了牵强附会，就不足为怪了。

第五，什么叫"志至焉，气次焉"？赵岐注说："志为至要之本，气为其次。"朱熹《四书章句集注》与赵岐的看法相同，说："若论其极，则志固心之所之，而为气之将帅；然气亦人之所以充满于身，而为志之卒徒者也。故志固为至极，而气即次之。"但毛奇龄《逸讲笺》以"次"为舍止，言"志之所至，气即随之而止"。杨伯峻《孟子译注》从其说，[2] 近来一些译本亦多从之。考《孟子》"至"字有"到"和"极"等多种意思，所以无法以此为据判定上述意见是否正确。但"次"字的含义比较单纯，只是"较下一等"的意思，按杨伯峻之说，将其释为"较长久地停留"，只有此处两例，故立论略显薄弱。另外，从理论上说，虽然气随心至，但它们并不是影之随形的关系，其间还有一个修养问题。所以，我认为，比较而言，还是赵注所说更为合理一些。也就是说，此句的意思是："志是主要的，气是次一等的"。

第六，什么叫"志一则动气，气一则动志"？朱熹《四书章句

---

[1] 王阳明：《传习录下》，《王阳明全集》，上海古籍出版社1992年版，第107页。
[2] 参见杨伯峻《孟子译注》，中华书局1959年版，第70页。

集注》说:"孟子言志之所向专一,则气固从之;然气之所在专一,则志亦反为之动。"朱子此解有一定道理。志和气的关系中,志为主,气为次,所以志专一了,气就能鼓动起来,这是一般情况。但在特殊情况下,气对于志也有反作用,如人跌倒了,是气造成的,但也会"反动其心",对志有所影响。俞樾《古书疑义举例·两语似平而实侧例》指出:"盖人之疾趋而行,气使之也,而至于颠蹶则无不动心矣,故曰'是气也而反动其心'。"[1] 显然,俞樾讲的也是这个意思。

但是,细细想来,"气一则动志"似乎还有另外一层意思,即在一定的情况下,气可以将志鼓动起来。这方面戴君仁的意见值得注意,他说:"人吃了酒,或其他兴奋的药物,就会气壮胆大,精神振作。这是生理的气动志。喜怒动志,是心理的气动志。气既可动志,虽然次要而不多,却也不可忽略。"[2] 这就是说,通过一些特殊的途径,气对于志也会有所帮助,出现气足而志高的情况。这种帮助与"志一则动气"相比,性质刚好相反:"志一则动气"是正向的,可取的,"气一则动志"是逆向的,不足取。"气一则动志"产生的"志"并没有真正的根基,所表现的只能是莽夫之勇。正因为此,孟子才赞成"不得于心,勿求于气"的说法,反对一味求气。

由此可见,"志一则动气,气一则动志"可以作两方面的理解:从反面讲,气对于志有消极影响,如跌倒一类;从正面讲,气对于志有时亦有所帮助,如饮酒一类。历史上对前一种情况讲得多,对后一种情况讲得少。但从孟子本章的语脉分析,似乎后一种情况更为重要,不然无法在语义上与前文"不得于心,勿求于气,可"相

---

[1] 转引自金良年《孟子译注》,上海古籍出版社2004年版,第60页。
[2] 戴君仁:《孟子知言养气》,(台)《大陆杂志》第八卷第五期。转引自杨一峰《孟子浩然之气浅测》,载于吴康等著《孟子思想研究论集》,(台)黎明文化事业公司1982年版,第172-173页。

贯通。

第七，如何为"必有事焉而勿正心勿忘勿助长也"断句？我认为，要把此句断得顺畅，最好将此句与上下文联系起来。在这一句后面，紧接着还有一句很重要的话，这就是："以为无益而舍之者，不耘苗者也；助之长者，揠苗者也——非徒无益，而又害之。"孟子在这里实际上批评了当时两种不正确的养气方法：其一，以为养气没有用处而不去做，孟子批评这是种庄稼而不锄草的懒汉；其二，养气不是"集义而生"，而是人为助长，孟子批评这是拔苗助长的蠢人。虽然孟子两方面都讲到了，但主要还是反对后一种情况。也就是说，当时养气的人不少，但很多并无内心的根基，而是靠人为助长。在孟子看来，这是不行的。培养浩然之气，既要有内在的基础，又要有正确的途径。这两方面都是一个自然的过程，应当任其自然，不能人为施加干预。

背景明白了，句读也就比较容易了。在我看来，此处似应以"正心"连读，在"正心"与"勿忘"之间留一个较大停顿，读为"必有事焉，而勿正心；勿忘，勿助长也"。孟子此句主要是说，在培养浩然之气的过程中，既必须时时培养，又不能强行为正；既不能忘记，又不能人为助长。这里的"正"字与《孟子》中其他"正"字一样，同样为"不歪""使正"之意。"勿正"就是不要故意为正。"正"什么？不能是别的，只能是"心"。所以这里"正"与"心"应当连在一起，读为"正心"，再加上前面的"勿"字，读为"勿正心"。[1]

将上下文联系起来分析，这种句读也是可行的："必有事焉"与"勿忘"相对应，是讲应该注意时时培养，这是反对前面说的只种庄稼而不锄草的懒汉；"勿正心"与"勿助长"相对应，是

---

[1] 这种句读其实早在宋代就有。朱熹《四书章句集注·孟子集注》说："近世或并下文'心'字读之者，亦通。"

讲不应该操之过急，这是反对前面说的拔苗助长的蠢人。两组句子，前后呼应，语意贯通，毫无矛盾。这种句读有不少的好处，一是有文字的根据，可信性较强，二是可以将孟子本段的整个意思连贯起来，前后照应，三是可以突出孟子着重强调反对人为助长的意图，有利于把这个重要思想与其后心学的有关论述联系起来考查。

第八，如何理解"塞于天地之间"？这也是一个争论很多的问题。赵岐注说："养之以义，不以邪事干害之，则可使滋蔓，塞满天地之间，布施德教，无穷极也。"朱熹《四书章句集注》说："盖天地之正气，而人得以生者，其体段本如是也。惟其自反而缩，则得其所养，而又无所作为以害之，则其本体不亏而充塞无间矣。"又引程子语说："天人一也，更不分别。浩然之气，乃吾气也，养而无害，则塞乎天地。"这些解释虽有细微差别，但都是说浩然之气可以充满于天地。但我认为，此处的"塞于天地之间"不是说"浩然之气可以充满天地之间"，而是说"具有了浩然之气的人，可以立于天地之间"。前者的主体是气，后者的主体是人，二者有着重要的区别。

从思想发展的轨迹上看，孟子论气的主体是人而不是气。孟子的气论是在前人思想上发展而来的。前人思想对孟子自然会有所影响，但孟子的浩然之气与这些理论不同，其中包含着丰富的道德内容。道德离不开人，道德的主体是人，孟子关心的主题是人，所以他从不离开人单独讨论气的问题。由此可知，孟子所谓浩然之气的对象是人的浩然之气，而不是讨论浩然之气本身，更不是讨论宇宙间什么浩然之气。有论者认为，天体是一个大宇宙，人体是一个小宇宙，人的道德修养至完善程度，就可以使道德之气充满全身，从而达到天人合一的境界。"'浩然之气'虽为'大丈夫'者个人所拥有，但它却可跃出个人身体的囿限，与天地精神相往来，与宇宙本体相融汇。实际上，'大丈夫'巨大力量的源泉决不仅仅来自于个人心性与体格的修养锻炼,更源于天地间的'正气'。"[1]这完全是依赵岐的看法理解孟子的"浩然之气",而赵岐的看法已明显带有董仲舒之后汉代思想的时代特点,与孟子本意已有相当距离了。

再从《孟子》行文本身来看,孟子论气的主体并不是气。孟子此前讲过孟施舍之守气和孟子之浩然之气的问题,这两者有密切的内在联系。因为它们都是一种勇气,所不同的是,孟施舍之气只是能够藐视敌人,做到无惧而已,而孟子之气,是在曾子"自反而缩"的基础上发展出来的浩然之气。这种浩然之气完全以内心之善做基础,所以层次更高,力量更大。由此可以说,浩然之气是以道德之善为基础的集勇气、志气、豪气于一身的一种精神气质,具有这种精神气质的人,可以至大至刚,顶天立地。可见,孟子此处所谈的主体完全是人,"塞于天地之间"是说"有浩然之气的人可以立于天地之间",而不是说"浩然之气本身可以充满天地之间"。所以,以此来说明孟子气论有神秘色彩或倾向,完全没有必要。

第九,如何理解"是集义所生者,非袭而取之也"?"集"和"袭",是孟子养气学说中的两个重要概念。赵岐释"集"为"杂"。与此不同,朱熹《四书章句集注》释"集"为"积"。两说均通,但以朱注为上,朱子学理的缺陷并不妨碍对《孟子》字句注释的正确。[2]朱熹《四书章句集注》释"袭"说:"掩取也,如齐侯袭莒之袭。……非由只行一事偶合于义,便可掩袭于外而得之也。"依朱子的解释,"是集义所生者,非义袭而取之也",是说浩然之气由长期集善所产生,不能靠偶然的善行而得到。

第十,什么叫"行有不慊于心,则馁矣"?慊,赵岐训为

---

[1] 见郑晓江《论"大丈夫"的人格与气节》,(台)《孔孟学报》第六十七期。照此理解,"浩然之气"真有些"神秘色彩"了。其实从《孟子》全书来看,孟子论气大多很朴实,并没有那么玄妙,更没有将气与宇宙大化相联系的说法,其对孟子此句作如此理解,很值得商榷。

[2] 黄俊杰:《孟学思想史论》,(台)东大图书公司1990年版,第386-388页。

"快",说"自省所行仁义不备,干害浩气,则心腹饥馁矣"。馁,朱熹《四书章句集注》释为"饥乏而气不充体"。朱子对此句的解释非常得体:"言人能养成此气,则其气合乎道义而为之助,使其行之勇决,无所疑惮;若无此气,则其一时所为虽未必不出于道义,然其体有所不充,则亦不免于疑惧,而不足以有为矣。"气的根基在心,于心仁,气也能鼓动起来,人就有精神;于心不仁,做事有伤良心,气自然鼓动不起来,人也就打不起精神,萎靡不振。

总起来说,"知言养气章"的难点较多,其中"知言"和"养气"的关系最为要紧。在"知言"问题上,孟子强调重视理论学说的作用;在"养气"问题上,孟子分辨了当时一些人养勇的不同特点,强调道德之心是浩然之气的基础,只有"配义与道",才能养成浩然之气。"知言"和"养气"分属两个不同的问题,其间没有必然的逻辑联系。两千年来人们往往不明其故,把这两个问题混在一起,试图解决一个原本根本无法解决的问题,"知言养气章"的释义自然也就难免混沌不堪,难见晴日了。

部之四：余论

一、论牟宗三性善论研究

案：牟宗三是现代新儒家第二代重要代表人物，随着大陆现代新儒学研究的启动，牟宗三影响越来越大，研究孟子自然要关注他的成果，本文即是对牟宗三性善论研究的一个述评。这篇文章发表于《复旦学报》1991年第3期，早于我孟子研究最早发表的三篇文章，但学术含量不及那三篇，分析粗浅，学理也没有突破。将其收入源于它对我有特殊意义，因为它开了一个好头，顺着这个方向发展，后来才有了对"十力学派"的关注，才有了近二十年的牟宗三儒学思想研究，才有了五卷本《贡献与终结——牟宗三儒学思想研究》以及它的副产品《〈心体与性体〉导读》。原为《孟子性善论研究》的一节，修订版作了较大修改。

人们普遍承认，在现代新儒家中，牟宗三占有突出地位。有人甚至预言，今后几十年可能是吸收消化牟宗三的时代。此话尽管有些夸张，但足以说明牟宗三的重要。不过，如同一切思想家一样，牟宗三有贡献也有遗阙。本文仅对牟宗三性善论研究（主要是孟子，兼及宋明儒）作一些评介与分析。

一、以道德自律点化性善论

牟宗三研究性善论与一般学者的一个最大不同，是直接以康德道德自律学说点化性善论。熊十力之后，他在这方面做了大量工作，其匠心之独具，规模之宏大，工程之艰难，实属罕见。

道德自律是康德哲学的重要概念。康德认为，人是理性的存在者，是自由的，只有理性才能决定人的价值；同时人又是感性的存在者，受自然因果律的制约，没有自由。理性有普遍性，不受时间地点条件的影响，可以给人提供统一的行为原则；而感性没有普遍性，受时间地点条件的影响，无法提供统一的原则。在这种两分的结构中，只有承认理性为目的本身，才能找到行为的普遍性法则，揭示自由的规律。人们以自身理性为唯一目的，依此而行，自己立法，自己服从，这就是道德自律。牟宗三对康德这个思想作了这样的概括："最纯净而能保持道德自性的道德法则必须是'意志的自律'（Autonomy of the will），即意志自身给它自己立法，这既不涉于感觉经验，亦不涉于任何外在的对象，即意志之遵依法则而行纯是无条件的，必然的。"[1]

牟宗三认为，"康德这一步扭转在西方是空前的，这也是哥伯尼式的革命。但在中国，则先秦儒家孟子早已如此"。[2] 牟宗三之所以得出这样的结论，是因为在他看来，孟子性善论的仁义内在与康德的理性立法是相通的。康德从义务分析入手，由此悟入道德法则、定言命令、意志自律自由，建立了以法则决定行为的道德哲学，而"孟子是从'仁义内在'之分析入手，由此悟入仁义礼智之本心以建立性善，由此心觉性能发仁义礼智之行。仁义礼智之行即是'顺乎性体所发之仁义礼智之天理而行'之行。天理（亦曰义理）即是道德法则，此是决定行动之原则，亦即决定行动之方向者"。[3] 仁义内在即表示超越的道德心是先天固有的，依此而行，就是康德所讲的按照理性立法而行动。"仁义之行就是善，这是实践法则所规定的。这种意义的善就是纯德意义的善，丝毫无有私利的

---

1 牟宗三：《心体与性体》第一册，（台）学生书局1968年版，第130页。
2 牟宗三：《圆善论》，（台）学生书局1985年版，第182页。
3 牟宗三：《圆善论》，（台）学生书局1985年版，第184页。

夹杂；亦曰无条件的善，不是为达到什么其他目的之工具。"[1] 这种由仁义而行的善，既不是为个人的利欲，也不是为他人的奖赏，或惧怕某种惩罚，是典型的道德自律。

以康德道德自律学说点化性善论，为研究提供了新的视角，使性善论骤然间增添了许多理论色彩，达到能和西方哲学对话的高度。但细究起来，撇开时代背景及理论渊源不谈，康德的道德自律和孟子的性善论，存在着非常明显的差异。

康德创立道德自律学说，一个重要目的是反对道德他律。所谓道德他律，依照康德的看法，主要包括两个方面：其一，道德不是遵从理性，而是遵从上帝或其他权威。上帝不能成为道德的依据，一是因为我无法直观它的完善性；二是这样做必然发生循环论证；三是上帝意志意味着对荣誉和主宰的欲求，以及对于威力和报复的恐惧。"从荣誉欲和支配欲的属性出发，与权力和报复的可怕表象相结合，就必然构成一个与道德性截然相反的道德体系的基础。"[2] 道德他律所包括的第二个方面是，道德不是遵从理性原则，而是遵从经验原则或幸福原则。康德认为，如果道德规律立足于普遍人性的特殊结构，或者立足于人所处的偶然环境，就不会有普遍性，也就不会有实践的必然性。他指出，经验原则不能成为道德根据，"原因乃是在于它加诸道德的动机，宁可说侵蚀道德，且毁坏其全部崇高，因为这些动机把德性的动因与罪恶的动因归在一个类中，只教人精于算计，完全抹杀了二者的特殊差异"[3]。

特别值得注意的是，康德把道德感也列入道德他律的范围。他认为，道德感是一种特殊的情感，虽然这种情感和道德及其尊严接

---

[1] 牟宗三：《圆善论》，（台）学生书局1985年版，第185页。

[2] 康德：《道德形而上学的奠基》，李秋零译本，《康德著作全集》第4卷，中国人民大学出版社2010年版，第452页。

[3] 康德：《道德形而上学的奠基》，李秋零译本，《康德著作全集》第4卷，中国人民大学出版社2010年版，第451页。

近，但他还是要把它归入道德他律的范畴。康德在一个重要的注中这样写道:"我把道德情感的原则归入幸福的原则，乃是因为任何一种经验性的兴趣都通过仅由某物所提供的惬意而可望有助于福祉，不管这种惬意的发生是直接而不考虑利益的，还是顾及利益的。"[1]

孟子的确有一些地方可以和康德相通。第一，孟子反对"生之谓性"，反对以利欲为最高原则，坚持"天爵""人贵"，这与康德贬斥经验原则、幸福原则有相通之处。第二，孟子认为，依仁义礼智之本心而行即是道德，成就道德只是为了自己的本心本体，而不是为了上天的权威，这与康德批评神学道德也相一致。牟宗三以道德自律点化性善论主要根据就在这里。

然而，孟子和康德也有极大的不同。康德尊重理性，孟子尊重良心本心，而前面已经反复讲过，因为本心本体不排除道德情感，所以本心本体并不同于康德的道德理性。比如，十分著名的"今人乍见孺子将入于井，皆有怵惕恻隐之心"，就有浓厚的情感因素。再如，"四端"当中，除"是非之心，智之端也"一句尚待讨论外，其余无疑都与道德情感有关。而康德重理性轻情感，并把道德情感纳入他律之中，以这个标准看孟子，孟子是很难戴上道德自律的桂冠的。[2]

---

[1] 康德：《道德形而上学的奠基》，李秋零译本，《康德著作全集》第4卷，中国人民大学出版社2010年版，第451页。

[2] 首先对这个问题提出怀疑和批评的是黄进兴（参见黄进兴《所谓"道德自主性"：以西方观念解释中国思想之限制的例证》，台北，《食货》复刊第十四卷第7、8期合刊，1984年10月）。黄进兴认为，儒家伦理基本上是以"道德情感"为出发点的，与康德学说相比有很大不同。"与其说儒家道德哲学与康德哲学相通，毋宁说与康德所反对的赫京生、休谟诸人的学说较为类似，后者咸认为人类具有内在的'道德感'（moral sense）以作为伦理判断的依据。"以此看问题，孟子以道德情感立论，其学说当为"道德他律"，而不宜称之为"道德自律"。黄进兴的论文有很大的启发意义。在本文写作过程中，我又看到了李明辉对黄进兴文章进行的全面反驳［参见李明辉《儒家与康德》，（台）联经出版公司1990年版］。李明辉认为，虽然孟子和康德略有不同，但主旨无异，仍然可以说是道德自律。由于李明辉专攻康德，文章系统有致，影响较大，从而维护了牟宗三的主张。我既不完全同意黄进兴的看法，也不赞成李明辉的反驳，但限于篇幅，不能在本书具体展开，拟他文详述。

牟宗三也看到了孟子和康德的这种区别，为了使性善论仍然通于道德自律，特意标出"道德情感上下其讲"法："下讲、则落于实然层面，自不能由之建立道德法则，但亦可以上提而至超越的层面，使之成为道德法则、道德理性之表现上最为本质的一环。"[1]为此他批评康德在这个问题上不尽心，没有注意这个问题，只是抽象地思考，只是经验的与超越的对翻，有条件的与无条件的对翻，"惜乎未至具体地（存在地）体现此'道德之体'之阶段，故只言道德法则、无上命令（定然命令）之普遍性与必然性，而对于超越之心与情则俱未能正视也。若以儒家义理衡之，康德的境界，是类乎尊性卑心而贱情者"。[2]

但是不管怎么批评康德，依据康德道德自律的基本原则，道德自律只能以理性为唯一的准则，绝对不能掺杂情感，即使成就道德后内心的满足也必须排斥在外。与此相反，孟子性善论并不排除道德情感，非常重视成就道德后内心的愉悦，甚至可以说离开了这种愉悦，性善论作为一种伦理学说（即我说的仁性伦理）就根本无法成立。如果严格以康德的道德自律作为标准，性善论是不能享有这份殊荣的。也正因如此，我认为，以康德道德自律学说研究儒学必须十分小心，弄不好就会形成比附，尽管道德自律是个很好的字眼儿。

严格说来，争论的核心还不在是否使用道德自律的说法，而在于是否承认这是两种根本不同的伦理道德学说。我认为，以康德为代表的是西方的理性伦理，以孟子为代表的是中国的仁性伦理，其思路截然不同，而区分这种不同的一个显著标志，就在于如何处理道德情感问题。这是我近来反复申明的一个基本观点。以康德道德自律学说衡定孟子的性善论，很容易掩盖康德和孟子的区别，不利

---

[1] 牟宗三：《心体与性体》第一册，（台）正中书局1968年版，第126页。
[2] 牟宗三：《心体与性体》第一册，（台）正中书局1968年版，第129页。

于把他们作为两种不同的伦理道德学说看待，不利于从根本上彰显儒家心性学说的特色和精华（我并不否认牟宗三在彰显儒学特色方面所做的大量工作，只是认为这种做法还不彻底，还不根本），从而不利于以儒学为基地为世界伦理道德哲学作出自己的贡献。

二、以性善论建构道德形上学

在以道德自律点化性善论的基础上，牟宗三还参照康德道德形上学的规模，从性善论之本心本体出发，努力建构道德（的）形上学。他认为，"道德底形上学"和"道德的形上学"是两个完全不同的概念。前者是给道德建构某种理论体系，后者重点在形上学，"故应含有一些'本体论的陈述'与'宇宙论的陈述'，或综曰'本体宇宙论的陈述'（Onto-Cosmological statements）"。[1]

牟宗三认为，儒家自始就有道德形上学传统，从不孤立谈本心本体。"孔孟都有超越意义的'天'之观念，此由诗书所记载的老传统而传下来者。至孔子提出'仁'，则是践仁以知天，至孟子则是尽心知性以知天，其义一也。"[2] 孟子从道德实践角度谈仁义内在，本心即性，我固有之，似乎不客观地谈天命、天定，但他也讲过"此天之所与我者"。"由'此天之所与我者'看，则于此心此性，孟子亦未尝无'天命、天定'义。又引'天生烝民，有物有则，民之秉彝，好是懿德'之诗以证性善，则'秉彝'之性亦未尝不是天所命而定然如此者。'固有'即是先天而本有，即是天所命而定然如此者。"[3]《中庸》又有进一步发展，"即视天为'为物不贰，生物不测'之创生实体，而以'维天之命，於穆不已'明'天之所

---

1 牟宗三：《心体与性体》第一册，（台）正中书局1968年版，第9页。
2 牟宗三：《圆善论》,（台）学生书局1985年版，第132页。
3 牟宗三：《心体与性体》第一册，（台）正中书局1968年版，第29–30页。

以为天',此即以'天命不已'之实体视天也"。[1] 牟宗三把形上之天作为本心本体的终极依据,反对人们不谈"天",指出:"有人把'天'抹掉,把它完全讲成形而下的,这是不行的。"[2]

后来,牟宗三进一步提出"无限智心"的概念,以代替西方的上帝。"圆教必透至无限智心始可能。如是,吾人以无限智心代上帝,盖以无限智心之人格神化为情执故,不如理故。无限智心不对象化为人格神,则无限心始落实。"[3] 这种无限智心,既超越又内在,有绝对普遍性,越在每一人每一物之上,非感性经验所能及,故为超越的;但又为一切人物之体,故又是内在的。依此无限智心之自律天理而行,就可以成就道德。

无限智心不仅是道德的根由,亦是宇宙生化的依据。牟宗三论宇宙生化是从道德实践入手的,"其初,这本是直接地只就道德行为讲:体是道德实践上的体,用是道德实践上的用。但在践仁尽性的无限扩大中,因着一种宇宙的情怀,这种体用因果也就是本体宇宙论上的体用因果,两者并无二致"。[4] 因为本心本体必然发用,发用必然涉及存在,这层意思牟宗三称为"觉润"。"'觉'润至何处,即使何处有生意,能生长,是由吾之觉之'润之'而诱发其生机也。故觉润即起创生。"[5]

牟宗三由此进一步区分了两层存有论。在他看来,西方哲学传统中,人是有限的,上帝是无限的,有限无限之间有一条鸿沟,形成了"超越的区分"。与此不同,儒家传统中,人既有限又无限。其有限是因为人的知性和感性受条件限制,只能认识现象;其无限是因为人可以展露智的直觉,直抵物自身。因此"我们依'人虽有

---

[1] 牟宗三:《心体与性体》第一册,(台)正中书局1968年版,第22页。
[2] 牟宗三:《中国哲学十九讲》,(台)学生书局1983年版,第75页。
[3] 牟宗三:《圆善论》,(台)学生书局1985年版,第333页。
[4] 牟宗三:《心体与性体》第一册,(台)正中书局1968年版,第172-173页。
[5] 牟宗三:《心体与性体》第二册,(台)正中书局1968年版,第223页。

限而可无限',需要两层存有论,本体界的存有论,此亦曰'无执的存有论',以及现象界的存有论,此亦曰'执的存有论'"。[1] 执的存有论由感触直觉构成,牟宗三借用佛教说法称为"识知",对象是现象界。无执的存有论由智的直觉构成,牟宗三借用佛教说法称为"智知",对象是本体界。

牟宗三区分两层存有论,主要目的是由道德之路挺进,由智的直觉直达道德本体,再用这一道德本体对外物存在加以说明,从而打开存在界。"我们建立一圆教下的'道德的形上学'(实践的形上学)——依道德的进路对于万物之存在有所说明。"[2] "'道德的形上学'云者,由道德意识所显露的道德实体以说明万物之存在也。"[3] 无执的存有论如何能对存在有所说明呢?牟宗三举例说道:"当自由无限心呈现时,我自身即是一目的,我观一切物其自身皆是一目的。一草一木其自身即是一目的,这目的是草木的一个价值意味,因此,草木不是当作有限存在物看的那现实的草木,这亦是通化了的草木。"[4] 意思是说,无限智心(即自由无限心)是创生本体,因为关乎道德,有强烈的价值意味,以这个有价值意味的无限智心去"觉润"万物,万物就有了价值,有了意义。更加重要的是,因为这种"觉润"是通过智的直觉进行的,所以其对象不再是现象,而是物自身。牟宗三对此十分得意,自豪地写道:"以上所说的俱亲切而明确,这才是对于物自身而有的清楚而有明确的表象,这不是从上帝的创造处说所能明朗的。这样的物自身系于无执的无限心这个主体,无限心觉照之即存有论地实现之,此亦可说创造。"[5]

据此而言,牟宗三认为,儒家已经完成了道德形上学。他说:

---

[1] 牟宗三:《现象与物自身》,(台)学生书局1984年版,第30页。
[2] 牟宗三:《现象与物自身》,(台)学生书局1984年版,第38—39页。
[3] 牟宗三:《现象与物自身》,(台)学生书局1984年版,第92页。
[4] 牟宗三:《现象与物自身》,(台)学生书局1984年版,第18页。
[5] 牟宗三:《现象与物自身》,(台)学生书局1984年版,第18页。

"儒家惟因通过道德性的性体心体之本体宇宙论的意义,把这性体心体转而为寂感真几之'生化之理',而寂感真几这生化之理又通过道德性的性体心体之支持而贞定住其道德性的真正创造之意义,它始打通了道德界与自然界之隔绝。这是儒家'道德的形上学'之彻底完成。"[1]这样牟宗三便把性善论的本心本体高扬到道德形上学层面。

牟宗三不仅指出了孟子和康德在道德形上学方面的诸多相通之处,而且创发性地分析了孟子优于康德的地方,以显中国文化之优越与伟大。

孟子进于康德处之一,是肯定了自由意志真实不虚。牟宗三指出,康德主张人是自由的,但又说自由是一假设,这实是一种不幸。因为这样一来,意志自律只成了空说,即只是理当如此,无法真正落实。我是否真有这样的自由意志呢?康德只是说理上应该有,至于自由意志是否为一真实,为一呈现,康德不能回答。"但如果不能答复这问题,则空讲一套道德理论亦无用。"[2]牟宗三认为,这在孟子根本不成问题。因为儒家把本心善性看作是体,活活泼泼,实实在在,有体必有用,心体之用即是实践工夫。"自由、自主、自律的意志是体,由它直接所指导,不参杂以任何感性的成分,而生的行为、德业或事业,便是用。'应当发生什么'是自由意志所直接决定的。意志所直接决定的'应当',因心、情感、兴趣,即因心之悦理义发理义,而成为'实然',此即是'是什么'或'发生什么'之必然性。由应当之'当然'而至现实之'实然',这本是直贯的。这种体用因果之直贯是在道德践履中必然地呈现的。"[3]由于本心善性是体,真实不虚,道德自律才能最终落实,此是儒家思想根本之所在,又是超过康德的地方。

---

1 牟宗三:《心体与性体》第一册,(台)正中书局1968年版,第180-181页。
2 牟宗三:《心体与性体》第一册,(台)正中书局1968年版,第133页。
3 牟宗三:《心体与性体》第一册,(台)正中书局1968年版,第172页。

孟子进于康德处之二，是解决了理性何以是实践的理论难题。康德认为，"纯粹理性如何能是实践的"，以及与此有关的"自由如何是可能的""道德法则如何能使我感兴趣"等三个问题，是不可知的。牟宗三极不满意这种说法，明言当他看到这些说法的时候，"心中实在有说不出的不适（不妥帖）之感"。他认为："这问题的关键正在道德法则何以能使吾人感兴趣，依孟子语而说，则是'理义何以能悦我心'。孟子已断然肯定说：'理义之悦我心，犹刍豢之悦我口。'理义悦心，是定然的，本不须问如何可能。"[1] "如是，理义必悦我心，我心必悦理义，理定常、心亦定常，情亦定常：此即是'纯粹理性如何其自身即能是实践的'一问题之真实的解答。此非康德所能至。"[2]

孟子进于康德处之三，是真正建立了道德形上学。康德的本意是要建立道德形上学，但他的理论有着难以克服的内在矛盾。因为自由自律只能是因，不能是果，必须与宇宙论的第一因同为一体。"如果两者真不能为同一，则自由意志必受委曲而处于自我否定之境，必不能在其自身即自体挺立者。由此作论据，亦可证发布无条件的定然命令者必然地（分析地）即为绝对而无限者，决不能有丝毫之曲折与委曲。"[3] 但康德自由之上还有上帝，"在此，立即显出一个问题，即此两套规划能免于床上架床之重叠否？能终于维持其为两套否？如果'道德的形上学'能充分作得成，'道德的神学'还有必要否？还有其独立的意义否？我看只有一套，并无两套"。[4] 这样一来，康德的道德形上学终于流产，只建成了道德神学。儒家的道德形上学则是其"成德之教"下相应其"道德的宗教"之"道德的神学"。在道德形上学之外并无另一套道德神学。"在此，宋明儒

---

1 牟宗三：《心体与性体》第一册，（台）正中书局1968年版，第162页。
2 牟宗三：《心体与性体》第一册，（台）正中书局1968年版，第165页。
3 牟宗三：《智的直觉与中国哲学》，（台）商务印书馆1971年版，第192页。
4 牟宗三：《心体与性体》第一册，（台）正中书局1968年版，第10页。

者依据先秦儒家'成德之教'之弘规所弘扬之'心性之学'实超过康德而比康德为圆熟。"[1]

以性善论建立道德形上学是牟宗三理论的命脉所在,规模宏大,创新屡见。道德形上学的核心,是本心本体的问题,但在这个关键问题上,牟宗三缺乏一个明确说明,有不少问题还需要进一步讨论。

首先,本心本体从何而来?牟宗三强调,儒家从不就性善谈性善,而是把问题向上引,为性善之本心本体寻找形上学的根据,最终找到了"天"。牟宗三这样做的一个重要目的,是要确立性善之本心本体是定然如此的。拿孟子那句著名的"此天之所与我者"来说,牟宗三注解为"此心之官乃是天所赋与于我者(意即义理上天定本有之意,亦即'人皆有之'之意)"。[2] 这就是说,确立天,无非是要确立性善之本心本体是天定本有的。牟宗三的这一注解不能说没有道理,可惜只是到此为止,没有往下深入。作为现代理论,要建构道德形上学,发掘儒家道德形上学的底蕴,必须对性善之来源作出合理的解释。显然这方面牟宗三尚有不足,还有大量工作要做。

根据我对性善论的诠释,人的善性有两个源头,一是人性中的自然生长倾向,一是作为伦理心境的良心本心。以天作为道德的形上根源,只对前者有效,对后者则需要作具体分析。以天作为人性中自然生长倾向的源头之所以有效,是因为这个时候讲的天,基本上就是天生的意思。人性中的自然生长倾向是先天的,是天生的,就此而言,当然可以将上天(这里的天取自然义)视为其根源。但是,我们不能因此把天也作为良心本心的源头。因为良心本心作为伦理心境来自社会生活和智性思维,并不是天生的,只是"先在

---

[1] 牟宗三:《心体与性体》第一册,(台)正中书局1968年版,第10页。
[2] 牟宗三:《圆善论》,(台)学生书局1985年版,第51页。

的",其本质是后天的,所以绝不能以上天作为其终极的源头。牟宗三强调儒家有一个讲天重天的思想传统,这本身有其意义,但他并没有对儒家这种讲法作具体分疏,不明白善性有两个源头,以天同时作为这两个源头的情况并不一样,结论也大有出入。在我看来,牟宗三过分夸大了天在儒家心性之学中的作用,未能对此作出较为合理的说明,给这个问题蒙上了一层神秘的面纱,这是其儒学思想的一个重大缺陷。

其次,本心本体是否等同于道德理性?牟宗三指出,儒家哲学的自由、自主、自律不是虚设,而是人的本心本体,是人的真实生命,通过逆觉反证,人人都可以知道自己有个本心本体。他为此特别反对智识主义,甚至认为,在道德上讲智识即不是人。"道德问题与证据无关,只能自己作证,不能问为什么。你一问为什么,你就不是人,而是禽兽。现代人所谓学术,大抵如此。"[1]牟宗三这里的意思是清楚的,他是说,道德不是知识问题,而是生命问题,毋需论证,毋需证明,逆觉反证足矣;只要做到逆觉反证,是非善恶,自然知之,由此而行,即成道德(有人因为这句话缺乏论证,有武断之嫌,对牟宗三提出了批评,其实大可不必)。但问题是,牟宗三这样申述的同时,反反复复强调本心本体是道德理性,并依此与康德的理性主义伦理学进行比较。如上所说,康德的道德理性讲分析综合、逻辑判断,而儒家的本心本体只讲反求诸己、逆觉反证,这两者之间显然有重大的不同。牟宗三没有很好地处理这两者之间的关系,未能把问题真正讲清楚,由此引出了无休止的争论。

前面多次讲过,本心本体绝不能等同于康德哲学中的道德理性。本心本体作为伦理心境是社会生活和智性思维在内心的结晶。对于有思维能力的人来说,这种结晶在处理道德问题时已经"先在"了,是"现成的",人们只要逆觉反证,反躬自问,就可以感

---

[1] 牟宗三:《中国哲学十九讲》,(台)学生书局1983年版,第447页。

觉到它的存在。牟宗三所说的道德问题与证据无关，只能自己作证，就是这个意思。与伦理心境的"现成"相比，康德哲学中道德理性可以说是"未成"的。这是因为康德道德哲学的一项重要工作是由普通的伦理理性知识过渡到哲学的道德理性知识，将学理上升到形而上学的高度，这个过程不能通过逆觉反证，只能借助概念判断、逻辑分析，而这项工作需要一个过程，所以是"未成"的。牟宗三既讲本心本体可以逆觉反证，又讲本心本体是道德理性，是把伦理心境等同于西方哲学的道德理性了，而这样一来，儒家仁性伦理的特点也就湮没不彰了。

最后，本心本体"觉润"万物的对象可不可以叫作物自身？牟宗三指出，本心本体对万物有"觉润"义，使万物得以存在。这个思想显然得益于熊十力。熊十力继承了唯识学的思想，认为心无对碍，境有对碍，境不过是识显现出来的，客观独立存在的"外境"并无意义，只有"境不离心"的"内境"才有意义，而这里的"境不离心"就是牟宗三讲的"觉润"。牟宗三特别重视这一思想，强调儒学的这种"觉润"既不是贝克莱的独断观念论，亦不是笛卡尔的怀疑观念论，又不是康德的超越观念论，而是相当于贝克莱的最后依于神心之层次。"'依于神心'是存有论的，纵贯的；'依于有限心'是认识的，横列的。这是两个不同的层次，其度向亦不同。"[1] 因为是依于神心的，其思维方式不再是感性直觉，而是智的直觉，所以其对象是物自身，不再是现象。

照我现在的理解，牟宗三这一思想有着极强的理论意义，亟待深入研究，但也存在着重大的理论隐患。其中最重要的问题就是，本心本体"觉润"万物的那个对象可不可以叫作物自身。在牟宗三看来，本心本体的思维方式是智的直觉，所以其创生的对象当然就是物自身。我所关心的是，本心本体的思维方式尽管不是康德意义

---

[1] 牟宗三：《从陆象山到刘蕺山》，（台）学生书局1979年版，第228页。

的感性直觉，但也未必就是康德意义的智的直觉，依此观察，其对象能否叫作物自身是很值得商榷的。这一环关系巨大，直接涉及牟宗三两层存有的表述是否准确的大问题。牟宗三从本心本体的思维方式是智的直觉出发，断定本心本体创生的对象是物自身，是其理论的一个重大失误，后患无穷，其后期著作晦涩难读，学界争论众多，大多与此有关。

三、重新梳理儒家哲学发展脉络

道德自律和道德形上学是牟宗三的两把尺子。他以此推翻传统旧说，另有褒贬扬抑，把宋明理学分成三系，勾勒出一个崭新的格局。凡治中国哲学史的人，都必须认真对待，躲闪不开。

牟宗三先以道德自律这把尺子分别程（颐）朱和陆王。他认为，根据本心本体是否活动，能不能直接产生道德践行，可分出"只存有而不活动"的"横摄系统"，以及"即存有即活动"的"纵贯系统"。小程、朱子属于前者，宋明儒之大宗，特别是陆王，属于后者。[1] 小程、朱子析心与理为二，重后天之涵养，重格物致知，把理只看作事物存在之所以然的静态之理。陆王则不然，主张"即心即理"，心性合一，即存有即活动，能自主、自决、自律，所以是自律道德。

牟宗三又以是否重视《中庸》和《易传》分别五峰、蕺山和象山、阳明。他认为，五峰、蕺山一系"客观地讲性体，以《中庸》《易传》为主，主观地讲心体，以《论》《孟》为主。特提出'以心著性'义，以明心性所以为一之实以及一本圆教所以为圆之实。于工夫则重'逆觉体证'"。象山、阳明与此略有不同。"此系不顺《中庸》《易传》回归于《论》《孟》'之路走，而是以《论》《孟》

---

1 牟宗三：《心体与性体》第一册，（台）学生书局1968年版，第58-59页。

摄《易》《庸》而以《论》《孟》为主者。此系只是一心之朗现,一心之申展,一心之遍润;于工夫,亦是以'逆觉体证'为主者。"[1]这就是说,五峰、蕺山是《中庸》《易传》《论语》《孟子》四者兼备,象山、阳明不重《中庸》《易传》,偏重《论语》《孟子》,故二者相比,五峰、蕺山为上,象山、阳明居次。

总起来说,五峰、蕺山、象山、阳明又可统为一系,此系"自《论》《孟》渗透至《易》《庸》,圆满起来,是一圆圈,自《易》《庸》回归于《论》《孟》,圆满起来,仍是此同一圆圈,故可会通为一大系。此一大系,吾名曰纵贯系统。伊川朱子所成者,吾名曰横摄系统。故终于是两系。前者是宋明儒之大宗,亦合先秦儒家之古义;后者是旁枝,乃另开一系统者"[2]。如此高扬胡、刘、陆、王,贬抑小程、朱子,发前人之未发,立前人之未立,足见牟宗三的气魄与胆识。

牟宗三如此立论明显是以孟子为标准的。只要读过《心体与性体》《从陆象山到刘蕺山》《圆善论》等著作的人,都会对此有深刻的印象。在牟宗三看来,坚持道德自律是康德道德哲学的重要特色,儒家中于此方面能与康德相通的,莫过于孟子。所以他以孟子作为区分学派,评定优劣的唯一标准:陆王直接由孟子而来,故为正宗,程朱与孟子有隙,故为旁出。这个前提是不是正确,很值得研究。如果这个前提有误,那么划分"正宗"与"旁出"的正确性及其意义,就要大打折扣了。

我认为,从心性之学角度看问题,人为什么有理义道德,在孔子有两条,既讲仁又讲礼,由礼入仁,内外相兼,并无偏失。到了孟子,由于礼不再是周代礼制之礼,而弱化为礼义、礼节,毋需专门学习即可知之,所以孟子讲仁义礼智"我固有之"。于是,人

---

[1] 牟宗三:《心体与性体》第一册,(台)正中书局1968年版,第49页。
[2] 牟宗三:《心体与性体》第一册,(台)正中书局1968年版,第49页。

为什么有理义道德，到孟子就变成了一条，即只是良心本心，对此只需反求诸己，求其放心而已。这样一来，孔孟在学习和认识问题上就出现了重大分歧。孔子心性之学有欲性、仁性、智性，孟子心性之学只有欲性和仁性；孔子重视学习和认知，认为学习和认知对于成就道德是绝对不可缺少的，孟子则把学习和认知向内收，认为良心本心已足，毋需外求。荀子对于这种变化极为不满，继承并发展了孔子学礼的智性，但不自觉丢掉仁性的一面。可见孟荀各自继承了孔子思想之一翼，孟子为孔子嫡系真传的说法只是后人的溢美之辞。这种情况对宋明儒有极大影响，程、朱、陆、王之争其实就是由于受到这种影响才产生的。所以，划分学派高下优劣不能仅仅以孔子之仁、孟子之心为标准。孔子除了仁性之外还有智性，以为孟子得到孔子思想真传，一切以他划线，这个前提本身就是靠不住的。

我不赞成划分"正宗"与"旁出"，一个根本性原因，是认为这种划分不利于全面继承孔子欲性、仁性、智性的心性学说。孔子心性之学即重仁性，又重智性，立论平实而完整。仁性开出后来的心学，智性开出后来的理学，仁智互显，双美相合，才是好的理论，缺少哪一个方面也不行。如果说由《大学》而来的朱子不合孔子的仁性，是"旁出"的话，那么读《孟子》自得于心的象山以及其后的阳明也同样不合于孔子的智性，也未必不是"旁出"。可见，关键不是划分学派的问题，不是"判教"的问题，而是承不承认孔子心性学说中有智性，承不承认学习和认知在成就道德过程中具有作用的问题。无论是孔子心性结构，还是现代伦理学理论，都无可置疑地证明了学习和认知在成就道德过程中的重要作用。牟宗三在"判教"过程中，将学习和认知视为"旁出"，确实很不应该。

当然，必须指出，从主观上说，牟宗三划定"正宗"与"旁出"并不是不要智性，绝对排斥朱子。牟宗三自己讲得非常明白：濂溪、横渠、明道为纵贯系统，朱子为横摄系统，要发展为一个完整体系，应当"纵贯为本，横摄为末，纵贯为经，横摄为纬，纵贯为第一义，横摄为第二义"。"假定两相对立，欲以横摄系统代替纵贯系统，以为只此横摄系统是正道，纵贯系统为异端，非正道，则非是。假定两相对立，以为只此纵贯系统即已足（形式上是已足），斥横摄者为支离，为不见道（自究竟言是如此），而不能欣赏其补充之作用与充实上之价值，则亦非是。"[1]但是既然牟宗三以孔子之仁，孟子之心衡定学理，热衷于心学一系，以强烈的情感色彩贬抑朱子为"旁出"，为"别子"，那么"纵贯为本，横摄为末"的良好目的自然就很难实现了。

另外，从孔孟差异这个角度出发，我也不同意牟宗三在建构道德形上学（指建构道德本体，为道德寻求终极根据的理论，与道德存有论意义上的"道德的形上学"不同）问题上始终把孔孟摆在一起的做法。牟宗三认为，儒家从不孤立地谈心体性体，自古就有道德形上学的传统。据此牟宗三把先秦四部经典分成两组，《论语》《孟子》为一组，《中庸》《易传》为另一组，一方面非要把孔子拉进道德形上学行列，说孔子"践仁知天"，也"涵蕴"道德形上学思想，另一方面又把《孟子》和《中庸》《易传》分离开来，说孟子没有主动建构道德形上学。牟宗三这种做法人为斧凿之迹过重，难以令人欣然接受。

与牟宗三的观点不同，我认为，在道德形上学建构问题上，孔孟有所不同。孔子是西周末年"天道远，人道迩"的新思潮的直接继承者，其思想主流是知生事人。虽然在孔子身上也留有先前"以德配天"思维方式的痕迹，而且这个痕迹确实也成为后来儒家道德形上学发展的源头，但孔子自己并没有明确以天作为道德的终极根据，尚缺乏这方面的自觉意识。孟子为了解决性善的根源问题，不得不重新回到天上，回到周人天论思想的源头，正式以天作为性善

---

[1] 牟宗三：《心体与性体》第三册，（台）正中书局1969年版，第49页。

的终极根据。也就是说,经过知生事人,将道德根源置于人这个步骤之后,天的思想必然还要重新抬头,以此成为道德的形上基础。分别代表这两个阶段的,不是别人,正是孔孟二子。因此,我主张以《论语》单独为一组,任务是创辟仁学,开出道德,《孟子》《中庸》《易传》为另一组,使命是从形上意义上解决道德的终极根据问题。这样做既体现了充分尊重思想史发展的内在逻辑,又可以避免人为解释的牵强斧凿。

四、由性善论进至圆善论

1985年,76岁高龄的牟宗三笔耕不断,乐此不疲,又出版了一部重要著作《圆善论》,开展了道德与幸福关系的研究。牟宗三在这部书的序言中写道:"凡此皆经由长途跋涉,斩荆截棘,而必然地达到者。中经《才性与玄理》、《佛性与般若》(两册)、《心体与性体》(三册)、《从陆象山到刘蕺山》等书之写作,以及与康德之对比,始达到此必然的消融。"[1] 此书来之不易,以及它在牟宗三学术思想中的地位之重要,由此可见一斑。

"圆善"一词来自康德的 highest good(拉丁文 summun bonum),原有双重涵义:一是"无上者",即本身不受制约,不再从属于任何别的事物;二是"圆满者",即本身就是全体,而不是同类中更大全体的一个部分。康德认为,有限的理性存在者应当追求德性,但仅此还不够,还必须加上幸福,德性和幸福结合起来就是 highest good。牟宗三把这个词译为"圆善",以表示"整全而圆满的善",[2] 比较好地表达了康德的思想,比通行的译法"至善"要贴切得多。

---

1 牟宗三:《圆善论》,(台)学生书局1985年版,第 xiv 页。
2 牟宗三:《圆善论》,(台)学生书局1985年版,第174页。

牟宗三对康德的这个思想很重视。他认为,在成就道德过程中,德性是价值面的事,幸福是存在面的事,但幸福并不可化除。"所性之道德面虽是绝对价值之所在,然存在亦有其独立的意义而不可被化除,是以幸福亦不能被化除。"[1]一个人既有了德性,有了配享幸福的价值,又能够在实际中精确地配享到幸福,这种善才意味着全体,意味着圆满。如果幸福被化除了,有德之人总是不能享受幸福,那么这个人即不再是人,而只能是神,道德也就没有任何意义了。总之,圆善不是纯德之善,必须包含幸福,德福一致才为圆善。

康德明显是依据基督教传统解决圆善问题的,其间有两个基本的设准。第一是灵魂不朽。人是有限的理性存在,不能保证完全与道德法则一致,为此就需要将生命无限拉长,设定灵魂不灭,以保证最终能够与道德法则完全一致。第二是上帝存在。在康德,要想实现德福一致之圆善必须依靠上帝。因为德福虽然都不可化除,但毕竟是两个异质成分,要想做到德与福的准确配称,普通人无能为力,只有全能的上帝才能实现这种必然的综合。

牟宗三对康德依基督教传统解决圆善问题的思路,特别是通过上帝保证实现圆善的说法,提出了尖锐的批评。因为上帝是人们为了信仰需要才保留下来的,既是虚构的,又说它存在,这本身就是一种矛盾,因此绝不能以知解理性所虚构的人格神的上帝来充当圆善可能之根据,而应该寻找一个"彻头彻尾是理性决定"[2]的说明模式。牟宗三认为,这种"彻头彻尾是理性决定"的说明模式,在中国的佛道儒三教中早已存在。中国佛道儒三教并没有上帝的观念,但都完成了圆善,成为道地的圆教。德福间的关系本是综合关系,但在现实人生中,在一切权教中,只能达到偶然的综合,不能达到

---

[1] 牟宗三:《圆善论》,(台)学生书局1985年版,第171-172页。
[2] 牟宗三:《圆善论》,(台)学生书局1985年版,第241页。

必然的综合，故无圆善的可能。要使圆善成为可能，首要的条件即是使德福的综合成为必然，而要成为必然，首先要有无限智心。因为有了无限智心，通过"诡谲的即"和"纵贯纵讲"，便可以达到德福同体，实现圆善。"因此，欲说圆善所以可能，只须说一无限的智心即可。"[1]

具体来说，三教又有不同。牟宗三认为，佛教天台宗可为圆教，因为天台宗特重一个"即"字，这个"即"是诡谲的"即"。根据这个"即"字，无明与法性同体而相即，"无明无住，无明即是法性，法性无住，法性即无明，两联交互一观，即可见两者纯依他住，并无自住，此即两者同体也。同体依而复即，此则为圆教"。[2] 有了无限智心，有了"诡谲的即"，"烦恼即菩提，生死即涅槃"，"低头举手皆是佛道"，也就实现了"诡谲的必然"。"此诡谲的必然亦可以说为是德福同体，依而复即，德当体即是福，福当体即是德；但此两'即'是诡谲的即，非分解的即，故前一即不成斯多噶，后一即不成伊壁鸠鲁。"[3] 这样就构成了佛教的圆教，实现了圆善。

道家意义的无限智心是玄智，是道心。所谓玄智，按王弼的注解，是"有无两者同出而异名"。无是天地之始，有是万物之母。玄是有无始母融一而说，由此得见道之具体而真实之妙用。牟宗三认为，老子所讲"无名天地之始，有名万物之母"，是一个冲虚的无限智心之境界，它可以体化合变顺物无对成全一切。生而不有，为而不恃，长而不宰，是谓玄德，这是道家的圆满之境。在此圆满之境中一切存在皆随玄德转，皆在无限智心之顺通中。无限智心在迹本圆融中而有具体之表现以成玄德，此即为圆善中"德"之一面，而一切存在皆随玄德转，无不顺适而调畅，此即为圆善中"福"之一面。"故主观地就生命之'体冲和以通无'而言，即谓之

---

[1] 牟宗三：《圆善论》，（台）学生书局1985年版，第244页。
[2] 牟宗三：《圆善论》，（台）学生书局1985年版，第275页。
[3] 牟宗三：《圆善论》，（台）学生书局1985年版，第279页。

性善之谜——破解儒学研究的哥德巴赫猜想

为'德';客观地就'体化合变顺物无对'而言,即谓之为'福'。此即是'德福一致'之圆善。"[1]

儒教圆善的情况比较复杂。它不像佛道两家那样可以直接由"诡谲的即"来讲,而必须由道德意识入手,必须是"纵贯纵讲"。按照牟宗三的看法,孔子"践仁知天"已经隐含了这个道理的基本规模。践仁是成德的事,此为"地载",知天是生命上达而通至绝对的事,此为"天覆"。既然践仁可以知天,那么仁和天必然有共通的性格,所以仁与天都代表无限的理性,无限的智心,可以创生一切而成全一切。这一义理经《孟子》《中庸》《易传》《大学》的发展,宋明儒的提倡,至阳明提出四句教,扭转了朱子的歧出,达到了一个高峰。但四句教还不是圆教,只是圆教之前的预备规模,龙溪提出之"四无"才是真正的圆教。在四无之境中,心、知是体是微,意、物是用是显,"体用显微只是一机,心意知物只是一事",冥寂无相,迹本圆融,一切混为一体,没有分别,甚至连天覆地载的分别也消融掉了。由此再回归明道"只此便是天地之化",以及五峰"天理人欲同体而异用,同行而异情",儒家义理的圆教才最终得以建成。

儒家义理圆教之所以能够建成,是因为"在神感神应中(神感神应是无执的存有论中之感应,非认知的感性中之有执着的被动的感应),心意知物浑是一事。吾人之依心意知之自律天理而行即是德,而明觉之感应为物,物随心转,亦在天理中呈现,故物边顺心即是福。此亦可说德与福浑是一事"。[2] 这里的心意知有纵贯地遍润一切创生一切的能力,心意知遍润创生一切,同时也包含着人们依照心意知之天理而行之德,而其所润生的一切存在必然随心意知而转,事事如意而无所谓不如意,这就是福。如此一来,德即存在,

---

[1] 牟宗三:《圆善论》,(台)学生书局1985年版,第303-304页。
[2] 牟宗三:《圆善论》,(台)学生书局1985年版,第325页。

存在即德，德福浑是一事。在这种圆善的境界中，"命"的观念也失去了意义。在儒家之圣人看来，生活中的困心衡虑正是一种磨炼，可以"玉汝于成"，也就是孟子所说的"生于忧患死于安乐"。对圣人而言，在其成圣过程中的种种苦难，也正是一种福。这样，康德必须依据灵魂不朽和上帝存在解决的圆善问题，儒家依据无限智心之"诡谲的即"和"纵贯纵讲"，便得到了圆满的解决。

《圆善论》消融康德、佛、道、儒诸家，综合牟宗三哲学思想的精华，意义很深。但是，在反复研读之后，我对其所说儒家义理的圆善问题还是不免有所疑问。

如上所说，牟宗三解说儒家义理的圆善有两个重要的观念，这就是"诡谲的即"和"纵贯纵讲"。据我理解，所谓"诡谲的即"主要是说，德与福是不即不离的关系，在这种不即不离的关系中，经过一种转化，德就成了福，但这种转化不能直接地看，必须变化地看，辩证地看。所谓"纵贯纵讲"主要是说，儒家道德本体有其创生性，在创生存有的过程中，也会改变人们对某些事物的看法，将原先因成就道德付出牺牲而产生的苦和罪，转变为精神上的满足和快乐，从而达成一种特殊的道德幸福。

这样就产生了一个问题：我们承认由"诡谲的即"和"纵贯纵讲"确实可以使人得到某种精神上的满足和愉悦，这种满足和愉悦在某种意义上也可以说是一种特殊的福报，但这种福只是精神性的，而不是物质性的，而康德提出圆善问题是希望用道德配享物质性的幸福，这两者并不一致。康德对幸福有明确的界定："幸福是现世中一个有理性的存在者的这种状态，对他来说在他的一生中一切都按照愿望和意志在发生，因而是基于自然与他的全部目的、同时也与他的意志的本质性的规定根据相一致之上的。"[1] 这里说得非常明白，康德所谓的幸福是指物质的幸福，不是指精神上的满足。

---

[1] 康德：《实践理性批判》，邓晓芒译、杨祖陶校，人民出版社2003年版，第171页。

性善之谜——破解儒学研究的哥德巴赫猜想

牟宗三写作《圆善论》一个重要目的，是用儒家圆教解决康德没能真正解决的圆善难题。这在《圆善论》序言中说得很清楚："由圆教而想到康德哲学系统中最高善——圆满的善（圆善）之问题。圆教一观念启发了圆善问题之解决。这一解决是依佛家圆教、道家圆教、儒家圆教之义理模式而解决的，这与康德之依基督教传统而成的解决不同。"[1] 虽然牟宗三强调他依据的是儒道佛三教义理，与康德不同，但他毕竟是要解决康德的圆善问题，而且相信这个问题已经得到了解决。但上面的分析清楚说明，康德的圆善论是用道德配享物质性的幸福，而儒家的圆善是在成德过程中享受精神的满足，是精神性的幸福，这两者的思路显然不同。我们可以说儒家的相关思想比康德的圆善论更朴实，更简易，甚至可以说更圆满，更融通，但不宜说儒家解决了康德圆善论所没有解决的问题。道理说来也简单：无论儒家义理多么圆满，多么融通，它也无法保证有德之人一定能享受到相应的物质幸福。

五、一个方法的思考

如上所述，虽然孟子和康德有相同之处，但这两种学说毕竟不属同类。康德代表的是西方理性伦理的路子，以理性制约感性；孟子代表的是中国儒家心学一系仁性伦理的路子，以仁性引导欲性。这两条路子在维系各自社会方面都有成效，但同时又都有各自的问题。康德的问题主要是如何合理解决道德理性变成道德践行的关系，打破道德理性干涸无血色的面目；儒家孟子一系的问题是如何发展智性，开出新的局面。细心的读者不难发现，牟宗三在将康德与孟子比较过程中所说孟子进于康德的地方，实际上是不同层面的交叉比较。如果不注意孟子和康德的真实区别，似乎孟子比康德

1　牟宗三：《圆善论》，（台）学生书局1985年版，第 i 页。

高明很多，似乎困扰康德后半生的一些重大理论问题孟子早就解决了，剩下的只是让本心本体自我坎陷出学统和政统而已，这显然不利于解决儒家伦理学说自身的问题。

　　清朝末年，帝国列强侵略中国，中国知识分子纷纷向西方学习，以求强国之策。在学习过程中，自然也接触到了西方哲学思想，于是不少人便试着用西方哲学思想研究中国哲学。这是历史的潮流，历史的趋势。这种情况在康有为、梁启超、章太炎、王国维身上都有表现。梁启超曾试图以阳明良知说会通康德伦理思想，王国维也曾借康德分疏中国哲学。牟宗三同样是这个潮流中的一员。他最初受罗素、怀特海的影响较大，后转向康德，经过多年的苦心研习，最后确定了以康德研究中国儒家心性之学的路子，从此一发不可收拾，一举成为现代新儒家最重要的代表人物之一。牟宗三虽然主观上一直强调要以中国哲学的思路研究中国哲学，对于一些人照搬西方哲学甚为不满，提出过尖锐的批评，但由于时间过短，可资借鉴不多，特别是在西强中弱的大背景下，自己在不自觉之间又以其他形式陷入了同样的困境。把儒家心学的良心本心等同于康德的道德理性，是非常典型的例子。如果现在谁还看不清这一点，那么他将来很可能又会以其他形式重蹈牟宗三的覆辙。

二、牟宗三道德自律学说的困难及其出路

案：发表于《中国社会科学》2003年第4期。借助康德研究儒学，将孟子定性为道德自律，是牟宗三儒学思想的重要特征，但这一做法在情感问题上遇到了很多困难，长年争论不休。之所以有此问题，与牟宗三坚持西方哲学感性、理性两分法，未能将康德在儒家心性之学中准确定位有关。打破感性、理性两分法，开启欲性、智性、仁性三分法，区分智性道德自律和仁性道德自律，是解决牟宗三道德自律学说在情感问题上所遇困难的根本之法。本文内容与前面的文章有一定交叉，具体表述亦不如后来准确（如后来以仁性和智性为根据将伦理与道德区分开来，不再提智性道德自律和仁性道德自律），但因为综括性较强，分量较重，还是收录入本书。

一

牟宗三道德自律学说，特指牟宗三借鉴康德道德自律理论研究儒家心性之学而形成的一种学说。这一学说首先从道德理性的三义，即所谓截断众流义、涵盖乾坤义、随波逐浪义说起。[1]这三义当中，与道德自律相关的，主要是截断众流义。所谓截断众流是

---

1 参见牟宗三《心体与性体》第一册，（台）正中书局1968年版，第137-138页。

说，道德必须斩断一切外在的牵连，本身必须是纯粹的，只能为道德而道德，不能为其他目的而道德。牟宗三认为，截断众流义，用康德的话说，就是道德自律。儒家心学[1]虽然没有使用道德自律的字眼，但其理论学说的核心与康德是相通的。因为孔子的仁绝对不是一个经验的概念，不是一个后天的心理学的概念，而是道德的理性，是一个超越的标准。[2]仁的学说向人们揭示了这样一个深刻的道理：在现实自然生命之上，在种种外在的利害关系之外，有一超越的道德理性。人只有毫无杂念地以此为标准，从自然生命中解放出来，提高一层，建立理性生命，才能成就纯粹的道德，这种义理用康德的术语表述就是道德自律。牟宗三以截断众流义概括康德的道德自律理论，这一步工作的贡献是巨大的，因为儒家历来强调道德必须是对自己道德理性的服从，必须毫无杂念地排除一切利害关系。本文也是在这个意义上使用道德自律这一概念的，对此没有异议。

但是，牟宗三道德自律学说在情感问题上遇到了麻烦。我们知道，康德道德哲学是排斥情感的。康德关于情感的思想，大致包括两个方面的内容：一是幸福情感，康德将幸福情感归于功利主义的幸福原则，认为幸福情感因人而异，不具备普遍性和必然性；二是道德情感，道德情感与幸福情感有本质的区别，幸福情感属于幸福原则，是感性的，道德情感只表现为对道德法则的敬重，实际上是人何以对道德法则感兴趣的深层原因，是一种"独特的情感"。虽然有这种特殊性，但康德仍然"把道德感原则也算做幸福情感，因为任何一种实践上的关切，都通过事物所提供的满足而增加人的舒

---

[1] 牟宗三有时笼统讲儒学是道德自律，其门人也常常这样讲。其实这一说法并不十分确切，因为从牟宗三整体思想来看，他讲道德自律只是对儒家心学而言，并不包括儒家中的理学。

[2] 参见牟宗三《心体与性体》第一册，(台)正中书局1968年版，第119-120页。

适，不管这种关切是直接的不计利得，还是考虑到利得而发生"。[1]凡是情感都是感性的，尽管道德情感有其特殊性，但仍然属于感性，这是康德的一贯原则。

这种冷冰冰的格局在儒家学理中并不存在。相对于康德的学说，儒学可以说也有两种情感：首先是感性情感，即相当于康德所说的幸福情感。虽然儒家不反对人们追求幸福，但同康德一样，也坚持反对将幸福因素置于道德之中。再就是道德情感，这种情感又包括两个方面，首先是人对道德法则的兴趣，其次是在践德行仁过程中的心理满足。在儒家看来，人天生具有一种向上生长发展的力量，如果听从良心本心的指挥，按照良心本心的要求去做，内心就会感到巨大的愉悦。对于这种愉悦之情，儒家是从来不反对的。非常明显，在情感问题上，儒学与康德之间有同也有异。在幸福情感方面，儒学与康德是一致的，都反对将其加入道德法则之中，坚持道德的纯洁性。但是在道德情感方面，两家的分歧就显现出来了。儒学并不反对道德情感，认为这完全是题中应有之义。而康德认为，要保持道德的纯洁性，必须排除一切情感，其中也包括道德情感，否则便不能称为道德自律。这样就产生了一个问题：如果说儒家心学也是道德自律的话，那么应当如何处理道德情感问题呢？

牟宗三也看到了康德与儒学之间的这个差异，以儒学为基础对康德提出了尖锐的批评，认为康德只把道德感停在实然层面上，归之于私人幸福原则之下，视之为经验原则，"是类乎尊性卑心而贱情者"。[2] 为了克服康德的不足，牟宗三提出了将道德情感"上下其讲"的办法，认为"道德感、道德情感可以上下其讲。下讲、则落于实然层面，自不能由之建立道德法则，但亦可以上提而至超越层

---

1 康德：《道德形而上学原理》，苗力田译，上海人民出版社1986年版，第96页。
2 牟宗三：《心体与性体》第一册，（台）正中书局1968年版，第129页。

面，使之成为道德法则、道德理性之表现上最为本质的一环"。[1] 理固然是超越的、普遍的，但在儒家看来，这种超越、普遍不完全是抽象的，必须在具体的心与情中显现。心与情因为显现了理，也就上提为超越的、普遍的。因此，儒家讲情总是即超越即具体的，可以上下其讲：下讲落于实然层面，这个层面的道德情感属于幸福原则，自然要排除在自律道德之外；情感也可以上提而至超越层面，使之成为道德法则、道德理性最为本质的一环，这个层面的情感同于道德本心，与道德自律并不矛盾。牟宗三希望用这种"上下其讲"的办法，解决康德学理的不足，坚持儒家心学是道德自律的基本主张。

二

面对牟宗三提出的"上下其讲"的办法，一些学者不以为然，认为这种办法无法完全弥合康德与儒学之间在道德情感问题上的差异，所以自20世纪80年代以来围绕这个问题展开了一系列的讨论。情感问题事实上已经成为了批评牟宗三道德自律学说的一个突破口。

在这方面最先发难的当属黄进兴。[2] 黄进兴承认，儒家学说的确有某些内容与康德相通，但二者之间也存在着很多相异之处，相异之处的关键在于康德完全排除情感，将情感归于感性，而儒学不管是理学还是心学，都不排除情感。这样一来，能否以康德的道德自律学说衡量儒学就存在着很大的困难：如果以"为道德而道德"作为标准，那么不仅是心学，就是理学，也不能不说是道德自律；如果以是否排除情感作为标准，那么不仅是理学，就是心学，也不

---

1 牟宗三：《心体与性体》第一册，（台）正中书局1968年版，第126页。
2 参见黄进兴《所谓"道德自主性"：以西方观念解释中国思想之限制的例证》，（台）《食货》复刊第14卷第7、8期合刊，1984年10月。

能说是道德自律。

黄进兴的文章发表之后，在学术界引起了强烈的反响，随即开展了关于道德自律问题的大讨论。数年之后，在德国留学回到台湾的牟宗三的弟子李明辉也加入其中，使讨论达到新的高潮。李明辉认为，道德自律有狭义和广义之分，康德将道德情感排除在外的那种理论形式，是狭义的道德自律，康德之后承认道德情感的作用，甚至将其吸纳进道德理性之中的那种理论形式，是广义的道德自律。从狭义上看，儒学自然与康德有别，但这并不妨碍称儒学为广义的道德自律。李明辉最后得到结论说：为什么五峰、蕺山和象山、阳明是道德自律，而朱子是道德他律呢？"其关键问题只在于：他们是否承认孟子底'本心'义，而接受'心即理'的义理架构？如果是的话，则必属自律伦理学。不接受此义理架构，但有一个独立意义的'道德主体'概念，仍不失为自律伦理学；此如康德所表现的形态。若连'道德主体'底概念亦不能挺立起来（如朱子），便只能归诸他律伦理学。"[1] 这个结论具有纲领性质，它明确分出了道德自律的两种形态：一个是孟子的"心即理"形态，一个是康德的"道德主体"形态，这两种不同的形态都属于道德自律，前者可归为广义的道德自律，后者可纳入狭义的道德自律。因此，不能因为儒学在道德情感问题上与康德有所差异，就怀疑其不是道德自律。由于朱子完全在这两种形态之外，故不可称道德自律，只能称道德他律。李明辉关于道德自律的一系列文章发表后，黄进兴未能提出新的材料，有关的讨论也就逐渐冷淡了下来，赞成牟宗三的主张又占了上风。

在我看来，李明辉的观点固然有力地维护了其师的主张，但也带来了新的问题。首先，应当看到，这里的论题实际上已经发生了变化。黄进兴等人提出的问题原来是能否借用康德道德自

---

[1] 李明辉：《儒家与康德》，（台）联经出版公司1990年版，第45页。

律学说研究儒学，而现在的问题却是儒家心学属于哪个意义上的道德自律。这显然是两个不同的问题。李明辉以康德不是道德自律的唯一形态回答黄进兴的问题，实际上已经转换了原来的论题，从原先的问题向后退了一步。更加重要的是，这种讨论使我们不得不重新考虑如何看待朱子的问题。按照李明辉的划分，能否称为道德自律，主要是看其有没有一个独立的道德主体。孟子的道德本心自然属于道德主体，康德的实践理性虽然与孟子的义理架构不同，但也是一个独立意义的道德主体，所以都可以称为道德自律。与这两种形态不同，朱子并没有一个独立意义的道德主体，所以只能归于道德他律。但我们知道，朱子哲学的最高范畴是天理或理，理必须在事中显现，落实在具体的事物之中而为事物之性，理是就总体而言，性是对个体而言，就此而言，性或性体就是朱子学理中的道德主体。朱子学理的问题不在有没有一个独立的道德主体，而在这个理中没有孟子的心义，理没有活动性，最后沦为死理。因此，我们不能说朱子学理中没有一个独立的道德主体。其实这个道理并不难理解，单单牟宗三《心体与性体》这一书名已经明确告诉我们，朱子有一个道德主体，只不过这个道德主体只是性体，不是心体而已。

于是就出现了这样一个问题：既然朱子也有一个独立的道德主体，那么照理也应该称为道德自律，而不应该称为道德他律，但这又与牟宗三对朱子的定性不相吻合。由此可见，李明辉维护其师的观点固然对学理的进一步发展有不小的帮助，但也将牟宗三道德自律学说中隐含着的问题充分曝露了出来。牟宗三道德自律学说正在同时受到正反两个方面的夹击：原本是想证明孟子为道德自律，但经过细致的理论比较后，却发现孟子重视情感，而康德排除情感，这种情况反倒更像是康德批评的道德他律；原本是想判定朱子为道德他律，但经过认真的理论分析后，却发现朱子的道德主体虽然不能活动，但不能不说他没有道德主体，似乎也应该称为道德自律。这个尴尬局面的确是令人始料不及的。

三

之所以产生这种尴尬的局面，据我观察，根本性的原因是牟宗三受到了西方传统思维方式的制约。西方传统思维方式的一个重要特点，是坚持理性与感性的两分。在这种思维方式中，理性是道德法则的制定者，是道德的根据；感性是人对个人幸福的追求，是利欲，是恶的源头。这种思想定式造成的一个重要困难，就是道德情感问题无法处理。道德情感到底应当归于理性还是归于感性呢？如果归于理性，因为道德情感没有绝对的普遍性，与理性必须是普遍的要求不合；如果归于感性，因为道德情感主要表现为对道德法则的敬重，又与一般所谓的功利原则不符。在两分结构中道德情感必然无家可归。

但在儒家心性之学中，这种困难并不存在。因为自孔子创立儒学开始，儒学就没有沿西方道德哲学两分路线的方式发展，而是遵循着一种三分的方法前进。所谓三分法，就是将社会生活中现实的人分为感性、智性、仁性三个部分的一种方法。三分法中第一个部分是欲性，也就是利欲问题，大致相当于西方道德哲学中的感性。第二个部分是智性，也就是关于学习的思想，大致相当于西方道德哲学中的理性。这两个部分虽然有自己的特点，但基本上可以套用西方道德哲学中的感性和理性名称称之。儒家心性之学的最大特点，是在这两个部分之外还有第三个部分，这就是仁性。所谓仁性也就是孔子仁的思想。发现仁，提倡仁，是孔子对中国文化发展最大的贡献，也是儒学之所以成为儒学的重要标志之一。但仁究竟是什么，孔子并没有一个统一的说法。我认为，从理论上分析，孔子的仁当解释为是社会生活和智性思维在个人内心的结晶，即我所说的"伦理心境"。一个人在成长过程中总要受到社会生活的熏习和影响，这种影响久而久之会在内心形成结晶体；同时，在成长过程中，人也要不断进行智性思维，随着智性思维的进行，总会在内心留下一些痕迹，这叫作理性的内化。社会生活和理性内化的结果，在伦理道德领域，就是形成一定的伦理心境，这就是孔子所谓的仁。由于有了仁，儒家心性之学三分法的最大特点，是把西方道德哲学意义的理性划分为智性和仁性两层。无论是智性还是仁性，都可以称为理性，因为它们都是道德的根据，都是制约和引导感性的力量。如果从两分的角度看，智性和仁性都可以归为理性（广义的理性）。但智性和仁性又有明显的区别，必须把它们区分开来。智性和仁性的一个重要区别就是智性排斥情感，而仁性包括情感。智性的主要任务是向外学习，直到后来发展为认识事物发展的规律等等，为了保证认识的客观性，必须排除情感；仁性是社会生活和智性思维在内心结晶，社会生活中的道德标准，好善恶恶的习俗在结晶的过程中也带进每个人的内心，使人们内心充满着情感，敬重道德法则，享受道德的愉悦，忍受不道德的痛苦。正因为如此，儒家心性之学非常重要情感问题，从来不存在道德情感无处安身的问题。

非常可惜的是，牟宗三在借鉴康德道德自律学说研究儒学的过程中，未能充分尊重儒家心性之学的特点，没有注意到儒学与康德在思维方法上的这个重大差异，仍然沿用西方道德哲学的两分法，所以一开始就陷在混乱之中，苦苦不能脱身。下面我们就来分析一个，看看这些混乱是如何发生的。

四

既然完整的儒家心性理论具有欲性、智性、仁性三个部分，那么借助康德道德自律理论研究儒学，首先就需要弄清孟子朱子康德在这三个部分中各处于什么位置。

非常明显，孟子当定位于仁性，朱子当定位于智性。孟子之心来自孔子之仁，朱子之格物致知来自孔子的学诗学礼，这些都是常识。虽然孟子也讲学，朱子也讲心，但这些并不是其思想的重点。一般而言，孟子与朱子的定位不会有大的争论，比较困难的是康德。这种困难不仅来自中西哲学的不同，更重要的是容易受到牟宗三的影响。尽管牟宗三讲过，"康德乃朱子系与孟学系之间的一个居间形态"，[1] 也就是说，康德并不完全同于朱子，也不完全同于孟子，只是两人之间的一个居间形态。但熟读牟宗三的著作很容易判断出，在牟宗三心目中，康德无疑更接近于孟子。这是因为，牟宗三非常喜欢将康德与孟子作对比，认为康德与孟子异代同心，心心相印，牟宗三的弟子也常常直接将康德与孟子放在一起研究，"康德与孟子"的提法几乎成为时尚。由于孟子属于仁性，大讲"康德与孟子"无疑是将康德定位于仁性了。然而一旦我们打破这个成见，就会发现问题并非如此简单。如果将智性与仁性同时摆在面前，我们不用费太大的力气就能看出，康德的实践理性与孔子的仁性有很多的不同。

康德的实践理性不同于仁性，至少表现在以下几个方面：

第一，孔子的仁性是"现成"的，康德的实践理性是"未成"的。如上所述，从理论上分析，孔子的仁是社会生活和智性思维在内心结晶而成的伦理心境，这种伦理心境，对于成人而言，当人在处理伦理道德问题之前，这种伦理心境已经具有了。这种早已具有孟子称为"我固有之"。对于这种"我固有之"的仁性，只要反身自问，逆觉体证就可以得到，一旦得到就可以听到它的指导，所以特别的"现成"。

康德的实践理性不是这样。康德的实践理性简单说就是意志，意志是道德法则的制定者。在康德学理中，道德法则的制定过程是

---

[1] 牟宗三：《康德的道德哲学》，(台) 学生书局1982年版，第266页。牟宗三有关的提法在《心体与性体》与其后的著作如《现象与物自身》中有细微的变化。

非常复杂的。康德发现，在普通人的理性当中存在着明确的道德法则，这种法则是作为一种事实存在的，所以在《实践理性批判》中，康德直接将其作为"理性事实"[1]确定了下来。虽然"理性事实"非常重要，但它不能成为最高的道德法则，必须对其进一步抽象、提升。这里便显示出规律的重要性了。"客观上只有规律，主观上只有对这种实践规律的纯粹尊重，也就是准则，才能规定意志，才能使我服从这种规律，抑制自己的全部爱好。"[2]经过一系列的理性分析，康德终于"在普通人的理性对道德的认识里，找到了它的原则"，[3]完成了最高道德法则的制定工作。这个过程说明，在康德学理中，实践理性道德法则的制定工作来源于对普通道德理性知识的理性分析，这种分析是一个漫长而复杂的过程，相对于仁性的"现成"而言，可以称其是"未成"的。

第二，孔子的仁性包含具体内容，康德的实践理性偏重于形式原则。仁性本身不是空的，本身就有具体内容，见父知孝，见兄知悌，见孺子入井知怵惕恻隐，社会生活中一般的道德原则都包含在它里面。康德的实践理性与此有很大的不同。在康德看来，意志好像站在十字路口一样，站在它作为形式的先天原则和作为经验质料的后天动机之间。既然意志必须被某种东西所规定，那么它归根到底要被意志的形式原则所规定。所以，真正的道德，必须抽出意志的全部对象，单单留下作为普遍法则的纯粹形式。正因于此，康德道德哲学才称为形式主义伦理学。

第三，孔子的仁性是直觉，康德的实践理性是理性思考。仁性是实实在在的东西，内在于心，不虚不伪，能不能得到它，全在于

---

[1] 李明辉非常重视康德的这个说法，以此引申出一整套解读康德和孟子的方法。参见其专著《康德伦理学与孟子道德思考之重建》，(台)"中央研究院"中国文哲研究所1994年版。我读此书受益良多，但也有一些不同看法。参见杨泽波《论"理性事实"与"隐默之知"》，《中国哲学史》2004年第1期。

[2] 康德：《道德形而上学原理》，苗力田译，上海人民出版社1986年版，第50页。

[3] 康德：《道德形而上学原理》，苗力田译，上海人民出版社1986年版，第53页。

自己静心平气，逆觉反证。逆觉反证从方法论意义讲，并不能明确其过程，所以是一种直觉。仁性的这个特点非常重要，其后心学反复强调直觉，强调顿悟，均源于此。

康德的实践理性就不同了。如上所说，康德建构最高道德法则，是将普通的道德理性知识上升为哲学的道德理性知识才获得成功的。这种方法无论如何都是理性思考而不是直觉。当然，康德也不完全否认直觉，但他并不以此为满足。在他看来，一个完善的道德准则进程必须包含三个步骤：一是普遍的形式，所选择的准则应该是具有普遍自然规律那样效力的准则；一是作为目的的质料，即有理性的东西其本身就是目的；三是以上两点的综合：全部准则，通过立法而和可能的目的王国相一致，如像对一个自然王国那样。康德认为，道德思考的结果虽然尽可能要求与直觉接近，但完善的道德过程必须由普遍形式，到目的质料，再到普遍形式与目的质料的紧密结合，"最好是让同一行为依次通过以上三个概念"，[1] 只有这样的思考才是完整的。由此可见，如同承认普通道德理性知识的存在一样，康德并不完全否认直觉的作用，但他同样不以此为满足，仍然强调完善的道德进程最好经过三个步骤，这个过程显然已经不属于直觉，而是理性思考了。

第四，孔子的仁性不排斥情感，康德的实践理性排斥情感。这个问题前面已经有过论述，不再重复。

第五，孔子的仁性既是首长，又是执行者，康德的实践理性只是首长，不是执行者。孔子的仁性有丰富的具体内容，千般万般道理都在里面，它本身就是道德法则，是一个首长，一个发令官。更为可贵的是，这个发令官不仅负责发令，而且还身先士卒，亲作表率，带头冲锋陷阵，自己就是一个执行者，一个模范士兵。康德实践理性是意志，意志的重要工作是制定道德法则，从这个意义上讲，

---

[1] 康德：《道德形而上学原理》，苗力田译，上海人民出版社1986年版，第90页。

它也是一个首长，一个发令官。虽然康德反复强调人是理性王国的一员，自在地作为目的而实存着，任何时候都应该按照他们愿意当作普遍规律看待的那些准则去行动，但由于他完全排斥情感，把解决人为什么对道德法则感兴趣等问题的道路完全封死了，所以无法说明理性何以必然是实践的问题。从这个意义上说，康德的实践理性只是一个首长，一个发令官，不是一个执行者，一个模范士兵。

通过上面的分析，康德实践理性与孔子仁性的不同特点已经十分明显地摆在我们面前了，据此我们有充分的理由相信，康德的实践理性与孔子的仁性并非属于同类，我们绝对不能将康德定位于仁性。

五

事实上，康德的实践理性更接近孔子的智性。

要证明这一点，首先需要解决一个论证方法的问题。前面讲过，孔子创立仁且智的心性学说的时候，智性还只是一般性的学诗学礼学乐，但这种性向包含着极为丰富的可以扩充的潜质，后来朱子便以此为根据发展出一套以格物致知为代表的完整的智性系统。这样就为我们的论证提供了方便。如果我们能够证明康德在学理上与朱子近似的话，康德实践理性更接近孔子的智性也就不证自明了。这样的证明事实上并不特别困难，因为如果我们将康德与朱子放在一起的话，就会发现他们在一些基本问题上非常相似：

首先，康德和朱子的道德哲学都离不开知识。我们上面曾简要回顾了康德制定最高道德法则的过程，这个过程已经表明，康德的道德哲学离不开知识。康德将伦理学规定为"关于自由规律的学问"，[1]他为自己提出的任务就是发现自由规律。要发现自由规律，

1　康德：《道德形而上学原理》，苗力田译，上海人民出版社1986年版，第35页。

必然涉及如何看待"常识"的问题。尽管康德承认，在人类社会中存在着一种常识，但坚持认为，这些还不是哲学，还不是形而上学，人们不能心安理得地躺在普通常识上睡大觉，必须将其提升一步，上升为真正的哲学。既然必须对普通道德理性知识进行提升，将其建立在纯粹理性之上，那么分析方法和综合方法就是必不可少的，这个过程当然就离不开知识了。

康德的这一思想特点，与朱子非常接近。康德对普通道德常识进一步提升、抽象，使之成为真正哲学的过程，由于使用了西方哲学的表达方式，显得较为复杂，其实这一过程就是朱子讲的以其然求其所以然。普通常识是其然，常识背后的道理是其所以然。要想成圣成贤，不能仅仅知晓事物之然，识些道理便罢，更必须了解事物背后的所以然。朱子特别重视《大学》，强调格物致知，就是要人们知个所以然。天地之理，通过气禀赋予万物，如果对事物只是粗知一二，不知其所以然，不知那个天地之理，便不会有个彻心彻髓处。大要以行己为先，此并不为足，如果不晓得其中的道理，很难有大的发展，在其他事情上也难应用自如，所以求其所以然、追求知识绝对不能少。

其次，康德与朱子都没有孟子的本心义。康德道德哲学中是没有孟子的本心义的。在康德道德哲学中，理性形式的纯洁性超过了一切，为了严格保持这种纯洁性，他必须排除一切经验，其中也包括情感在内。情感问题是康德道德哲学的一个死结。这里需要着重指出的是，情感只是一个表象，与情感相比更重要的是本心。情感是表，本心是里；情感是末，本心是本。康德不重视情感是因为他不重视也不了解道德本心。道德本心是儒家哲学的法宝，西方道德哲学对它的重视程度总体上看远不及于儒学。受到西方这种传统的影响，康德也认为，心总是个体的，而个体的东西没有普遍性，不能以此为基础建立道德法则，所以，康德道德哲学只特别重视理性，而不大重视，起码不像儒学那样重视本心。牟宗三批评康

二、牟宗三道德自律学说的困难及其出路

德"卑心而贱情",的确是一针见血。"贱情"是"卑心"的直接结果,"卑心"是"贱情"的直接原因。康德道德哲学在情感问题上遇到的困难,说到底是"卑心"的结果。我们不能将眼光只盯在情感问题上,更重要的是要看到康德道德哲学中没有儒家道德本心的位置,或者严格一点说,是没有将道德本心置于应有的高度。

同样,朱子哲学中也没有道德本心的位置。这是牟宗三对朱子之学最不满意的地方。朱子哲学的最高范围是天理或理,这种理有两个基本的含义,一是事物的规律,二是指道德的原则。这两者不能截然分离,道德原则说到底不过是宇宙普遍法则在人类社会中的特殊表现而已。单独的理没有意义,理必须在事中显现,落实在具体的事物之中。理是就总体而言,性是对个体而言,理命于个体即为个体之性,这就是所谓的"天命之谓性"。朱子一生学理万千,概括起来,无非是讲个性即理。当然,性除与理保持关系外,还与心保持关系。性与心的关系非常微妙,性是超越之体,但这个超越之体必须借助心才能有活力。心有两种,一种是孟子意义的道德本心,一种是认识意义的认知之心。道德本心本身能够活动,性借助于它也就有了活力。认知之心只是一种认识能力,这种能力并不具有道德的活力。但是,朱子讲的多是认知之心,而不是道德本心。"朱子论心只如此,并无孟子之本心义。"[1] 由此可知,朱子虽然也讲心,但讲的并不是孟子意义的道德本心。朱子的心性情之三分,实际上只是理气之两分。心与情都属于气,真正的超越实体在性而不在心。总之,是否具有孟子的本心义是衡量朱子学统与孟子学统的分水岭,而没有孟子的本心义是朱子学理的致命伤。

最后,康德与朱子都无法解决道德的实践动力问题。由于康德只是侧重于通过理性分析的方法从普通道德理性知识中抽取最高的道德法则,所以没有能够解决情感问题,没有将情感上升为道德本

---

[1] 牟宗三:《从陆象山到刘蕺山》,(台)学生书局1979年版,第10页。

性善之谜——破解儒学研究的哥德巴赫猜想

心，使其道德哲学存在着严重的不足。康德认为，"人何以对道德法则感兴趣""纯粹理性如何能是实践的""道德法则如何能使我们感兴趣"等理论问题，人类理性是无法回答，是不可知的。这些问题之所以存在，根本原因就在于康德理论中没有道德本心之义。一个道德理论体系如果不能为道德本心找到一个安身之所，这个理论肯定就是死的，不可能有任何的活力。在这个意义上，康德的理论其实也像牟宗三批评朱子那样是"不活动"的。这样一来，无论康德理论有多么崇高多么伟大，都不能变成具体的善行，康德之所以无法解决"人何以对道德法则感兴趣"等一系列的问题，深层的道理就在这里。

由于朱子也没有孟子的本心义，同样无法解决上述问题。一旦没有了本心义，性和理也就没有了活动性，"只存有而不活动"，最后沦为死理。性一旦成为死理，直接的结果，就是道德力量大为降低，即所谓"性体之道德性之减杀"。"无论道德的与非道德的，彼一律就存在之然以推证其所以然以为性，则即使是属于道德的性，此性之道德性与道德力量亦减杀，此即所谓他律道德是。"[1] 朱子论性旨在说明事物存在之存在性。这里有两种不同的情况：一是对道德情况而言，说明道德所以然之理，这与道德有关系；二是对非道德情况而言，说明事物存在之所以然之理，这与道德没有关系。即使是前一种情况，即对道德情况而言，性也只是道德所以然之理，是摆在那里为心所认知、所观解的一个标准，而不能实践地、自我作主地确立道德的终极根据。这种义理，与孟子相比，其道德力量自然是大大地降低了。牟宗三关于"性体之道德性之减杀"的批评，恰如其分地点出了朱子的要害。

行文至此，康德的实践理性与朱子极为相像，更加接近孔子的智性，已经是明显的事实，无需再辩了。

---

[1] 牟宗三：《心体与性体》第三册，（台）正中书局1969年版，第477页。

六

回到文章的主题上来。在划分孔子心性之学的三个部分,认定康德实践理性不同于仁性,而更接近于智性之后,我们终于明白了牟宗三道德自律学说在情感问题上饱受困惑的根本原因。这个原因简单说就是:牟宗三不仅没有区分智性与仁性,而且把二者的关系完全颠倒了。

在孔子心性之学中,道德的根据有两个,既有智性又有仁性。智性和仁性都是道德的主体,都是道德理性,以此为基础截断众流,自我立法自我服从,排除一切利害原则,都可以成就道德,而这两种道德都可以称为自律。所以以智性和仁性相对,应有两种不同的自律:智性道德自律和仁性道德自律。所谓智性道德自律是服从理性认知能力所认识和制定的道德法则,排除一切利欲因素而成就道德;所谓仁性道德自律是以道德本心自身为道德法则,排除一切利欲因素而成就道德。区分两种道德自律有重要的理论意义。一方面,它告诉我们,以智性为基础的道德也是自律,而非他律,牟宗三仅仅依据"就知识之是非而明辨之以决定吾人之行为是他律道德"这一标准判定朱子为道德他律,是一个极大的理论失误,这个失误在其弟子为其辩护的过程中,已经充分表现了出来。[1] 另一方面,它也说明两种道德自律的性质有很大的差异,不能混淆。智性原本是指学习和认知,后来也发展为认识事物的规律,从常识中提取并制定道德法则等等。智性的这个性质决定了智性道德自律不能

---

[1] 参见牟宗三《心体与性体》第三册,(台)正中书局1969年版,第397页,以及上文曾提到的李明辉《儒家与康德》,第45页。我之所以这样认为,一个主要理由是,如果严格坚持这个标准的话,康德恐怕也要戴上道德他律的帽子了。朱子的问题不在自律还是他律,而在其理论中没有心义,没有活动性。对此问题,本文受篇幅所限无法详述,我将另撰专文《"道德他律"还是"道德无力"》加以详论。

讲情感，因为规律是客观的、普遍的，不能因为个人的好恶而改变，如果将情感置于智性之内，必然影响智性的公正性和准确性。与此不同，仁性的基础是良心本心，良心本心是社会生活和智性思维在内心结晶而成的伦理心境，伦理心境在形成的过程中，将社会好善恶恶的要求也带了进来。因此，人们一旦见到了好的，如道德法则，自然从内心悦之；一旦见到了恶的，如违反道德法则的言行，自然从内心恶之；一旦听从良心本心的命令达成善行之后，自然感到快乐愉悦。仁性道德自律天生就与情感交织在一起，甚至可以说，离开道德情感，仁性道德自律将不复存在。

西方道德哲学从总体上说是以理性主义为基础的。康德堪称这一特性的极致，他的道德哲学完全是理性主义的。这一特性从大的方向上说，与孔子的智性比较近似，而且更为发展，更为完整，以此为基础成就的自律大致即相当于儒家的智性道德自律。与儒学不同的是，西方道德哲学没有将道德哲学划分为三个层面的习惯，也没有一个像儒家心学一样的完整而强大的仁性传统以及与其相应的仁性道德自律。正因如此，康德道德哲学中没有道德情感应有的地位。应当看到，康德道德哲学之所以排除情感，并不是他一时糊涂，没有想周全，而是由其理论的根本特性决定的。如果康德允许在道德法则中夹入情感，那就等于摧毁了其整个道德哲学的基础。所以，康德宁可冒很大的风险，公开承认他无法合理解释"人为什么对道德法则感兴趣"等问题，也不愿意在情感问题上退让一步。

在这个问题上，牟宗三道德自律学说的不足就显现出来了。一方面，他在引入康德研究儒学的时候，没有注意到孔子心性之学的特点，没有区分智性与仁性，没有坚持道德的根据应该有两个层面，另一方面，又仅仅根据道德理性的超越性，自我立法自我服从以及道德必须排除一切利得杂念等因素，把康德与孟子

二、牟宗三道德自律学说的困难及其出路

放在一起，将其定位于仁性，从而使他的研究从一开始就埋下了混乱的种子。尽管牟宗三也提出"上下其讲"的办法将情感上提到理性，希望能够以此将情感与理性结合起来，保证道德主体中既有理性又有情感，以解决这方面的问题，但以儒家心性之学的标准衡量，这种做法仍然是不彻底的。因为在儒家看来，情感只是表象，真正的根源还是道德本心。如果只是简单地将情感提上来，置于理性之中，在道德根据中仍然没有道德本心的位置，仍然不全面，仍然无法从根本上解决问题。这样说并非言过其实。康德之后费希特、黑格尔等人已经注意到这个问题，明确提出了将道德情感加入道德理性之中的解决方案，其实就是将情感上提，但他们之后，康德所留下的诸多理论难题，仍然无法圆满解决。我们必须看到，康德的道德主体是西方传统的实践理性，这种实践理性与儒家的道德本心有本质的不同，在这种实践理性中无论加入多少情感，也成不了儒家心学的道德本心，成不了仁性道德自律。

如果我们能充分认识孔子心性结构的三分特点，这个问题就比较好解决了。按照孔子的三分结构，康德道德哲学应当定位于智性而非仁性。这样的话我们就会明白，因为康德属于智性，智性为了保证道德规律的客观性、普遍性，是不能讲情感的，所以其道德必须排除一切情感；而儒家心学属于仁性，仁性从理论上说是伦理心境，本身即包含好善恶恶的情感，所以其道德必然包含情感。这两者之间的界限截然分明，不容混淆。将情感上提至理性，与理性合而为一，当然也可以在一定程度上缓解康德道德自律学说的困难，但很难从根本上解决问题。这不仅因为智性与仁性的很多特点是不同的，甚至是完全相反的，如果将它们笼统合并在一起，必然造成混乱，而且还因为即使把情感上提了，即使做成了一个加法，仍然无法凸显儒家心学的道德本心。总之，儒家的仁性并不是简单的情感加理性，而应视为一个独立的部分，比较好的出路是区分智

性善之谜——破解儒学研究的哥德巴赫猜想

性与仁性，而不仅仅是做一个简单的加法。[1]

由此我们可以看出，由情感问题引出的牟宗三道德自律学说的众多困惑，只不过是一个导火索，隐藏在其背后的是儒家心性之学与康德道德哲学之间的巨大差异。我并不一概反对借鉴康德道德自律理论研究儒学，但强调这种研究必须建立在充分尊重儒学特点的基础之上。从理论上分析，不管是西方哲学还是中国哲学，一个完整的道德学说，道德的根据都不应当只是一个而应当是两个，虽然这样的理论在西方也有，但多是一些零星的材料，而在中国却有一个完整的系统，这就是孔子既讲智性又讲仁性的心性之学。在这种系统中，道德的根据既有智性又有仁性，与其相应的既有智性道德自律，又有仁性道德自律。孔子的学说对中国哲学发展影响极大，由智性和仁性分别发展出了后来以朱子为代表的理学和以孟子为代表的心学。理学和心学虽然都只得孔子之一翼，都有各自的不足（其中理学的问题更大），但都可以说是道德自律。康德道德哲学虽然非常伟大，康德虽然也承认普通道德理性知识的作用，但他的学说从总体上讲是以理性主义为背景的，从理论层面上讲，只相当于孔子的智性，属于智性道德自律。有一个前提我不怕重复愿意再次提及：康德哲学中的道德根据是实践理性，而不是儒家心学的道德本心，二者绝非同类。如果我们不注意到这一点，在借用康德哲学研究儒学的过程中，将康德定位于仁性，类比于道德本心，与孟子联系在一起，必然在情感问题上造成混乱。反之，如果我们能够充分尊重儒家心性之学的特点，在借助康德研究儒学的过程中，将康德准确定位于智性，那么就可以看清儒家心性之学与康德道德哲学有着本质的不同，就可以为康德无处安顿的道德情感找到一个恰当

---

[1] 由此可知，仁性道德自律与李明辉所说的广义道德自律并不相同。按照李明辉的理解，广义道德自律是在实践理性基础上加入道德情感，并不构成心性之学的一个独立层面，实际上只是做了一个加法。仁性道德自律的根据是道德本心，是心性之学的一个独立层面，而不是简单地在实践理性中加入情感。

二、牟宗三道德自律学说的困难及其出路

的归宿，就可以更加体悟到儒学的博大精深，同时也就可以将有关道德自律的研究推向一个新的高度。牟宗三借鉴康德研究儒学最大的不足之处就在这里，消除牟宗三道德自律学说困难的出路和希望也在这里。

三、"道德他律"还是"道德无力"

——论牟宗三道德他律学说的概念混乱及其真实目的

> 案：这篇文章与上篇文章在内容上密切相连，上篇文章主要谈道德自律，这篇文章则主要谈道德他律，发表于《哲学研究》2003年第6期。牟宗三将孟子定性为道德自律，同时将朱子定性为道德他律。我的研究发现这里有一个严重的混乱："道德他律"其实是牟宗三为朱子误戴的一顶帽子而已，其真正的目的是批评朱子学说"道德无力"。只有将"道德他律"作"道德无力"理解，牟宗三思想的内在价值才能显现出来。

在现代新儒学研究中，围绕牟宗三道德自律学说的论争不断，热度不减，关于其道德他律思想的评论却极为罕见，鲜有论者，以致牟宗三这一思想以及这一思想所隐含的问题，未能引起应有的重视。本文就此谈一些个人的理解。我的基本观点是，牟宗三所谓"以知识之是非决定的道德即是道德他律"这一标准亟待讨论，牟宗三此说的真正目的是批评朱子学说"道德无力"，"道德他律"不过是阴差阳错误为朱子所戴的一顶帽子。

一、牟宗三在什么意义上说朱子是道德他律

牟宗三将道德理性分为三义，[1]认为其中第一义即所谓截断众流

---

[1] 牟宗三：《心体与性体》第一册，（台）正中书局1968年版，第137-138页。

义，已包括康德的道德自律学说的一切。因为截断众流是说道德必须斩断一切外在的牵连，本身必须是纯粹的，不能预设任何其他目的。反之，凡是预设任何其他目的，便是不真，便是不纯，便是曲的意志，便是道德他律。

所谓道德他律，在康德那里，分为两种情况：一是指道德以追求幸福原则为目的，这是属于经验的；二是指道德以追求圆满原则为目的，这是属于理性的。前一种情况没有任何异议，因为儒家讲道德从来不以康德所谓的幸福原则为目的。牟宗三讲道德他律主要是就圆满原则而言的。牟宗三在引述了康德《实践理性批判》中的一段话后写道："此段话甚分明而简截，吾读之甚喜。……依康德，基于存有论的圆满与基于上帝底意志俱是意志底他律之原则。快乐主义基于利益，基于幸福，亦是意志底他律原则。基于利益之他律其所需要有的世界底知识是经验的；基于存有论的圆满其所需要有的世界底知识是理性的；基于上帝底意志最初是诉诸恐怖与权威，最终亦必落于需要有世界底知识，这知识或是经验的或是理性的。这些原则俱是他律，盖因为其所含的实践规律皆取决于作为目的的一个对象，对于这对象必须先有知识。"[1] 这段话非常简明地表达了牟宗三对于康德道德他律的理解：依据康德，以下三种情况，即第一基于利益、第二基于存有论的圆满、第三基于上帝的意志而产生的道德，均是他律道德，因为这三种情况都将道德的根据落实在知识上，都必须对于作为目的的对象先有知识。

牟宗三紧接着又讲到为什么判定朱子为道德他律："朱子既取格物穷理之路，故道问学，重知识。……因此，对气之灵之心意而言（朱子论心只如此，并无孟子之本心义），实践规律正是基于

---

[1] 牟宗三：《从陆象山到刘蕺山》，（台）学生书局1979年版，第9–10页。

'存有论的圆满'之他律者。故彼如此重视知识。"[1] 朱子所说的道德当然不是基于利益，但他的格物穷理之途使他与西方理性主义将道德基于存有论的圆满，非常相近，都是将决定人们行为的力量，完全归于外在之理，而不是归于自己的道德本心。牟宗三判定朱子为道德他律，根据全在于此。关于这一点，牟宗三有一个非常清楚而简洁的表述："就知识上之是非而辨之以决定吾人之行为是他律道德。"[2] 这句话非常简明，也非常关键，直接表明了牟宗三在这个问题上的基本思想，可以视为他关于道德他律的一个标准，这个标准就是是否以知识上之是非来决定道德：以知识上之是非而决定的道德，即是他律道德；反之，并非以知识上之是非，而是以道德本心决定道德，即是道德自律。

二、以知识之是非决定道德即是道德他律这一标准值得讨论

牟宗三关于以知识之是非决定道德即是道德他律的思想，是否符合康德思想的原意，是值得讨论的。因为这里涉及基于利益、基于存有论的圆满、基于上帝的意志等三种情况，所以下面我们就分别从这三种情况来分析。

先看基于利益的道德他律。这里最先引起我浓厚兴趣的，是康德什么样的论述引发了牟宗三的重视，使之"读之甚喜"。这段话出自《实践理性批判》，在这段论述中，康德指出："最普通的智思亦能很容易而无迟疑地看出在意志之自律底原则上所需要去做的是什么；但是在意志之他律底假设上去看出什么是要做的，那却是很

---

[1] 牟宗三：《从陆象山到刘蕺山》，（台）学生书局1979年版，第9-10页。
[2] 牟宗三：《心体与性体》第三册，（台）正中书局1969年版，第397页。

难的，而且需要有世界底知识。"[1]牟宗三之所以对这段话特别感兴趣，可能是因为这段话中有"需要有世界底知识"这样的说法。在牟宗三看来，道德的根据在于本心，本心发布命令简洁明确，依此而行即为善行，这个过程十分简易。朱子与此不同，凡事必须格物致知，以其然求其所以然，这个过程就是以知识决定道德。而康德刚好在这里反对以知识之是非决定道德，对道德他律原则所强调的"需要有世界的知识"提出尖锐批评。于是，牟宗三便有了他乡遇故知之感，将康德引为同道。

但是，康德这里所说的"需要有世界底知识"，并非如牟宗三解释的是以知识之是非决定道德。康德认为，依照意志自律原则该做什么，不该做什么，原本是非常清楚的，而如果以意志他律为先决条件，则不那么好把握了，需要有知识。这里康德的意思是，以他律为先决条件即是以个人幸福为原则，而以个人幸福为原则必然涉及事物的方方面面，就需要斤斤计较，需要量度计算。比如，为了追求个人幸福，遇事必须精确计算个人的利得，保证收益大于支出，要做到这一点当然就需要"万事通晓"了。由此不难得知，不能以康德"需要有世界底知识"的说法作为以知识之是非决定道德即是道德他律的根据。因为康德这样说其实只是反对为了求得幸福而借助知识，并以此作为道德的原则。换言之，不是知识决定道德即是道德他律，而是知识的内容——追求个人的幸福——决定的道德才是道德他律。

再来看基于存在论圆满的道德他律。圆满性（完满性）是康德在论述道德他律过程中讲到了一个重要概念。与经验性原则不同，圆满性原则是理性的。理性的圆满性原则可分为性质的圆满和实体的圆满，其中实体的圆满特指上帝，而性质的圆满又包括理论意义的圆满和实践意义的圆满。由于上帝在人之外，所

---

[1] 牟宗三：《从陆象山到刘蕺山》，（台）学生书局1979年版，第8-9页。

性善之谜——破解儒学研究的哥德巴赫猜想

以又称为外在的圆满,性质在人自身之内,所以又称为内在的圆满。

所谓内在的圆满,即指事物自身的完整性。康德这里主要是指斯多葛学派和沃尔夫学派。在斯多葛学派看来,人是整个宇宙自然的一部分。神、灵魂、命运、宇宙都是相同的,都具有无所不在的、无所不能的力量和必然性,这就是理性。这种理性所表现出来的事物的秩序,就是受绝对规律和必然性所支配而趋向于一定目的结果。因此,人必须遵从自然的必然性,即遵从神和命运的安排去生活。在人成为一个有理性的动物时,便把一个有理性的本能看作是真正的自我了。因此,人追求和实现自己的本性,就是善,合乎自然的方式的生活,就是善。沃尔夫道德思想中最有代表性的是他的圆满论,这一点与斯多葛比较接近。沃尔夫认为,事物自身都具有一种追求圆满的趋向,凡是能够使自己以及使别人变得更加完善的东西即是善,相反,即是恶。人类原本就具有理性,按照自己的理性生活,使其不断完善,是人自然的要求,一旦达到了这种要求,就成就了道德,同时也就达到了幸福。善就是依照自然而生活,自然引导我们走向道德,自然就是道德。人类应该做那些使自己以及别人更加完善的事情,这是道德的自然法则。

由上可知,康德反对内在圆满性原则,主要是为了反对在纯粹理性的实践原则之上另立一个目的,从而破坏了实践理性原则的纯粹性和至上性。因为如果我们坚持这种圆满性原则,就破坏了善恶只能决定于道德法则之后,而不能决定于道德法则之前的最高原则。康德明确指出:在那些道德的理性原则之中,完善性的本体论概念虽然要胜于神学概念,但它仍然不能成为道德的法则,因为"它要不可避免的陷于循环论证,不能不把应该去阐明的道德,暗

三、"道德他律"还是"道德无力"——论牟宗三道德他律学说的概念混乱及其真实目的

中当作为前提"。[1] 这就点出了圆满性的根本不足：它必然要把原本应该去阐明的东西，暗中当作前提，从而陷入循环论证。可见，康德反对理性的圆满原则并不是因为这里涉及知识问题。虽然斯多葛学派的道德学说也讲到了知识问题，如他们强调知识是道德的基础，甚至认为道德即是知识，但康德在这里反对斯多葛等人并不是因为他们讲知识，而是因为不赞成他们在道德法则之上另立一个目的。

最后再看基于上帝意志的道德他律。上帝的意志就是所谓的外在的圆满。康德坚决反对这种圆满性原则，他说："上帝的意志，如果人们把与它契合一致，而不是把先行的、独立于上帝理念的实践原则当作意志的客体，只有通过我们期望于它的幸福才能成为意志的动机。"[2] 这就是说，如果将上帝作为道德目的，就是在道德法则之上预设了其他目的，就从根本上违背了康德实践理性道德法则是至高无上的基本原则。而且以上帝作为道德目的，其实是以上帝作保证追求个人的幸福，这又违背了康德实践理性必须是纯粹的基本原则。所以，康德反对以上帝作为道德目的，主要还是坚持他的理性至上性和纯粹性，反对个人幸福原则，而不是要不要有知识的问题。

综上所述，无论是基于利益，是基于存有论的圆满，还是基于上帝的意志所构成的道德他律，重点都在道德原则的至上性、纯洁性，而不在知识。康德认为，道德他律的一个重要特征，是"把意志的对象当作规定的基础"。[3] 这种做法完全把问题本末倒置了，因为如果不把意志本身，而把意志的对象作为规定的基础，就是借助于行动对意志的预期效果，把这种效果作为动机来规定自身。这就等于说，我意愿做某事并不是因为我必须做这件事，而是意愿作另

---

1 康德：《道德形而上学原理》，苗力田译，上海人民出版社1986年版，第97页。
2 康德：《实践理性批判》，韩水法译，商务印书馆1990年版，第43页。
3 康德：《道德形而上学原理》，苗力田译，上海人民出版社1986年版，第97—98页。

一件事。这样一来，道德法则的至上性和纯粹性就完全得不到保证了。应该说，康德在这里的意思是比较清楚的，但牟宗三却把焦点完全转移到了知识问题上面。牟宗三认为，基于利益的知识是经验的，基于存有论的圆满的知识是理性，基于上帝的意志的知识或是经验的或是理性的，不论知识性质有什么不同，但都有一个共同点，即都是"对于这对象必须先有知识"，所以，都必须排除在道德自律之外。这种理解是否合于康德的文本含义，真的是很难说的。

三、按照牟宗三的标准，康德道德哲学也将沦为道德他律

更为严重的是，如果严格坚持牟宗三这一标准的话，康德自己将有陷入道德他律的危险，因为康德道德哲学也离不开知识。

康德建构自己道德哲学的方法，值得细细思量。《道德形而上学原理》第一章叫作"从普通的道德理性知识过渡到哲学的道德理性知识"。这个标题非常清楚地说明了康德在这个问题上的思路。在康德看来，社会当中存在着一种普通的道德理性知识，它们虽然很重要，但因为未经反省、未经抽象，只是一般的、粗略的，只有对其进行抽象、提升，才能得出最高的道德法则。康德所要做的正是这种工作。在这一章中，康德首先从善良意志分析起，然后分析了责任的概念，分析了责任所由决定的先天形式原则，最后得出了一个重要结论：责任是由于尊重规律而产生的行为必要性。这样，康德就由责任上升到了规律。康德认为，只有普遍的规律才能充当意志的原则，所以道德的基本原则就是："除非我愿意自己的准则也变为普遍规律，我不应行动。"[1] 这样一个原则确定之后，事情就变得简单了，因为不管在什么情况下，也不管是什么人，只要

---

1 康德：《道德形而上学原理》，苗力田译，上海人民出版社1986年版，第51页。

询问自己，你否愿意将你的准则变为普遍的规律吗？如果答案是肯定的，你的行动就是出于责任，就是道德，如果答案是否定的，你的行动就不是出于责任，就不是道德。康德对这一步工作有着极高的评价，认为是"在普通人的理性对道德的认识里，找到了它的原则"。[1]

《道德形而上学原理》第二章较第一章更深了一层，进一步从大众道德哲学上升到道德形而上学，所以这一章的标题即为"从大众道德哲学过渡到道德形而上学"。康德认为，虽然道德形而上学这个名称比较吓人，但对于一个完整的道德学说是必不可少的，因为道德的最高原则必须独立于经验，必须以纯粹理性为基础，必须先天地从理性中得出，一句话，实践理性的规律不能建立在经验条件之上。只有首先把道德哲学放在形而上学的基础之上，把纯粹理性原则事先加以提高，等它站稳了脚跟，并令人充分满意之后，才能运用综合的方法，通过大众化把它普及开来。如果不是这样的话，"那么我们有什么权力让那也许在偶然的条件下只适用于人类的东西，当作对每一个有理性的东西都适用的普遍规范，而无限制地予以恪守呢？我们有什么权力把只规定我们意志的规律，一般当作规定每一个有理性东西的意志的规律，而归根到底仍然还规定我们意志的规律呢"，[2]因此，将道德哲学建立在形而上学基础之上，是完全必要的。

通过简要回顾康德建构自己道德哲学的过程，不难看出，这个过程根本离不开知识。如上所说，康德注意到，在一般的道德理性知识中存在着他所要追求的那种道德原则，实际上人们也从来不曾忽视它，一直把它当作评判价值的标准。但真正的哲学家不能满足于这些，因为普通理性时时会受到各种因素的干扰，会受到各种爱

---

1 康德：《道德形而上学原理》，苗力田译，上海人民出版社1986年版，第53页。
2 康德：《道德形而上学原理》，苗力田译，上海人民出版社1986年版，第58页。

好的引诱,从而产生"自然辩证法",对道德理性的纯洁性和严肃性提出怀疑,从而败坏了它的尊严。为了防止这种情况,康德必须借助分析的方法,从普通的道德理性知识上升到哲学的道德理性知识,从大众道德哲学上升到道德形而上学。在整个过程中,康德始终没有离开过知识。康德在讲到道德的最高原理必须独立于经验的时候指出,一旦做到了这一点,把这些先天建立起来的概念连同其所属原则一道展现在普遍中,展现在抽象中是不成问题的,"这样的知识应该和普通知识区别开来,而称之为哲学知识"。[1] 这里明白无误地指出,道德自律学说是一种"哲学知识"。康德还说过:"从纯粹理性中汲取道德概念和规律,并加以纯净的表述,以至规定整个实践的、或者纯粹理性知识的范围,也就是规定整个纯粹实践理性能力的范围,不仅是单纯思辨上的需要,同时在实践上也是极其重要的。"[2] 这就是说,将道德概念和规律提取出来,并加以不掺杂经验的表述,进而"规定整个实践的、或者纯粹理性知识的范围",在实践中十分重要。

康德建构自己的道德哲学离不开知识,联系到康德的哲学背景,并不难理解。康德的道德哲学带有明显的理性时代的特点。在摆脱神性的束缚之后,人们对理性充满了信心,认为理性的力量是无限的,可以发现事物发展的规律,解决世间的一切问题。这个特点自然也影响到康德。康德一生的重要使命就是发现自然规律和自由规律。在前批判时期,康德创立了星云假说,发现了宇宙变化的规律,在批判时期,康德又致力于创立道德自律学说,发现了人的行为规律,即自由的规律。在发现了自由的规律之后,有理性的人们就可以并且有能力按照对规律的认识,制定与规律相符合的行为准则。面对规律和准则,人们会有一种尊重,这种尊重就会产生行

---

1 康德:《道德形而上学原理》,苗力田译,上海人民出版社1986年版,第59页。
2 康德:《道德形而上学原理》,苗力田译,上海人民出版社1986年版,第62页。

为的必要性,这就是责任。责任必须是纯粹的,不能夹杂任何感性质料,所以是定言的而不是假言的。因为人有理性,是理性王国的一员,这种命令不是从外面强加进来的,是人本身加之于自我的,所以真正的道德必须是自律的,而不是他律的。这些内容构成了康德道德学说的基本要点。在这些要点中,虽然思考的起点是普通的道德理性知识,但落脚点却是规律,没有规律就没有与规律相符合的准则,没有准则就没有对规律和准则的尊重,没有尊重就没有责任,没有责任也就没有定言命令。认识规律是一件异常复杂的工作,面对这种工作,不借助知识如何能够完成呢?

由于使用了西方哲学的表述方式,康德运用理性发现人的行为规律的过程,显得较为复杂。如果换成中国传统的表达方式,这种思维方式其实就是以其然而求其所以然。在社会中存在着一种普通的道德理性知识,但它们还非常粗略,还必须都其加工,我们不仅要了解这些道德理性知识,而且还要进一步知道他们的根据,这不就是中国哲学所说的以其然推其所以然吗?普通的道德理性知识是其然,人的行为规律是其所以然,我们要通过普通的道德理性知识这一现象,进一步发现人的行为的规律,从而将最高的道德法则规定下来。为了能够推其所以然,必须要借助知识,在康德,这叫作分析的方法,在中国,这叫作求其所以然。所以,在我看来,康德从普通的道德理性知识出发抉发道德法则,朱子强调对事物要知其所以然,二者是非常相像的。比如,朱子一再强调,一味行孝悌、忠恕而不知其理,则此孝悌、忠恕是死物,而其人也只是乡曲之常人,只有按大学之道格物、致知、博学、审问、谨思、明辨,孝悌、忠恕才是活物。泛泛之孝悌、忠恕只是小学之道,常人之所为,知其所以然才是大学之道,君子之所为。朱子的这个思维过程,大致即相当于康德从普通道德理性知识出发,进一步发掘道德规律,从而制定道德法则的过程。果真如此的话,我们就有理由提出这样的问题:如果说朱子不满足事物之然,而强调求其所以然,是以知识之是非决定道德,是道德他律的话,那么,康德运用分析的方法,从普通的理性知识中认识道德规律,抉发最高的道德法则,是不是也是道德他律呢?

四、判定朱子为他律的真正目的是批评朱子之学"道德无力"

既然以知识之是非讲道德即为道德他律这一标准并不合康德的原意,那么牟宗三判定朱子为道德他律的真正用意又何在呢?

牟宗三对朱子有一个基本的定性,说朱子的系统是"客观地说为本体论的存有之系统,主观地说为认知地静涵静摄之系统,而其所论之道德为他律道德"。[1] 这三句话中,最重要的是第一句,即"客观地说为本体论的存有之系统",其他两句都是这一句的发展和延伸。朱子学理中最高的范畴是理,这个理又可以称为事物之所以然。朱子一生特别重视以其然推其所以然,而推其所以然就是求理。牟宗三指出,朱子所求的所以然即是事物存在之存在性。对此牟宗三解释说:"于事物之然说存在,而不说存有,存有是事物之然之所以然之理,是其存在之所以存在,故亦可云是存在之存在性。此当然是其超越的存在性,是只负责其'为存在'者,而不是现象的、内在的、逻辑的或科学知识的类名所表示的那所以然的理。因为此超越的所以然所表示之存在之理并不是一个类名。"[2] 在这里,牟宗三将"存在"与"存有"区分了开来,"存在"是说事物之然,"存有"是说事物之所以然,事物之所以然即是事物之存在之存在性。由事物之然推证其所以然,以

---

1 牟宗三:《心体与性体》第三册,(台)正中书局1969年版,第451页。
2 牟宗三:《心体与性体》第三册,(台)正中书局1969年版,第360-361页。

见所以然之理，这个所以然之理，就是事物存在之存在性。由事物之然推证其所以然，也就是从存有的层面证明事物存在的存在性。

从存有的层面证明事物存在的存在性，决定了朱子只能走认知顺取之路。顺取是只顺心用而观物的意思，因为以心认识物是顺着心向外发的，所以叫作顺取。在这方面，就显出朱子与宋明诸儒的不同来了。明道从不把道体、性体与格物致知连在一起，五峰则正式讲逆觉体证，象山、阳明遵循的也是同一原则。"惟朱子继承伊川之思理大讲致知格物，走其'顺取'之路，力反'逆觉'之路。伊川朱子所以如此者，正因其对于道体性体只简化与汰滤而为'存有'义与'所对'义之'理'字。此为言道体性体之根本的转向。"[1] 朱子把仁体、性体都视为存在之然之所以然，是一种平置的普遍之理，通过格物致知的方法去获取，所以特别重视知识，重视学习。这一思路遵循的完全是一条顺取之路，静涵静摄之路。牟宗三认为，格物穷理虽能成就知识，但不能成就道德。没有人能够由格物穷理言天命实体，也没有人能够由格物穷理来肯认上帝，同样没有人能够由格物穷理来了解人们之内在的道德心性。正是在此意义上，牟宗三将朱子概括为"认知地静涵静摄之系统"。

朱子求所以然之理，走认知顺取之路，有一个非常要命的缺点，这就是他所求的所以然之理中没有心义。牟宗三指出："问题是在：就此超越的实体说，此实体（道、天道、天命流行之体）究竟还有'心'之义否？此'心'之义是实说的实体性的心，非虚说的虚位字的心。当朱子说'天地之心'，以及说'人物之生又得夫天地之心以为心'时，此心字是实说。但在天地处，此实说之心却又为其分解的思考弄成虚说了。无心是化之自然义，有心是理之

---

[1] 牟宗三：《心体与性体》第一册，（台）正中书局1968年版，第80页。

定然义。心融解于化之自然义,固已无心之义,即融解于理之定然义之'有心',心被吞没于理,心成虚说,亦无心义。是以在朱子,超越的实体只成理,而心义与神义俱虚脱。实说的心与神结果只属于气,而不属于超越的实体,是即无实体性的心。在天地处是如此,在人处,人实有心,故心自不是虚位字。但在人处之实说的心,依朱子之分解思考,又被分解成只是属于气之实然的心,而超越的实体(性体)则只是仁义礼智之理。"[1] 在牟宗三看来,道体原本是一个创生的实体,要保证其创生性,实体中必须有心的地位,即所谓有心义。这个心又叫天地之心。在牟宗三看来,天地之心即是天地生物之心,即是天命流行之体,其真实的含义是说道体不只是理,也有活动性,有创生性。

由于朱子所求之所以然没有心义,所以也就失去了神义。牟宗三在讲到本体的时候经常用到神字。他认为,神也是体,即曰神体,其义与心体、诚体、仁体等相同。濂溪讲过:"神妙万物",也讲过"阴阳不测之谓神"。这里的神都不是形容词,而是指的神体本身。"此神不是虚说的虚位字,不是形容理的状词。若说理,神亦当然即是理。神既是'妙万物而为言',则神体当然亦即是万物之所以然之理,但此理是'即活动即存有'之理,其为所以然是动态的所以然,而不是'只存有不活动'的静态所以然。此是'神理是一'的理,故可以动静说,但却是'动而无动'之动、'静而无静'之静也。非如朱子所谓意谓之'只是理'(神成只是虚说之形容词),而无所谓动静也。"[2] 神体的一个重要内涵,就是表示心体、诚体、仁体等实体本身能够神妙万物,有活动性。由于朱子义理系统中没有道德本心的位置,神义无法落实,"只是虚说之形容词",终于成为只存有而不活动的系统。

---

1 牟宗三:《心体与性体》第三册,(台)正中书局1969年版,第260页。

2 牟宗三:《心体与性体》第三册,(台)正中书局1969年版,第461页。

三、"道德他律"还是"道德无力"——论牟宗三道德他律学说的概念混乱及其真实目的从这里可以看出，牟宗三对朱子之学最大的不满之处在于：朱子之学只是讲认知，讲求其所以然，在学理中没有孟子的本心之义，其理论没有活动性。这是一个致命伤。在性体和心体的关系中，性体是一种超越之体，是道德的最后根据，性体虽然如此重要，但其本身没有活动性，它的活动性必须通过心体来保证，所以完整的心性学说必须做到心性为一而不为二。恰恰在这个关键性的环节上，朱子出了问题。朱子并不是不讲心，但他对孔子讲的仁，孟子讲的心缺乏深切的体验，所以他讲心完全偏向了认识方面，成了认识之心。认识之心与孟子的道德本心是不同的。认识之心只是一种认知的能力，通过它可以认识理，认识事物之所以然，而孟子道德本心本身就是道德的本体，不再需要借助外在的认知即能创生道德。由于朱子在这个关键环节上出了问题，其直接的后果就是他讲的性体成了死理，只存有不活动，失去了道德的活力，这也就是牟宗三反复讲的"只存有不活动"。"只存有不活动"是说理性没有活动性，无法直接决定道德善行，在这方面软弱无力。有鉴于此，我把牟宗三对朱子的批评概括为"道德无力"。所谓"道德无力"就是由于在心性学理中道德本心的失位所造成的性体无法直接决定道德的现象。

牟宗三这一思想极有意义，但由于他把这个问题与道德他律联系起来，情况又变得异常复杂起来。从理论结构上分析，朱子的理论的确是由知识之是非，而不是由道德本心决定的，牟宗三对此的批评十分精当。但以知识之是非决定道德只会使其理论只存有不活动，丧失活动性，这属于"道德无力"，而不是康德所说的道德他律。康德道德他律的根本意图是说在道德理性之外预设一个目的，从而使道德不为理性自身所决定，而不是说能否在这里讲知识。如果严格以此为标准的话，康德的道德哲学也可以说是以知识之是非决定的，也是道德他律。牟宗三对道德他律概念的运用没有严格遵循康德原意，我们当然可以说这是牟宗三自己的一种诠释，但任何诠释都应该以不违背原著的基本精神为原则，牟宗三在道德他律问题的理解明确不合康德著作的文本含义，因此我们完全有理由将其看作是对康德思想的一种"曲解"。由此我们可以得出这样一个结论：牟宗三批评朱子的真正用意，是嫌朱子学理有缺陷，道德本体只存有不活动，是"道德无力"，因为牟宗三误解了康德道德他律学说的原意，阴差阳错，才为朱子戴上了一顶"道德他律"的帽子。

四、理性能够直接决定善的行为吗？

——牟宗三道德自律学说的理论意义

案：这是上一篇文章的延伸，刊发于《道德与文明》2004年第2期，原标题为"理性如何保证道德成为可能？"。既然牟宗三将朱子定性为道德他律有误，其真正的用意是批评朱子学理没有动能，是道德无力，那么如何保证道德学说有动能，能够决定善的行为，就成了一个必须解决的问题。本文即是对这个问题的探讨。我的基本结论是：作为道德根据，理性不能是单一的，其中必须有仁性，有了仁性道德学说才能具有动能，才能将知行紧密连接起来。后来我在《儒家生生伦理学引论》中提出的"道德动力学"的概念，是对这一思想的进一步发展（参见该书第三十二节"'道德动力学'：一个有重大学术价值的问题"）。

近来我撰文表明，作为牟宗三儒学思想标志之一的道德自律学说，在理论建构方面存在着很大瑕疵，需要予以澄清。[1] 但必须指出，我这样做并不是要完全否定牟宗三的道德自律学说，与此相反，我坚持认为牟宗三这一思想隐含非常重要的学理意义，它向人们提出了这样一个重要的理论问题：理性能够直接决定善的行为吗？以下就这个问题谈一点个人理解。

---

[1] 参见杨泽波《牟宗三道德自律学说的困难及其出路》，《中国社会科学》2003年第4期。

一

牟宗三道德自律学说是其三系论的一个理论标准。依这一标准，牟宗三将孟子、象山定为正宗，将伊川、朱子定为旁出。牟宗三为朱子之学定性，有其严密逻辑的根据：之所以定其为旁出是因为朱子之学属于道德他律，之所以为道德他律是因为朱子之学只能顺取，之所以只能顺取是因为理不能活动。在这个过程中，本体能不能活动，有没有活动义，即所谓"即存有即活动"还是"只存有不活动"，是牟宗三判定朱子为旁出的核心理由，最为重要。正如其所说，这对概念"为吾书诠表此期学术之中心观念"。[1]

按照一般的理解，人既有理性，又有感性，理性代表人的价值，感性不代表人的价值，人具有了理性也就具有了成就道德的可能，只要时时处处按照理性的要求行事，就可以使道德成为可能了。不过，人们这样讲的时候，往往没有进一步考虑这样一个重要问题：理性本身是否具有活动能力呢？也就是说，作为道德根据的理性本身是否具有一种力量，能够直接决定道德呢？如果理性有这种能力，能够直接决定道德，那么这种道德就是由理性本身决定的，是对理性的服从，这就是自律；反之，如果理性没有这种能力，不能直接决定道德，那么这种道德就不是由理性本身决定的，不是对理性的服从，这就是他律。牟宗三提出问题的重要意义就在这里。

正是在这个意义上，牟宗三反复强调作为道德根据的理性本身必须具有活动性，即有活动义，而不能是死物死理。他说：

> 义理、道理所意指的天理不只是静态的道德法则，亦不只是属于"本体论的存有"之静态的实理，亦不只是那"平铺放着"之静态的百理之多相，乃实是本体宇宙论的、即存有即活动的实

---

[1] 牟宗三：《心体与性体》第一册，（台）正中书局1968年版，第58页。

理（实体），粲然明著之百理一起皆统摄于寂感真几而为诚体之神之所显发，是这样的一多不二，存有活动不二，心理不二，神理不二的实体，此即综名之曰天理。[1]

牟宗三常常将义理、道理上升到天的高度，直接称其为天理。这些说法用词虽有不同，但无本质的区别，都是指一种本体宇宙论的存有。这个存有不是静态的道德法则，也不是平铺放着的理之多相，而是心理不二、神理不二、存有活动不二的实理，故总名曰天理。这里牟宗三明确反对两种倾向，一是将天理视为静态的道德法则，二是将天理视为一种共相（即所谓"理之多相"）。这两种倾向之所以不对，一个共同点，就是没有活动义。既然没有活动义，如何能够创生道德呢？所以讲天理必须讲活动，不讲活动就无法讲天理。

恰恰在这个问题上，朱子没有做好。牟宗三指出：

> （朱子）所不透之一点，说起来亦甚简单，即在：对于形而上的真体只理解为"存有"（Being, ontological being）而不活动者（merely being but not at the same time activity）。但在先秦旧义以及濂溪、横渠、明道之所体悟者，此形而上的实体（散开说，天命不已之体、易体、中体、太极、太虚、诚体、神体、心体、性体、仁体）乃是"即存有即活动"者（在朱子，诚体、神体、心体即不能言）。此是差别之所由成，亦是系统之所以分。[2]

朱子对于形而上的实体理解为只存有而不活动，与先秦旧义以及濂溪、横渠、明道之所体悟者完全不同。既然理不能活动，那它如何能产生道德呢？结果，朱子只能从外面绕出去，大讲格物致知，以存在之然求其所以然，最终走上以知识决定道德的道路上去。

由此可知，牟宗三由理是否有活动义出发，最后判定朱子为歧

1　牟宗三：《心体与性体》第二册，（台）正中书局1968年版，第68—69页。
2　牟宗三：《心体与性体》第一册，（台）正中书局1968年版，第58页。

出，思路非常明确。在他看来，天命流行之体是一创生实体，这个创生的实体是理也是心，有其活动性，由其所发，就是善行，就是道德。既然道德是由理由心直接决定的，而不是由外在的因素（如物质的因素，知识的因素）决定的，那么这种由理由心直接产生的道德即为道德自律。但在朱子的学理中，理不是心，没有活动义，本身无法直接产生道德，要成就道德必须走格物穷理的道路。这种方法对于成就道德当然也有助益，但不是直截了当地以理以心决定道德，只是在道德何以可能的问题外面绕圈子。这种以知识之是非决定道德的路子，按照牟宗三的理解，就是康德所说的道德他律，所以牟宗三定朱子为旁出。

牟宗三这些说法所包含的理论意义是极其深刻的，它迫使我们必须思考这样一个理论问题：理性本身究竟有没有活动性？或如何才能保证理性具有活动性？这个问题的重要性不言而喻：如果理性有活动性，就可以保证道德成为可能；否则，将无法保证道德成为可能。

二

在西方哲学史上有人也曾提出过类似的问题，其代表人物就是休谟。休谟之时，西方哲学史上关于何者为道德根据有一场激烈的论战，有的认为是理性，有的则主张是情感。休谟参与了这场论战，认为："我们只须考究，我们是否能够单是根据理性来区别道德上的善恶，或者还是有其他一些原则的协助，才使我们能够作出这种区别。"[1] 经过深入思考，休谟得出了一个重要的结论：德与恶的行为不是由理性决定的，理性不是道德的源泉。休谟得出这种结论，最重要的理由就是：理性是完全无力的。

---

[1] 休谟：《人性论》，关文运译，商务印书馆1980年版，第496页。

休谟以理性完全无力为理由,认定理性不是道德的源泉,这一观点引起了我的注意。休谟有关的论述很多,为了说明问题,择其要者引述如下:

> 道德准则刺激情感,产生或制止行为。理性自身在这一点上是完全无力的,因此道德规则并不是我们理性的结论。[1]
>
> 理性是完全没有主动力的,永远不能阻止或产生任何行为或感情。[2]
>
> 我们只要承认,理性对于我们的情感和行为没有影响,那么我们如果妄称道德只是被理性的推断所发现的,那完全是白费的。一个主动的原则永远不能建立在一个不主动的原则上;而且如果理性本身不是主动的,它在它的一切形象和现象中,也都必然永远如此,不论它是从事研究自然的或道德的问题,不论它是在考虑外界物体的能力或是有理性存在者的行为。[3]
>
> 单是理性既然不足以产生任何行为,或是引起意志作用,所以我就推断说,这个官能(理性)同样也不能制止意志作用,或与任何情感或情绪争夺优先权。[4]

我不厌其烦地将休谟这些论述逐一引证,是为了引起读者的重视,重新思考理性是否具有活动性对于一种道德学说的重要意义。休谟非常强调理性本身是否具有主动性的问题,认为德与恶的行为受情感支配,道德善恶判断只是性质不同的知觉,知觉中的感性印象是主动的、有力的,而理性则是被动的、无力的。理性的作用只在于发现义务,但在刺激情感、产生和制止行为方面,却是"完全没有主动力的","完全不活动的"。一个主动的原则不能建立在一个不

1　休谟:《人性论》,关文运译,商务印书馆1980年版,第497页。
2　休谟:《人性论》,关文运译,商务印书馆1980年版,第497-498页。
3　休谟:《人性论》,关文运译,商务印书馆1980年版,第452-453页。
4　休谟:《人性论》,关文运译,商务印书馆1980年版,第452-453页。

主动的原则上,所以理性不可能成为道德的源泉。

因为理性完全没有主动力,不能成为道德的源泉,所以休谟提出了"是"与"应该"的矛盾问题。在《人性论》第三卷附论中,休谟写道:他在考察各种道德理论时发现,事实判断和道德判断是两类完全不同的判断,事实判断的系词为"是"与"不是",道德判断的系词为"应该"与"不应该",可是人们在按照常规进行道德推理的时候,总是不知不觉改变判断的性质,"这个变化虽是不知不觉的,却是有极其重大的关系的。因为这个应该或不应该既然表示一种新的关系或肯定,所以就必需加以论述和说明;同时对于这种似乎完全不可思议的事情,即这个新关系如何能由完全不同的另外一些关系推出来的,也应当举出理由加以说明"。[1] 就是说,由于理性"完全没有主动力",不能成为道德的根据,所以,"是"如何过渡到"应该"就成了无法解决的问题。

写到这里,我们不能不承认,虽然出发点和理论背景完全相同,但休谟和牟宗三在这一点上,却有着惊人的相似之处。休谟非常重视理性本身是否具有主动性的问题,认为一个主动的原则不能建立在一个不主动的原则上。理性的作用只在于发现义务,但在产生和制止行为方面,却是"完全没有主动力的"。牟宗三同样非常强调天理是否有活动性的问题,认为天理本身就有心义,就有活动义,即存有即活动,如果取消了天理中的心义,就取消了天理的活动性,天理就成了"只是理",即所谓"死理",也就没有办法产生善的行为,决定具体的道德了。

当然,休谟和牟宗三的结论并不一致。休谟看到理性不具有活动力,不能成为道德的源泉,于是将道德的根据置于情感之上。牟宗三并没有放弃理性,依然认为理性是道德的根据,只不过认为不能活动的"只是理"无法决定道德,所以要使道德成为可能,必须

---

[1] 休谟:《人性论》,关文运译,商务印书馆1980年版,第509—510页。

通过别的办法使理具有活动力,能够真正动起来。

三

那么,如何才能保证理能够活动呢?牟宗三根据儒家心学的传统,强调要做到这一点,理中必须有心的位置,即必须有心义:

> 大抵濂溪、横渠、明道,皆是如此体会道体,故天地之心亦是直通於穆不已之天命诚体而为一实体性的心也。就阳动言,实并无实体性的心义。而就一阳来复生于下之象征义,象征於穆不已之天命诚体,则天地之心乃是实说,即直通"於穆不已"之天命诚体而为一实体性之天心。天命诚体不只是理,亦是心,亦是神。天命诚体是实,则心、神亦是实,故曰心体、神体。[1]

牟宗三认为,"天命流行之体"是一创生实体,在这种实体中含有"心"义。"天命流行之体"作为一创生实体,实际起创生作用的不能是别的,只能是心,"天命流行之体"的真实意义,也只是说心是"创生之实体"。为了突出心的这个作用,保证天命流行之体是活物,牟宗三甚至还将这个心说成是"天心""天地之心",意思是说,有心就有活动性,就有创生性,无心就无活动性,无创生性。

理有了心义,能够活动了,也就是有神义:

> 此天理不是脱落了神的"只是理",故它是理、是道、是诚、是心,亦是神。不然,何以能说寂感?何以能说生物不测,妙用无方?父子君臣乃至随事而见之种种理,所谓百理、众理或万理,俱浑完于寂体之中,而复随感而显现于万事之中以成事之为实事。如对父便显现为孝以成孝行,对子便显现为慈以成慈行,对君便显现为忠以成忠义,对臣便显现为恕以成敬恕。其他

---

[1] 牟宗三:《心体与性体》第三册,(台)正中书局1969年版,第238页。

例然，皆有定理。此皆寂感真几、诚体之神之所显发，故无一少欠也。[1]

天理有活动义，也就是有神义，所以天理本身就是神体。反之，如果认为天理不能活动，就是失去了理的神义，失去了神义的"只是理"是不能活动的，即为死理。

有了心义和神义的理，就可以称为寂感真几了：

> 此虚灵虚明之体即由神以实之，或由心以实之。心即天心也。惟神与心始可说寂感。说"天命流行之体"，乃至说"创生之实体"，是形式地说，客观地说，说心说神说寂感是实际地说，内容地说，亦是主观地说。此即明此"於穆不已"之实体不只是理，亦是心，亦是神，总之亦可曰"寂感真几"(Creative Reality = Creative Feeling)。此是此实体在本体宇宙论处为心理合一、是一之模型。若道德自觉地言之，便是孟子所说之本心或良心。心即理，此是那心理是一之模型之实践彰著。[2]

寂感真几是牟宗三非常喜欢的一个说法，意思是说，作为天地万物总根源的天命流行之体即是心，又是神，是一个生动活泼的创生实体，能够滋生道德，感通天地，成为万事万物的总根源。

这里最关键的一点是看理是否有心义：如果理有心义，理就能够活动，就是道德自律，就是正宗；如果理没有心义，理就不能活动，道德必然为其他条件所决定，就是道德他律，就是旁出。这样一来，牟宗三提出的理性是否具有活动性的意义就充分显现出来了：理性必须有其他因素作为保证，才能具有活动力、兴发力，才能直接决定道德；反之，如果只是单一的理性，没有其他因素的指导或辅助，它就不可能有活动力、兴发力，就无法决定道德。这个

---

[1] 牟宗三：《心体与性体》第二册，(台)正中书局1968年版，第62页。
[2] 牟宗三：《心体与性体》第三册，(台)正中书局1969年版，第74页。

所谓的"其他因素",在牟宗三看来,就是儒家心学传统的道德本心,所以他一再强调在理性之中必须有心的位置,必须有心义,强调心与理必须为一,不能析而为二。

如果认为这样讲还不足以使牟宗三这一思想的重要性显现出来的话,那么不妨再将牟宗三与麦金太尔结合起来加以比较。在西方,自从休谟提出伦理难题之后,不断有人试图解决这个难题。这方面麦金太尔借助亚里士多德的目的论体系的解决方案最值得重视。麦金太尔认为,亚里士多德伦理学是一个目的论体系,在这个体系中,"存在着一种'偶然成为的人'与'一旦认识到自身基本本性后可能成为的人'之间的重要对照"。[1] 伦理学就是一门使人们懂得如何从前一种状态转化到后一种状态的科学。在这个重要对照中,有三个基本的要素:一是未受教化偶然形成的人性,二是认识到自身目的后可能形成的人性,三是作为从前者向后者转化的合理的伦理戒律。这三个要素中第二个要素特别重要,没有它就没有办法保证由第一个要素转化为第三个要素。但是启蒙运动和理性主义时代之后,人们放弃了亚里士多德的学说。这种做法实际上取消了亚里士多德理论中的第二个要素,使得三大要素不再完整,一方面是一组光秃秃的道德律令,另一方面是未受教化的人性,其间没有任何的"教导者"。这个变化是致命的,正是这个变化决定了启蒙运动和理性主义一开始就必须要陷入失败。休谟伦理难题的产生正是这种失败的一个具体表现。

既然休谟伦理难题是由于拒斥亚里士多德道德传统造成的,那么要解决这一难题,就必须重新回到亚里士多德的理论上来。麦金太尔认为,要解决休谟伦理难题必须借助亚里士多德的目的论体系。在亚里士多德传统中,目的论概念非常重要。亚里士多德认为,人生的目的就是追求"幸福"。"幸福"一词希腊原文为

---

[1] 麦金太尔:《德性之后》,龚群、戴扬毅等译,中国社会科学出版社1995年版,第67页。

ludamacma，包含"很好"（lu）、"精神"（damacma）等意义，另外也含有"繁荣昌盛"的意思。亚里士多德认为，幸福就是至善。这种学说的意义非常深远，它直接决定了人们不必询问为什么，而自然乐善行善。麦金太尔写道："在亚里士多德传统中，说 X 是好的（这个 X 可以意指多种事件，其中包括人、动物、政策或事态），也就是说想要把具有 X 所具特性的事物作为自己目的的人都会选择 X 类事物。"[1] 显然，在当时的传统中，说某物是好的，已经包含了我要以某物为自己的目的。这个关系非常直接，其间几乎没有任何形式的过渡。亚里士多德以幸福作为人生目的，其理论的重要意义也正在这里。

有了目的论的基础，也就有了行善的动力，这种动力在逻辑关系上表现为，道德判断的形式既是假言的，又是直言的。麦金太尔指出："就其表达了什么行为对一个人的目的是恰当的这种判断来说，它们是假言的：'如果且因为你的目的是某某，你就应该做某某行为'，或'如果你不想使自己的最基本欲望受到阻挠，就应该做某某行为'。就其表述了神的命令的普遍法则的内容来说，它们又是直言的：'你应该做某某行为，这是神的法则所命令的'。"[2] 在这个关系当中，确定判断必须有一个假言的前提，只有这样才能保证行为者有自身的目的，也才能保证道德判断有内在的动力。因此，要解决"是"与"应该"的矛盾，必须恢复亚里士多德的目的论概念。麦金太尔尖锐指出："我已指出，除非有一个目的（telos）一个借助构成整体生活的善（good），即把一个人的生活看成是一个统一体的善，而超越了实践的有限利益的目的，否则就将是这两种情形：某种破坏性的专横将侵犯道德生活；我们将不能够适当地说明某些德性的背景条件。这两种问题由于第三种问题而更为严

---

[1] 麦金太尔：《德性之后》，龚群、戴扬毅等译，中国社会科学出版社 1995 年版，第 76 页。
[2] 麦金太尔：《德性之后》，龚群、戴扬毅等译，中国社会科学出版社 1995 年版，第 77 页。

重：至少有一种为传统所认识到的德性，它除了依据个人生活的整体，根本不能得到说明——这就是完善的或坚贞的德性。"[1] 很明显，没有一个目的论，就不可能有完善的道德生活，也就不可能真正解决休谟伦理难题。

通过上面的比较，我们可以清楚看到，牟宗三和麦金太尔两人之间有许多共同点。牟宗三指出，只有在理中加入心义，这种理才是活的，才能保证道德成为可能。麦金太尔则借助亚里士多德的目的论概念，强调在理性之上，必须有一个目的论作为指导，人才能产生道德，跨越"是"与"应该"的鸿沟。牟宗三和麦金太尔解决问题的方案虽有不同，但都强调作为道德的根据，理性不能是单一的，还必须有其他东西作为保证，否则，单一的理性不可能成为道德的根据。这种变化是巨大的，它告诉人们，在传统的道德哲学中一场彻底的革命已经不可避免了。

牟宗三通过阐发道德自律学说，明确提出理性是否有活动性的问题，将传统儒学提升到理性如何保证道德成为可能的理论高度，使人明了单一的理性不能直接决定善的行为，无法保证道德成为可能这一深刻道理，在现代新儒家中，尚无第二人可与其比肩。我想，这就是牟宗三道德自律学说给我们带来的启发，也是其学说最主要的理论意义之所在。[2]

---

[1] 麦金太尔：《德性之后》，龚群、戴扬毅等译，中国社会科学出版社1995年版，第256页。

[2] 必须说明，这里仍有一个问题没有解决，这就是：牟宗三所强调的在理性中必须加入的那个心义、神义应该如何理解？受本文主题和篇幅的限制，这里无法展开，参见杨泽波《"道德他律"还是"道德自律"》《哲学研究》2003年第6期。

五、论"理性事实"与"隐默之知"

——从一个新的视角看康德与孟子的区别

案：李明辉曾以"理性事实"和"隐默之知"诠释康德与孟子，这种做法对我启迪良多，但因此也产生了一些困惑，故撰此文与之商榷。我承认在康德和孟子学理中都存在着"理性事实"和"隐默之知"，就此而言双方有一致性，但再往下走，二人的差异就显现出来了。孟子满足于"理性事实"和"隐默之知"，康德则要求必须对此加以再认识，使思想上升到哲学的层面。"理性事实"和"隐默之知"不仅不能消弭康德与孟子的差别，反而将这种差别彰显了出来。发表于《中国哲学史》2004年第1期。

牟宗三殁后，现代新儒学研究进入到了所谓的"后牟宗三时代"。这个时代的一个重要特点，就是学派分流，各行其道。维护师门，光大其学者有之，此可名之为"继承派"；不满师门，主张创新者有之，此可名之为"批评派"；不介入门派之争，独立消化牟宗三思想合理部分，扬弃不合理部分者亦有之，此可名之"消化派"。当然，这些不同学派只是笼统而分，其间互有交叉，而非截然隔绝。

在继承派中，特别值得关注的是李明辉。李明辉早年追随牟宗三，后赴德国深造，回台后在台湾"中央研究院"工作。由于牟宗三学理中大量涉及康德，曲折艰深，而李明辉在国外专攻康德哲学，学养较深，具有得天独厚的条件。他回台后，也充分利用其优势，写了很多文章和专著，阐释康德学说，维护其师主张，反驳批评意见。在其众多的有关论述中，较为重要的是《康德伦理学与孟子道德思考之重建》。在该书中，李明辉提供了他诠释康德与孟子的一种方法。他认为，康德伦理学的整个论证策略是以"理性事实"这个概念为中心的，而"理性事实"其实是一种"隐默之知"，这种"隐默之知"在我国先秦哲学中早已存在，孟子的良知之学其实就是这种"隐默之知"，借助"理性事实"与"隐默之知"的概念有助于加深对孟子的理解。

前年，李明辉将尊书惠赠予我，我们进行了愉快的交谈。随后，我认真拜读了尊书，受到了很大启发，但也产生了一些不同的看法。我的基本看法是：我承认在康德和孟子学理中都存在着"理性事实"和"隐默之知"，但这不仅不能消弭反而更加彰显了康德与孟子之间的不同。以下将我的想法写出来，与其共同讨论。

一、康德学理中的"理性事实"与"隐默之知"

李明辉首先从道德思考的论证方法说起。他指出，就一般的哲学意义而言，当有人要求我们为一项论断提出"论证"的时候，我们可以借用两种办法，要么是指出这项论断在逻辑上的前提，要么是指出这项论断是双方共同承认的某项事实，从而为论证确立一个起点，而不能无限制地追问下去。道德思考也是这样。在道德论证过程中如果不断追问下一步的根据，就意味着论证根据的"无穷回溯"，这样的话，论证就无法进行了。为了避免这种情况，必须为整个论证寻找一个逻辑上的绝对起点，即笛卡尔所说的"阿基米德支点"，从而达到"中止论证"的目的。"中止论证"并不是独断论，而只是"独断程序"，康德反对"独断论"，但并不反对"独断程序"。

李明辉认为，在康德道德思考中作为论证绝对起点的，便是"理性事实"。这个概念出自《实践理性批判》，在那里康德写道："我们可以把有关这种原理的意识称作理性的一个事实，……我们还必须注意：它不是任何经验的事实，而是纯粹理性的唯一事实；纯粹理性凭借这个事实宣布自己是源始地立法的（这是我的意志和命令，让我的意志为行为作保）。"[1] 李明辉指出，这个"理性事实"在康德有多种不同的说法，如"理性底事实""纯粹理性底事实""道德的纯粹理性底事实"。这些不同的说法其实都是一个意思，都是指一种非经验的而是纯粹理性的事实。这个"理性事实"就是纯粹实践理性的基本法则，就是康德所谓的定言命令。

"理性事实"与"隐默之知"是紧密相连的。李明辉认为，康德之所以将这种基本的道德法则称为"理性事实"，是因为它是"既与的"，可以直接呈现于我们的意识之中。我们通常所说的"事实"首先是指可直接呈现于经验之前的东西，这是经验的事实。康德在此依据假借义将这种基本的道德法则称为'理性底事实'，因为道德法则虽然直接呈现于我们的意识中，但并非以经验为根据。"康德相信：即使在从未有过哲学反省的一般人底道德意识中也包含这项基本的道德法则。由于这项基本的道德法则直接呈现于一般人底道德意识中，而不必经过反省或推论，他称之为'事性底事实'。这种未经反省的意识即是英国哲学家波蓝尼（Michael Polanyi）所谓的'隐默之知'（tacit knowing）。"[2]

在由"理性事实"进入"隐默之知"之后，李明辉对"隐默之知"与道德思考间的关系作了一个简要的小结："普遍的道德法则之基础在于作为隐默之知的道德洞识中，故道德思考底目的仅在

---

1 康德：《实践理性批判》，韩水法译，商务印书馆1995年版，第32页。
2 李明辉：《康德伦理学与孟子道德思考之重建》，（台）"中央研究院"中国文哲研究所1994年版，第13页。

于抉发和确定隐默的道德法则,将它提升到哲学反省的层面上。透过这种哲学反省之提炼,我们可以稳住我们的道德洞识,使它不致因外来的影响而变质。这也正是道德教育底真正目标。"[1]这就是说,普遍的道德法则是一个"理性事实",这个"理性事实"同时也是一种"隐默之知"。"理性事实"和"隐默之知"是一种道德的洞识,虽然很重要,但还不能满足哲学思考的要求,应该将其提升到哲学反省的层面。康德在进行道德思考的过程中,并非要建立一套新的道德系统,而是要对人类共同的道德意识作哲学的反省,抉发其内涵,证成其普遍性。

李明辉最后将视线转到了儒学,转到了孟子。他写作《康德伦理学与孟子道德思考之重建》的一个主要目的,是重新思考孟子的道德哲学。他认为,康德伦理学中作为道德论证起点的"理性事实",其实已经包含在孟子底性善说之中了。"我们可以确定:康德从'理性底事实'中抉发出的道德意涵——定言命令、道德底普遍性、目的自身、自律、自由、现象与物自身之区分——均包含于孟子底道德思考中。在这个意义之下,我们即可将康德伦理学底论证策略视为重建孟子道德思考的依据。"[2]也就是说,借助"理性事实"和"隐默之知",李明辉提供了一套诠释并重建孟子道德哲学的新方法。

二、从"理性事实"看康德与孟子的不同

李明辉的这一步工作有很强的意义,促使我们从一个新的视角重新思考康德,重新思考孟子。但令我感到不易接受的,是他这种

---

1 李明辉:《康德伦理学与孟子道德思考之重建》,(台)"中央研究院"中国文哲研究所1994年版,第20页。
2 李明辉:《康德伦理学与孟子道德思考之重建》,(台)"中央研究院"中国文哲研究所1994年版,第103页。

思考所得出的一些基本结论。比如，李明辉明确表示，他无意否认孟子与康德伦理学在哲学人类学方面的基本差异，但"这方面的差异并无碍于'孟子与康德底伦理学同属自律伦理学'的这项事实。只要这个论点能成立，孟子'性善说'所面对的质疑自然也可借康德伦理学底论证策略得到化解。"[1] 由此可见，他运用这种新的方法进行思考的一个结果，是更加坚信康德与孟子一致，从而为牟宗三以康德研究孟子的一贯做法提供支持。不过，我在深入分析李明辉的有关研究后得出的结论却与其完全相反。我认为，我们可以承认"理性事实"与"隐默之知"是康德道德哲学的起点，但这两个概念恰恰说明了康德与孟子的不同。也就是说，李明辉提供的新的材料和新的视角，刚好为他反驳的观点增加了砝码，提供了支持。

先看"理性事实"。根据李明辉的研究，"理性事实"这一说法在《道德形而上学原理》中尚未出现，但已经具备这方面的基本思想。因为康德在那里已经明确指出，在普通人的理性当中存在着明确的道德法则，"人们从来不曾忽视它，一直把它当作评判价值的标准"，这个法则就是："你原意你的准则变为普遍规律吗？"有了这样一个法则，"即使不教给他们新东西，只须像苏格拉底那样，让他们注意自己的原则，那么既不需科学，也不需哲学，人们就知道怎样做是诚实和善良的，甚至是智慧和高尚的"。[2] 这种令人不可思议的情况，是作为一种事实存在的，但它又不是经验的，而是理性的，所以在《实践理性批判》中，康德便直接将其作为"理性事实"确定了下来。

从康德有关的论述看，所谓"理性事实"确实有点像孟子讲的良知。孟子思想的一个基本原则就是仁义内在，性由心显。每个人原本就有恻隐、羞恶、辞让、是非之心，恻隐、羞恶、辞让、是

---

1 李明辉：《康德伦理学与孟子道德思考之重建》，(台)"中央研究院"中国文哲研究所1994年版，第103页。
2 康德：《道德形而上学原理》，苗力田译，上海人民出版社1986年版，第53、54页。

非之心即是仁义礼智。这是每个人成就道德的根据，用宋明儒的话讲，是每个人的本钱。由于成就道德的根据是原本固有的，遇事如何去做才是善才是德，每个人内心原本就很清楚，不需要另外再增加什么知识。如乍见孺子将入于井，每个人都会有怵惕恻隐之心，据此而发，必然会前去抢救，而且这样做还不是为了什么利得的目的，如为了结交孩子的父母、在乡里讨个好名声等等。从这个意义上，将上面所引康德在《道德形而上学原理》中关于"理性事实"所说的那些话，与孟子的良知一一对照，可以说相差无几。如果有人以为康德那些话就是针对孟子所说的，相信不会有人感到惊奇。

虽然康德的"理性事实"与孟子的良知非常相像，但康德的道德哲学与孟子仍然有着本质的不同，即：康德必须从"理性事实"进到道德规律，而这一步工作孟子是不做的。这从康德建构道德哲学时主要运用的分析方法中可以看得很清楚。[1]《道德形而上学原理》第一章的标题为"从普通的道德理性知识过渡到哲学的道德理性知识"。这就非常清楚地说明了康德在这个问题上的基本思路。在康德看来，社会当中存在着一种普通的道德理性知识或一般的大众道德哲学，它们虽然也很重要，但并不能成为最高的道德法则。因为这种做法还保持在较低的水平上，还有很多不足。天真无邪虽然很好，但很不幸，它很难以保持自身，容易被引诱走上邪路。所以，必须对这种未经反省、未经抽象的普通道德理性知识进一步抽象、提升，从而得到最高的道德法则，将其上升一步，使规范更易为人们接受，保持得更长久。康德明确指出："客观上只有规律，主观上只有对这种实践规律的纯粹尊重，也就是准则，才能规定意志，才能使我服从这种规律，抑制自己的全部爱好。"[2] 康德认为，只有普遍的规律才能充当意志的原则，所以道德的基本原则就是："除

---

[1] 除分析方法之外，康德还运用了综合的方法，具体可以参阅《道德形而上学原理》第三章。因为综合方法与这里要讨论的问题稍远，故这里不详论。
[2] 康德：《道德形而上学原理》，苗力田译，上海人民出版社1986年版，第50页。

性善之谜——破解儒学研究的哥德巴赫猜想

非我愿意自己的准则也变为普遍规律,我不应行动。"[1]这样的话,一个原则确定之后,事情就变得简单了,不管在什么情况下,也不管是什么人,只要询问自己,你是否愿意将你的准则变为普遍的规律吗?如果答案是肯定的,就是道德,否则,就不是道德。康德对这一步工作有着极高的评价,认为是"在普通人的理性对道德的认识里,找到了它的原则"。[2]

这个思想在《道德形而上学原理》第一章最后一段中作了充分的表述。康德指出:"普通人的理性并非由于某种思辨上的需要,在它还满足于健康理性的时候,这种需要是不会出现的,而是由于自己的实践理由,而走出了它的范围,踏进实践哲学的领域,以便对其原则的来源以及这原则正确的,和以需要和爱好为根据的准则相反的规定有明确主张和了解,使它脱离由对立要求产生的无所是从,不再担心因两可之词而失去一切真正基本命题。所以普通实践理性自己的发展,不知不觉地就产生了辩证法,迫使它求助于哲学,正如我们在理论理性里所看到的那样,除了对我们理性的彻底批判之外,再也不能心安理得。"[3]在一般情况下,普通人的理性可以满足需要,但在更高的要求下,一旦出现理性与爱好互不相让,面对各种不同要求无所适从的情况下,人们不知不觉之间就提出了更高的需要,要求上升到哲学的层面,要求对实践理性进行批判,使自己遵从的规范更加具有哲学意义。

《道德形而上学原理》第二章较第一章更深了一层,进一步从大众道德哲学上升到道德形而上学,所以这一章的标题即为"从大众道德哲学过渡到道德形而上学"。康德认为,虽然道德形而上学这个名称比较吓人,但对于一个完整的道德学说是必不可少的,因为道德的最高原则必须独立于经验,必须以纯粹理性为基础,必须

---

[1] 康德:《道德形而上学原理》,苗力田译,上海人民出版社1986年版,第51页。
[2] 康德:《道德形而上学原理》,苗力田译,上海人民出版社1986年版,第53页。
[3] 康德:《道德形而上学原理》,苗力田译,上海人民出版社1986年版,第55页。

先天地从理性中得出,一句话,实践理性的规律不能建立在经验条件之上。只有把道德哲学放在形而上学的基础之上,把纯粹理性原则事先加以提高,等它站稳了脚跟,并令人充分满意之后,才能运用综合的方法,通过大众化把它普及开来。如果不是这样的话,"那么我们有什么权力让那也许在偶然的条件下只适用于人类的东西,当作对每一个有理性的东西都适用的普遍规范,而无限制地予以恪守呢?我们有什么权力把只规定我们意志的规律,一般当作规定每一个有理性东西的意志的规律,而归根到底仍然还规定我们意志的规律呢"。[1]因此,将道德哲学建立在形而上学基础之上,是完全必要的。

康德所进行的这一系列繁重的工作,孟子是不做的。孟子创立性善论,建构自己的道德理论,方法其实非常简单。他只是反复告诉人们,"仁义礼智我固有之",这些都是"天之所与我者",一切按照它的要求去做,不违逆于它,就可以达成道德,成就圣贤了。虽然孟子也将良心的根源追寻到了上天,借助古诗证明性善是事物的法则,但那本质上不过是为良心寻找终极根据而已,他并没有像康德那样再去运用分析方法,从良心良知中分析中道德规律来,也没有像康德那样认为"理性事实"可能会受到"根本恶"的影响,产生"自然辩证法",所以需要将其上升一步,直接达至科学,使自己的规范更易为人们接受和保持得长久。用康德的用语说,孟子只是限于"理性事实",没有将其进一步将提升、抽象,使其上升为科学。

从这里可以明显看出康德与孟子的区别。在康德那里,"理性事实"只是一个起点,从这个起点出发,再运用分析方法将提升到科学的、形上学的层面。虽然在康德看来,经过理性分析方法得出的最高道德法则与"理性事实"中的道德法则,在内容上并不增加

---

[1] 康德:《道德形而上学原理》,苗力田译,上海人民出版社1986年版,第58页。

新的东西，但二者已经有了本质的不同：前者是科学，后者是常识（普通道德理性知识）；前者是道德形上学，后者是大众道德哲学；前者是理性思考（下详），后者是"直观"。在将康德与孟子进行比较，借助康德研究儒家学说的过程中，这些本质的区别，不应视而不见。让人感到奇怪的是，李明辉对康德道德哲学的论证策略有相当深入的了解，熟悉康德运用分析的方法从普通道德理性知识中抉发最高道德法则的整个过程，却仍然坚持认为康德与孟子基本一致，以维护其师的主张，其间的原因何在，使人难以理解。

三、从"隐默之知"看康德与孟子的不同

接下来再看"隐默之知"。李明辉指出，尽管过去很多思想家已经注意到"隐默之知"在人类各种文化活动中的重要性，但真正有系统探讨这个问题是从波蓝尼开始的。这个英国哲学家注意到，人类的认知、艺术、道德、宗教等活动都存在着"隐默之知"的情况。在人类各种文化活动中往往存在着一种我们尚未能、甚至根本无法明确表达的"先知"，这种"先知"的一个重要特点，是"我们所能知道的，多于我们所能说出的"，这就是"隐默之知"。[1] 康德道德哲学中不少论述都与"隐默之知"有直接关系。如在《道德形而上学原理》中，康德明确讲过："每一个人，以至最普通的人，都能够知道，每一个人必须做什么，必须知道什么。所以，在这里人们难免奇怪，在普通人的知性中，实践的判断能力，竟远在理论的判断能力之上。"[2] 李明辉认为，康德在这里表达的，即是一种"隐默之知"。

---

[1] 参见李明辉《康德伦理学与孟子道德思考之重建》，（台）"中央研究院"中国文哲研究所1994年版，第13-14页。

[2] 康德：《道德形而上学原理》，苗力田译，上海人民出版社1986年版，第54页。

李明辉进而指出,从思维方式上说,"隐默之知"是一种直观(直觉)。我们知道,康德在道德哲学上并非是一个直观论者。如果说"隐默之知"是一种直观,而康德也承认"隐默之知"的话,那么康德也就成为了一个直观论者了。为了解决这个矛盾,他这样写道:"如果我们不局限于康德底直观理论,而仅就意识底直接性来界定'直观'一词底涵义,将'直观的'(intuitive)与'辨解的'(discursive)视为相互对立的概念,我们亦不妨将我们对于道德法则(或定言命令)的意识视为一种'直观',甚至是一种'智性直观'。"[1]也就是说,这里所说的直观,不是在康德意义上使用的,只是一种"意识的直接性",即道德法则直接呈现于理性存在者的意识之中。为此他还特意引用菲希特的话作证,认为这是"康德忘了提出这个问题","这种意识无疑是一种直接的、但非感性的意识,故正是我所谓的智性直观……"[2]

在李明辉看来,这种作为直观的"隐默之知"在孟子学理中明显存在。该书第六章"孟子道德思考中的隐默之知"在引述孟子"人之所不学而能者,其良能也;所不虑而知者,其良知也"一章后指出,孟子"良知"的概念显然包含这样一个隐默的面向,"良知"之"知"并非一般意义的"知",而是道德实践中的"知","这种'知'显然是未经反省的'隐默之知',也就是'夫妇之愚,可以与知焉'的'知'。尽管孩提之童仅是隐默地知爱其亲,知敬其兄,但在此爱中即可见仁之理,在此敬中即可见义之理,所以说:'亲亲,仁也;敬长,义也。'借用康德底术语言之,在此爱此敬中即呈现出'理性底事实'"。[3]这里讲得十分明白:良知即是

---

[1] 李明辉:《康德伦理学与孟子道德思考之重建》,(台)"中央研究院"中国文哲研究所1994年版,第50页。

[2] 李明辉:《康德伦理学与孟子道德思考之重建》,(台)"中央研究院"中国文哲研究所1994年版,第51页。

[3] 李明辉:《康德伦理学与孟子道德思考之重建》,(台)"中央研究院"中国文哲研究所1994年版,第82-83页。

"隐默之知"。

从"隐默之知"的角度来看,康德和孟子确实有相似的一面。如上所说,康德虽然没有明确使用过"隐默之知"的概念,但事实上康德对于这种思想是承认的。因为在康德看来,在普通人的理性中即有一种知善知恶的能力,即使不教给他们什么新知识,借助这种能力也能非常容易地辨别什么是善,什么是恶,哪个合乎责任,哪个违反责任,应该做什么,不应该做什么。这种情况无疑就是"隐默之知"。在孟子道德哲学中,这种"隐默之知"的存在更加明显,甚至可以说是无所不在。李明辉为此主要举了孟子三个例子,即良知良能的例子,舜居深山的例子,以及齐宣王不忍牛无罪而就死地的例子,都很好地说明了这一点。良知确实是一种很奇妙的东西,没有事情的时候,它只是静静地隐藏在那里,人们不会感觉到它的存在,一旦有事情,它又会立即呈现出来。比如,未见孺子将入于井时,你何尝知道自己会有怵惕恻隐之心?一旦遇到了这种情景,你的怵惕恻隐之心又会立即全部表现出来,知道应该如何去做。这种"知"平时是"隐默"的,当它呈现出来的时候,你也说不清为什么。这种情况恰恰就如波蓝尼所说的那样"我们所能知道的,多于我们所能说出的"。[1] 从这个意义上,将孟子的良知解释为"隐默之知"完全可以成立,认为康德和孟子的学理中事实上都存在着"隐默之知",从而认定他们之间有相似性也没有问题。在这两个方面我没有异议。

问题出在下面。如果再往下分析的话,康德与孟子的差异立即就显现出来了。虽然康德承认"隐默之知",但他并没有到此止步。康德在《道德形而上学原理》第二章讲到,一个完善的道德准则进程必须包含三个步骤:一是普遍性的形式;二是作为目的的质

---

1 参见李明辉《康德伦理学与孟子道德思考之重建》,(台)"中央研究院"中国文哲研究所1994年版,第13页。

料；三是以上两点的综合，全部准则，通过立法而和可能的目的王国相一致，如像对一个自然王国那样。康德写道：这样做"目的在于通过某种类比使观念与直观相接近，由此并与情感相接近"，"在作道德的评价时，最好是以严格的步骤循序渐进，先以定言命令的形式作为基础，你行为所依从的准则，其自身同时能够成为普遍规律。如果人们想给道德规律开辟一个入口，最好是让同一行为依次通过以上三个概念，并且用这样的办法，使它尽可能地和直观相接近"。[1] 这两段论述至少说明两个问题：首先，康德强调如果想给道德开辟一个入口，最好依次通过以上三个概念；其次，这样做的结果最好尽可能地与直观，与情感相接近。这就是说，完善的道德过程，必须由普遍形式，到目的质料，再到普遍形式与目的质料的紧密结合，只有这样思考才是完整的。而这样做的结果，却是尽可能地与直观和情感相接近。这就告诉我们：从进程上看，依次通过三个概念得出结论，与借助直观得出结论，过程完全不同；从结果上看，这样做所得到的结论，并不超出借助直观得出的结论，而只是尽可能地与其接近。

康德的这一思想可以帮助我们说明康德与孟子的不同。正像不否认普通道德理性中存在明确的道德法则一样，康德事实上也不完全否认直观。但康德并不以此为满足，他认为，要完整地体现道德法则的进程，必须依次通过三个步骤，虽然这样做的结果与直观所得出的结果没有什么不同，只是尽可能地与其接近，但依次通过三个步骤的思维过程，已经不是直观，而是理性分析了。孟子则不同。孟子的道德哲学绝不像康德那样劳神费力，他只是要求人们听从自己良知良能的命令，听从良心本心的当下呈现，而这种命令、这种呈现即是一种直观，除此之外，孟子不再要求我们做什么，更不用说像康德那样要求人们依次通过三个步骤，以完成整个道德法

---

[1] 康德：《道德形而上学原理》，苗力田译，上海人民出版社1986年版，第89、90页。

则的过程了。

这种情况与上面所谈"理性事实"的情况非常相像。康德并不否认"理性事实"的存在,认为以"理性事实"为起点,通过分析方法得出的道德法则,在内容上并不增加什么新东西,但他并不以"理性事实"为满足,而是由此出发,通过分析的方法,将其上升到道德规律的高度。同样,康德并不否认"隐默之知"的存在,认为依次通过三个概念所得出的结论最好与"隐默之知"的结论相接近,但他并不以"隐默之知"为满足,而是由此进入到理性分析的层面。简言之,康德和孟子道德思考的起点可以说都是"理性事实"和"隐默之知",但康德由此而进入到了理性思维,而孟子只是固守着这块阵地,没有再向前发展。[1] 如果我们看不到康德与孟子之间的这个不同,仅以他们的出发点都是"理性事实",都是"隐默之知",就坚持认为康德与孟子一致,以维护牟宗三的一贯主张,从理论上讲,很难说是合适的。

四、"理性事实""隐默之知"与"伦理心境"

最后还有一个问题:为什么会有"理性事实"和"隐默之知"呢?在李明辉看来,这个问题不能再问下去,因为这已经是康德道德思考的绝对起点了,否则的话,就要陷入"无穷回溯"。然而,我的看法不同。

一般而言,所谓道德思考的绝对起点,是说在这个范围内,它是整个讨论的初始之点,人们只能在这个范围内进行讨论,不能再讨论这个范围之外的问题。为了保证这个起点确实具有初始性,它必须是这个范围内一切问题的原因,而其本身不再由别的原因

---

[1] 必须说明的是,这里所谈只是思维方式的特点问题,不涉及康德与孟子谁高谁低的问题。这个问题过于复杂,为了避免不必要的缠绕,这里只好从略了。

所决定。这里涉及两个不同的问题，需要分别清楚：首先，"理性事实"和"隐默之知"能否成为康德道德思考的绝对起点？其次，"理性事实"和"隐默之知"能否成为一般道德思考的绝对起点？如果说，由于康德受到当时思维水平的限制，没有找到更加原始的起点，把"理性事实"和"隐默之知"作为了自己道德思考起点的话，那么我们必须尊重历史，不能苛求前人；如果说，由于康德将"理性事实"和"隐默之知"作为其道德思考的起点，我们也必须将此作为自己道德思考的起点，不能再追问下去的话，那么就有待讨论了。道理并不复杂：如果以"理性事实"和"隐默之知"作为我们道德思考绝对起点的话，我们很容易会看到，这个绝对起点其实并不那么"绝对"，人们很容易能够找到它的原因。

有鉴于此，我认为，我们道德思考的绝对起点不应再像康德那样置于"理性事实"和"隐默之知"之上，而应放归现实社会生活本身，置于我们生存在社会生活之中这个事实之上。我们每个人都是被"抛到"特定的社会之中的，"来到"哪一个社会自己无权选择，这个社会对每一个人来说，完全是"既与的"。我们当然可以凭主观努力改变这个社会，但在改造之前和改造之中，这个现实社会都是"既与的"，我们生存在这个"既与的"现实社会之中这一事实无法改变。现实社会生活的"既与"是第一等的、真正的"既与"，与此相比，"理性事实"和"隐默之知"的"既与的"只能说是第二等的。

既然每一个人都生存在特定的生活之中，那么我们就不能否认这样一个事实：现实社会生活会对我们每一个人的内心世界形成深刻的影响，从而在内心留下一些痕迹。这种痕迹一般来说，来自两个方面，一是社会生活的本身，如社会习俗、生活习惯等等，二是生活之中智性思维的过程。我把由社会生活和智性思维在内心留下的这些痕迹叫作"伦理心境"。所谓"伦理心境"是社会生活和智性思维在内心结晶而成的心理的境况和境界。比如，现实生活中正常的人都知道不能说谎,都有这样的心理境况和心理境界,即使幼儿园的小孩子也莫不如此。这是因为父母和老师在对他们进行教育的过程中,给他们讲放羊孩子说谎失信的故事,告诉他们好孩子不能说谎的道理。久而久之,这种教育在他们内心会留下一些痕迹,使他们知道,好孩子不能说谎。等到他们长大之后,上了中学和大学,掌握了智性思维,学习了社会理论知识之后,懂得了社会的联结离不开契约关系,为了保证这种契约关系得以正常维护,人人必须做到诚信,否则社会就无法维持下去了。这样他们就会更加珍惜诚信,要求自己尽可能做到诚信不欺。

我认为,这种由社会生活和智性思维在内心结晶而成的"伦理心境",就是作为康德道德思考起点的"理性事实"。按照康德的说法,在普通人的理性之中已经具备了明确的道德法则,即使不教给他们新东西,只要像苏格拉底那样,让他们注意自己的原则,他们也可以明了应该做什么,不应该做什么。这就是所谓的"理性事实"。为什么会有这种情况呢?康德没有作出解释。根据我的理解,这种"理性事实"只能来自于社会生活,即所谓的"伦理心境"。因为在社会生活任何一个时间断面之中,都有丰富的道德内容,这种道德内容对生活在其中的每一个人都有巨大的影响,影响的结果就是在内心形成一些结晶物。由于社会生活中的道德内容丰富而具体,其结晶物自然也丰富而具体,这些丰富而具体的结晶物就是普通人理性中作为"理性事实"的那些道德法则,凭借这些结晶物,即使不教给新的东西,人们也可以知道如何做是道德的,如何做是不道德的。

同样道理,这种由社会生活和智性思维在内心结晶而成的"伦理心境",也就是所谓的"隐默之知"。"伦理心境"的最大特点是"不张扬",不仅在形成过程中"润物细无声",无形无象,就是在成形之后,也很少引起人们的注意。这是因为,从理论上说,"伦理心境"是一种潜意识。这种潜意识平时潜存在人的内心,人们很难注意到它的存在，只有遇到情况，它才会呈现出来，给我们一个明确的指导。这样，"伦理心境"就会在人内心形成一种"隐默"的面向，而这也就是所谓的"隐默之知"。从这个角度，我们也可以明白为什么"隐默之知"的最大特点是"我们所能知道的，多于我们所能说出的"了。"隐默之知"是一种潜意识，对于这种潜意识来说，我们所能感觉到的，只是冰山的一角，冰山之下还隐藏着巨大的冰川，我们能够知道的只是我们心中的那个作为"理性事实"的道德法则，道德法则背后隐藏着整个的社会生活。

说到这里，顺便回应一下李明辉对我的一个批评。李明辉不同意我以"伦理心境"解说良心，也不同意我以这种方法反驳牟宗三以康德研究孟子的做法，这样写道："面对杨泽波的质疑，牟先生当会说：你把将（此处"将"字疑当去之——引者注）良知本心解释为'社会生活和理性思维在内心的结晶'，即是将它纳入因果关系中；这等于是否定了他的无条件性，它还算是良知本心吗？"[1] 如上所说，我不反对将孟子的良心良知称为"理性事实"，但反对以这种"理性事实"作为我们今天道德思考的起点。因为随着现象学、精神分析学、认识发生论的进展，我们可以清楚看出，良心良知是由其他原因决定的，而决定它的这些原因是那样的清晰，以致我们根本无法否认它们。仅仅因为康德以"理性事实"作为其道德思考的起点，就否认其他所有关于寻找新的道德思考起点的努力，根据恐怕是不充分的，也不是理论研究应采取的正确态度。如果认为这样做是将良心置于一种因果关系之中，那么我将非常乐意承认这一点。从当今哲学发展的水平看，良心绝不是最后的，我们不能因为康德将"理性事实"作为其道德思考的阿基米德之点，也必须以良心作为同样的起点。

最后，回到文章的主题上来。前面分别从"理性事实"和"隐

---

[1] 李明辉：《孟子重探》，（台）联经出版公司2001年版，第130页。

默之知"分析了康德与孟子的区别,又从理论上说明了"理性事实"和"隐默之知"不过是一种"伦理心境",这就为从理论上说明康德与孟子的不同创造了有利的条件。康德与孟子的关系,是现代新儒学研究中的一大热点,有的认为他们异代同心,有的则主张他们根本属于不同的哲学学派。争论双方各执己见,至今仍没有停息的意思。如果以"伦理心境"解读康德和孟子,可能会有助于这个问题的解决。在我看来,康德学理中的"理性事实"和"隐默之知"以及孟子思想中的良心良知,从理论上讲,都是一样的,都是社会生活和智性思维在内心结晶而成的"伦理心境",果真如此的话,康德以"理性事实"作为其道德思考的起点,也就是以"伦理心境"作为自己的起点,这与孟子以良心良知作为自己道德思考的起点基本相同。但问题在于,康德并没有到此止步,他遵循西方特有的理性主义的传统,由"伦理心境"发展,进一步运用分析的方法,将"伦理心境"提高、抽象,从而上升为道德规律,视为与自然规律同等重要的东西。孟子则牢牢沿着孔子仁学的思维特点发展,始终固守"伦理心境"这个基础,并不关心什么分析方法,也不热心将良心良知上升为自由的规律。这个差异非常明显,从中可以清楚看到,康德和孟子的出发点并无大的分歧,但后来却走上了两条完全不同的道路。这个不同用我多年来一贯坚持的三分法可以这样表示:康德走的是"智性"(理性)的道路,孟子走的是"仁性"的道路,康德是西方"智性"道德哲学的代表,孟子是中国"仁性"道德哲学的代表,二者绝非同类。[1]

当然,"伦理心境"只是我诠释孟子、读解康德的一种方法,从诠释学的意义上说,每个人都可以有自己的方法,关键是看你的方法能够在多大程度上解决前人留下来的问题。从这个意义上说,

---

[1] 受篇幅限制,这个问题在这里无法展开,我将在《牟宗三道德自律学说的困难及其出路》(《中国社会科学》2003年第4期)一文中加以详细讨论。

其他学者完全可以有自己的方法，而不必完全接受我的方法。但即使是否定了我的方法，仅就"理性事实"和"隐默之知"本身而言，也完全可以说明康德与孟子之间存在着相当大的差异，所以本文的主题仍然可以成立，并无损伤。

六、道德代宗教——重提一个有意义的话题

案：本文将讨论的对象转向现代新儒家另一个代表性人物梁漱溟。儒学是不是宗教的问题学界一直争议不断。梁漱溟关于"道德代宗教"的说法是一个价值度极高的判断。在我看来，梁漱溟所说的道德代宗教，其实是理性代宗教，而理性代宗教，其实是仁性代宗教。有了仁性，中国人不需要西方哲学的目的论体系或神学体系，本身就有自然向上的动能和知之必行的力量。后来，我对这个问题的理解又有提升，在《儒家生生伦理学引论》第二十八节"德性之天对于儒家道德学说的意义"中提出了"宗教直觉同质现象"的说法，说明儒家对于内心的体悟，与其他宗教对于至上神的体悟，尽管对象不同，思维方式却是一样的，而这正是儒学不是宗教但又具有宗教作用的重要原因。发表于《河北学刊》2003年第3期。

费孝通近年来一直倡导"文化自觉"，希望生活在既定文化中的人们对其文化有自知之明，明白其来历，知晓其特点，了解其趋势。这无疑是一个重要的观点。如果一个人对自身所处的文化没有自觉，不仅无法在世界文化大家庭中找到合适的位置，也无法发挥其长处，避免其短处。作为中国人，要对中国文化有"文化自觉"，一定离不开梁漱溟早年提出的道德代宗教的问题。本文重提这个半个多世纪之前的话题，旨在提醒我们在关注"文化自觉"的时候，

不要忘记了这个重要的问题,从这个特定视角出发,可能会对中国文化有一种新的认识,对儒家道德哲学的特殊结构和内在价值更加自信。

一

道德代宗教的问题,是梁漱溟在研究中国文化特点时提出来的。

梁漱溟在对中西文化进行比较的时候,对各种社会形态进行了分类。他认为,各种不同的社会形态,大致可分为家族本位的社会、个人本位的社会、社会本位的社会、伦理本位的社会。如果说上古时代宗法社会是家族本位的社会,近代西方资本主义社会是个人本位的社会,当时苏联社会主义社会是社会本位的社会的话,那么古代西方可以说是集团生活的社会,而中国则属于伦理本位的社会。

在进行具体比较的过程中,梁漱溟非常看重宗教的作用,认为宗教问题实为中西文化的分水岭。他说:"中国古代社会与希腊罗马古代社会,彼此原都不相远的。但西洋继此而有之文化发展,则以宗教若基督教者作中心;中国却以非宗教的周孔教化作中心。后此两方社会构造演化不同,悉决于此。周孔教化'极高明而道中庸',于宗法社会的生活无所骤变(所改不骤),而润泽以礼文,提高其精神。中国逐渐以转进于伦理本位,而家庭生活乃延续于后。西洋则由基督教转向大团体生活,而家庭以轻,家族以裂,此其大较也。"[1] 这即是说,宗教是文化的精神源头,中西文化差异如此巨大,一个十分重要的起因就是宗教。

在梁漱溟看来,虽然西方社会自古希腊罗马之后就属于集团

---

1 梁漱溟:《梁漱溟全集》第 3 卷,山东人民出版社 1990 年版,第 52-53 页。

生活的社会，但西方社会大的集团生活是在基督教、伊斯兰教产生后才形成的。这是因为基督教与旧的宗教精神有着明显的不同：第一，从前有多少家邦就有多少神，现在神绝对唯一；第二，基督教主张兼爱同仁，人人以上帝为父，彼此如兄弟；第三，旧的宗教政教不分，而基督教超脱世俗，追求灵魂自由，使政教分离。基督教不仅与旧的宗教有如此多的不同，而且教会势力特别强大，无论何人均属于教会，都不得叛离教会。教会不仅拥有众多土地，还享有教税，凡教徒均有纳税之义务。因此，中古教会无异于国家，既有法律又有法庭和监狱，有定人终身监禁之罪之权，不但执行国家之职务，而且有国家之组织。[1]虽然集团生活在西方的巩固还需要其他条件，如需要中世纪的封建制度，需要近代自治城市的兴起，但主要还是依赖教会的作用。教会实为西方社会不可或缺的因素，由于教会的存在，西方社会成了典型的集团生活的社会。

中国文化自有另外一番情景。梁漱溟指出，中国自先秦周孔教化之后，宗教就失去了主要的市场，因此与西方人相比，中国人明显缺乏集团生活。中国人百分之九十以上都不在宗教组织中，而中国人的国家也不像国家，国家已经融于社会。[2]虽然中国也有类似于西方地方自治和职业自治那样的团体组织，但那些组织都没有西方团体那样强烈的团体精神。因此，中西社会之不同，可以说是"西方人集团生活偏胜，中国人家族生活偏胜，正是分向两方走去，由此开出两种相反的文化"。[3]

中国特别重视家庭，这是梁漱溟特别强调的一个观点。梁漱溟指出，在中国，人一生下来，便与父母、兄弟等相关系的人生活在一起，始终不能离开这种关系。如此则知，人生实存于各种关系之上。此种关系，即是种种伦理。他写道："伦者，伦偶；正指人

---

1 参见梁漱溟《梁漱溟全集》第3卷，山东人民出版社1990年版，第66页。
2 参见梁漱溟《梁漱溟全集》第3卷，山东人民出版社1990年版，第72页。
3 梁漱溟：《梁漱溟全集》第3卷，山东人民出版社1990年版，第76页。

们彼此之相与。相与之间,关系遂生。家人父子,是其天然基本关系;故伦理首重家庭。父母总是最先有的,再则有兄弟姊妹。既长,则有夫妇,有子女;而宗族戚党亦即由此而生。出来到社会上,于教学则有师徒;于经济则有东伙;于政治则有君臣官民;平素多往返,遇事相扶持,则有乡邻朋友。随一个人年龄与生活之开展,而渐有其四面八方若近若远数不尽的关系。是关系,皆是伦理;伦理始于家庭,而不止于家庭。"[1]

梁漱溟进一步解释说,伦理关系,即是情谊关系,亦即是其相互间的一种义务关系。伦理之理,盖即于此情与义上见之。"举整个社会各种关系而一概家庭化之,务使其情益亲,其义益重。由是乃使居此社会中者,每一个人对于其四面八方的伦理关系,各负有其相当义务;同时,其四面八方与他有伦理关系之人,亦各对他负有义务。全社会之人,不期而辗转联锁起来,无形中成为一种组织。"[2] 正是在这个意义上,梁漱溟认定中国是一"伦理本位的社会"。

这种伦理本位的社会既有经济上的功能,又有政治上的功能。在经济上的功能主要指伦理关系中的财产共同关系。夫妇、父子、兄弟、亲族之间的经济是相互联系的,遇到困难主要依赖其伦理关系寻求帮助,而不是像西方社会那样总向政府申请救济。在政治上的功能则表现为家国同构,治国的方案与齐家的方式相同。在中国,人民只有君臣官民彼此间的伦理义务,而没有国民与国家之间的团体意识。政治的理想在西方社会主要指社会的福利与进步,在中国则主要指天下太平,实现君君、臣臣、父父、子子的理想。

更重要的是,这种伦理本位的社会还有宗教的功能,即所谓道德代宗教。梁漱溟认为,伦理不是宗教,因为任何宗教以超越常识

---

[1] 梁漱溟:《梁漱溟全集》第3卷,山东人民出版社1990年版,第81页。
[2] 梁漱溟:《梁漱溟全集》第3卷,山东人民出版社1990年版,第81-82页。

性善之谜——破解儒学研究的哥德巴赫猜想

为背景，而孔子不语怪力乱神，不追求出世，一心探讨的只是人生的实在问题。诚如梁漱溟所说："请问：这是什么？这是道德，不是宗教。道德为理性之事，存在于个人之自觉自律。宗教为信仰之事，寄于教徒之恪守教诫，中国自有孔子以来，便受其影响，走上以道德代宗教之路。这恰恰与宗教之教人舍其自信而信他，弃其自力而靠他力者相反。"[1]但另一方面，周孔教化又具有宗教的功能。在梁漱溟看来，家为中国人生活之源泉，又为其归宿地，其作用相当于宗教。中国人可以从家庭伦理生活中得到一种"人生趣味"。如孟子就提出人生之乐在于"事亲""从兄"等具体的伦理关系中。这也就是俗话所讲的"居家自有天伦之乐"。反之，如果失去了这种天伦之乐，就会感受到莫大的痛苦。

梁漱溟特别强调指出，在中国，家人在社会中的地位的升降，能给予家庭伦理以极大的鼓励作用。一家人（包括成年的儿子和兄弟），总是为了他一家的前途而共同努力。就从这里，人生的意义好像被他们寻得了。这是因为，第一，他们是在共同的努力中，熙熙融融，协力合作，最能使人心境开豁，纵然处境艰难，也会因乐而忘苦。第二，所努力者，不是一己之事，而是为了老少全家，乃至为了先人，为了后代。或者是光大门庭，显扬父母；或者是继志述事，无坠家声；或者各德各财，以遗子孙。这其中可能意味着严肃、隆重、崇高、正大，随各人学养深浅不同，但至少，在他们都有一种神圣的义务感。第三，同时，在他们面前都有一远景，常常在鼓励他们的工作。当其厌倦于人生之时，总是在这里面（义务感与远景）重新取得活力，而又奋勉下去。每每在家贫业薄、寡母孤儿的境遇，愈自觉他们对于祖宗责任之重，而要努力光复他们的家。[2]

---

[1] 梁漱溟：《梁漱溟全集》第3卷，山东人民出版社1990年版，第107-108页。
[2] 参见梁漱溟《梁漱溟全集》第3卷，山东人民出版社1990年版，第87-88页。

六、道德代宗教——重提一个有意义的话题

梁漱溟对此详细分析说:"这种情形,是原于人的生命本具有相反之两面:一面是从躯壳起念之倾向;又一面是倾向于超躯壳或反躯壳。两面中间,则更有复杂无尽之变化。宗教正是代表后一倾向。其所以具有稳定人生之伟大作用者,就为它超越现实,超越躯壳,不使人生局于浅近狭小而止。生命力强的人,得其陶养而稳定,庸众亦随之而各安其生。中国之家庭伦理,所以成一宗教替代品者,亦即为它融合人我泯忘躯壳,虽不离现实而拓远一步,使人从较深较大处寻取人生意义。它实在是那两面中间变化之一种。"[1]

总之,由于中国人的家庭伦理生活能够给人以情志方面的安慰勖勉,使人的精神有所寄托,因此具有了宗教的作用,取代了宗教的位置。"中国人生,便由此得了努力的目标,以送其毕生精力,而精神上若有所寄托。如我夙昔所说,宗教都以人生之慰安勖勉为事;那么,这便恰好形成一宗教的替代品了。"[2] 显然,梁漱溟提出道德代宗教,主要是为了指明儒学在中国社会结构中所起的宗教的作用。也就是说,在梁漱溟看来,这种作用在西方社会靠宗教承担,在中国则由道德承担,这个不同导致了中西文化及其社会的根本性差异,即团体精神与伦理本位的对立。

二

梁漱溟提出道德代宗教的问题至今已有半个多世纪了,但它的意义并没有因为时间的久远而消失,反倒越发显得珍贵,特别在进行中西伦理思想比较,探讨如何解决休谟伦理难题的时候,这一点表现得更加突出。

近现代以来,哲学有了长足的进步,但仍有一些问题长期得不

---

[1] 梁漱溟:《梁漱溟全集》第3卷,山东人民出版社1990年版,第88-89页。
[2] 梁漱溟:《梁漱溟全集》第3卷,山东人民出版社1990年版,第88页。

到解决，其中一个典型的例子就是休谟伦理难题。如所周知，所谓休谟伦理难题即所谓"是"与"应该"的关系问题。休谟指出，他在考察各种道德理论时发现，事实判断和道德判断是两类完全不同的判断，事实判断的系词为"是"与"不是"，道德判断的系词为"应该"与"不应该"，可是人们在按照常规进行道德推理的时候，总是不知不觉改变判断系词的性质，"这个变化虽是不知不觉的，却是有极其重大的关系的。因为这个应该或不应该既然表示一种新的关系或肯定，所以就必需加以论述和说明；同时对于这种似乎完全不可思议的事情，即这个新关系如何能由完全不同的另外一些关系推出来的，也应当举出理由加以说明"。[1]

休谟伦理难题提出之后，哲学家一直努力加以解决，但至今仍然没有一个让哲学界普遍认可的方案。麦金太尔在这个领域大大前进了一步。他将休谟伦理难题置于西方伦理思想发展的大背景之下，断定休谟伦理难题之所以能够产生，是西方伦理思想拒斥亚里士多德哲学传统的结果，也正是由于这个原因，18世纪以来西方道德哲学家所从事的运动必定要失败。麦金太尔指出，亚里士多德伦理学是一个目的论体系。在这个系统中有三个基本要素，一是未受教化偶然形成的人性，二是认识到自身目的后可能形成的人性，三是作为从前者向后者转化的合理的伦理戒律。这三个要素缺一不可，其中任何一个要素都必须参照其他要素才能发挥自己的作用，其中第二个要素更是如此，没有它就没有办法保证由第一个要素过渡到第三个要素。进入中世纪后，亚里士多德的这一理论被置于神学信仰的框架之中。伦理戒律不仅是理性的要求，同时也上升为神的禁令。在这个框架中，神的力量和理性的力量共同在第二个要素中发挥重要作用，承担起了由第一要素向第三要素过渡的"教导

---

[1] 休谟：《人性论》，商务印书馆1980年版，第509–510页。

者"。[1]启蒙运动和理性主义时代之后，人们既放弃了新教和天主教，也放弃了亚里士多德的学说。这种做法实际上是取消了亚里士多德理论中的第二个要素，使得三大要素不再完整：一方面是一组光秃秃的道德禁令，另一方面是未受教化的人性，其间没有任何的"教导者"。这种改变造成了严重的后果，道德哲学家们既放弃了原先较为完整的人性理论，又要为道德律令寻找合理的基础，使他们的人性观念与他们所追求的道德律令"从产生之时起就预先注定不相符合"。[2]

理论的这种缺失直接导致了"是"与"应该"的分裂。人们开始相信，从纯粹事实性的前提中得不出任何道德的或评价性的结论。休谟开始表述这一观点的时候，态度还比较和缓。其后的哲学家走得更远，坚持认定在一个正确有效的论证中，结论中不能出现任何前提中没有包含的东西，任何妄图从事实前提中推出道德或评价性结论的论证，必然是虚假的，不成功的。这个转化影响极大，一旦接受了这个原则，这个原则"便会成为他们整个运动的墓志铭"。[3]

通过简述麦金太尔关于休谟伦理难题的论述，我们不难了解到，麦金太尔看待休谟伦理难题的方法非常有特点。他不是就这个问题而解决这个问题，而是将其置于西方伦理思想史发展的整个过程之中。通过对前亚里士多德传统到亚里士多德传统、中世纪传统、理性主义传统发展历程的考察，麦金太尔发现，无论是在前亚里士多德传统，亚里士多德传统，还是中世纪传统中，所谓"是"与"应该"的矛盾并不存在。理性主义之后，这个矛盾之所以能够产生，是理性主义拒斥亚里士多德传统的恶果。亚里士多德目的论体系中原本有一个非常重要的内容，即"认识到自身目的后可能形

---

[1] 麦金太尔：《德性之后》，龚群、戴扬毅等译，中国社会科学出版社1995年版，第69页。
[2] 麦金太尔：《德性之后》，龚群、戴扬毅等译，中国社会科学出版社1995年版，第71页。
[3] 麦金太尔：《德性之后》，龚群、戴扬毅等译，中国社会科学出版社1995年版，第72页。

性善之谜——破解儒学研究的哥德巴赫猜想

成的人性"。这个内容不管是以神性的形式还是以理性的形式出现，都是不可或缺的，是保证第一要素向第三要素过渡的重要力量。但是，启蒙运动和理性主义放弃了亚里士多德体系中的这个重要内容，使第一要素无法过渡到第三要素，正是这个变化宣告了他们从事的运动从一开始就注定要失败，而休谟提出"是"无法过渡到"应该"的难题，不过是这种失败的一个具体表现而已。

三

麦金太尔的论述有很强的启发意义，他告诉我们这样一个道理：一个完整的伦理学说必须有一个形上的根据。这个形上的根据在亚里士多德是一个目的论的体系，在中世纪是一个宗教神学的体系。不管是目的论的体系，还是宗教神学的体系，或者是以宗教神学代替的目的论体系，这个根据都绝对不可或缺。但是随着启蒙运动和理性主义的发展，这个形上根据逐渐失去它的地位，理论家们把一切希望都寄托在理性之上。然而理性，不管是理论理性还是实践理性，都不是最后的，都无法代替那个最后的形上根据，没有这个形上的根据，也就无法解决人为什么必须行善，以及为什么认识到道德法则后必须依此而行的问题。

将视线转向中国，我们不难想到这样一个问题：为什么休谟伦理难题在中国不存在呢？对这个问题可以有两种回答：一是中国哲学远没有西方哲学发达，还提不出此类的问题；二是中国哲学中有自己独特的东西，使这类问题不能存在。我倾向于第二种答案。中国哲学和西方哲学原本就是两种不同的哲学，西方哲学中的一些问题在中国哲学中不曾提出来，是两条不同的思路使然，而西方哲学中的一些重大问题在中国哲学中没有市场，引不起共鸣，很大程度上是因为中国哲学有其自身的特质，使其具有了天然免疫力的缘故。

在这方面梁漱溟关于道德代宗教的思想，为我们提供了一个颇具启发性的思路。按照梁漱溟的看法，中西文化走的完全是两个不同的路子，西方文化中宗教的作用极为重要，直接决定了其文化的性质，而中国文化中宗教并不起决定性的作用，道德代替了宗教。虽然梁漱溟提出这个问题的本意是对中西两种不同的文化进行比较，但他也告诉我们，由于西方文化中宗教所发挥的作用在中国是以道德来代替的，所以西方哲学中依靠宗教才能完成的任务，在中国直接依靠自身的力量就可以解决了。换句话说，中国并不需要一个宗教的神学体系也能够使它的伦理学说达致圆满。

为什么中国文化有如此神奇的力量呢？梁漱溟认为，这是因为以伦理为本位的中国文化特别重视理性。理性是梁漱溟非常看重的一个概念。如所周知，梁漱溟所谓的理性"要亦不外吾人平静通达的心理而已"，[1] 这与学界通常的含义不同。在此基础上，梁漱溟专门把理性与理智区分开来。他说："理性、理智为心思作用之两面：知的一面曰理智，情的一面曰理性，二者本来密切相联不离。譬如计算数目，计算之心是理智，而求正确之心便是理性。数目算错了，不容自昧，就是一极有力的感情，这一感情是无私的，不是为了什么生活问题。分析、计算、假设、推理……理智之用无穷，而独不作主张，作主张的是理性。理性之取舍不一，而要以无私的感情为中心。"[2] 又说："必须屏除感情而后其认识乃锐入者，是之谓理智；其不欺好恶而判别自然明切者，是之谓理性。"[3] 显然，在梁漱溟看来，理智与理性完全不同，理性高于理智，是人类的特征所在，这也就是他所说的："以理智为人类的特征，未若以理性当之之深切著明，我故曰：人类的特征在理性。"[4]

---

1 梁漱溟：《梁漱溟全集》第 3 卷，山东人民出版社 1990 年版，第 123 页。
2 梁漱溟：《梁漱溟全集》第 3 卷，山东人民出版社 1990 年版，第 125-126 页。
3 梁漱溟：《梁漱溟全集》第 3 卷，山东人民出版社 1990 年版，第 128 页。
4 梁漱溟：《梁漱溟全集》第 3 卷，山东人民出版社 1990 年版，第 126 页。

中国文化特别重视理性，一个直接的结果，就是向上心特别强烈。梁漱溟这样写道："就在儒家领导之下，二千年间，中国人养成了一种风尚，或民族精神，除最近数十年浸浸澌灭，今已不易得见外，过去中国人的生存，及其民族生命之开拓，胥赖于此。这种精神，分析言之，约有两点：一为向上之心强，一为相与之情厚。"[1] 何谓向上心？他进一步解释说："向上心，即不甘于错误的心，即是非之心，好善服善的心，要求公平合理的心，拥护正义的心，知耻要强的心，嫌恶懒散而喜振作的心……总之，于人生利害得失之外，更有向上一念者是，我们总称之曰：'人生向上'。"[2]

梁漱溟反复指出："儒家盖认为人生的意义价值，在不断自觉向上实践他所看到的理。"[3] 梁漱溟将此具体分为两种情况，一是指人类物质生活、文物制度方面的创造发明的向上，即所谓"人类凡有所创造，皆为向上"。二是人类生命本身、道德生活方面的向上，即所谓"当下一念向上，别无所取，乃为真向上"。后一点尤为重要，他解释说："唯此所谓'人要不断自觉向上实践他所看到的理'，其理存于我与人世相关系之上，'看到'即看到我在此应如何；'向上实践'即看到而力行之。念念不离当下，唯义所在，无所取求。"[4] 梁漱溟的这一思想大有深意。"理存于我与人世相关系之上"，是说这个理是客观存在的；"'看到'即看到我在此应如何"，是说我认识到了这个理，就应当如此行为；"'向上实践'即看到而力行之"，是说依理而行，是一种自觉的向上实践活动，有了这种自觉的向上实践活动便能够知行为一了。在中国从来不存在西方哲学中诸如人为什么向善，人认识到了善的事物之后为什么必须依此而行的问题，道理就在这里。

---

[1] 梁漱溟：《梁漱溟全集》第3卷，山东人民出版社1990年版，第132-133页。
[2] 梁漱溟：《梁漱溟全集》第3卷，山东人民出版社1990年版，第133页。
[3] 梁漱溟：《梁漱溟全集》第3卷，山东人民出版社1990年版，第134页。
[4] 梁漱溟：《梁漱溟全集》第3卷，山东人民出版社1990年版，第134-135页。

六、道德代宗教——重提一个有意义的话题

这个问题不容轻视。儒家哲学的主旨是教导人如何做人，正如梁漱溟所说，"孔子最初着眼的，与其说在社会秩序或社会组织，毋宁说是在个人——人如何完成他自己；即中国老话'如何作人'"。[1] 而在一个伦理本位的社会中，一个完满的人格，就是"孝子""慈父"。"伦理社会所贵者，一言以蔽之曰：尊重对方。何谓好父亲？常以儿子为重的，就是好父亲。何谓好儿子，常以父亲为重的，就是好儿子。"[2] 所以，在中国文化中，做人就意味着做一个好父亲、好儿子、好丈夫、好妻子，根本不存在我明知好父亲、好儿子的标准，却不依此而行，反倒质问"我为什么非要如此"等一类的混账问题。中国文化之所以如此，完全在于其重视理性。梁漱溟以下论述是值得深刻理解的。他说："人莫不有理性，而人心之振靡，人情之厚薄，则人人不同；同一人而时时不同。无见于理性之心理学家，其难为测验者在此。有见于理性之中国古人，其不能不兢兢勉励者在此。唯中国古人之有见于理性也，以为'是天之所予我者'，人生之意义价值在焉。外是而求之，无有也已！"[3] 由此可知，理性在中国文化中的作用，大体相当于宗教在西方文化中的作用。虽然由理性开出的是道德，由宗教开出的是神学，但二者的作用却是一样的，即所谓"宗教道德二者，对个人，都是要人向上迁善"。[4] 中国人将理性视为"天之所与我者"，意即这是最后的，是完成道德的最终根据。由于具有这个根据，尽管宗教在中国文化中没有重要位置，却也不会出现如西方那种"是"与"应该"分裂的问题。

由此可以明白，理性在道德代宗教的过程中的作用非常巨大。道德代宗教，其实就是梁漱溟意义上的"理性"代宗教。理性是人

---

[1] 梁漱溟：《梁漱溟全集》第3卷，山东人民出版社1990年版，第119页。
[2] 梁漱溟：《梁漱溟全集》第3卷，山东人民出版社1990年版，第90—91页。
[3] 梁漱溟：《梁漱溟全集》第3卷，山东人民出版社1990年版，第137页。
[4] 梁漱溟：《梁漱溟全集》第3卷，山东人民出版社1990年版，第108页。

类的特征，每个人都属于人类的一员，都具有理性。有了理性人们具有了一种自然"向上实践"的动力，通过理智"看到"即认识到客观存在之理之后而"力行之"。这样一来，每个人都具有一种自然的向上动力，凡是认识到正确的事物，都必须自觉去实行。在西方，这种向上的动力是在目的论体系，或神学体系，或两者兼而有之，以神学体系代替的目的论体系中存在的。当这种体系由于种种原因被打破后，必然产生休谟伦理难题，产生"是"与"应该"的分裂。而在中国，这种理性自周孔教化而来一直存在。这是中国哲学从来不存在休谟伦理难题，相反总是认为，凡是认识到的正确的事物就必须自觉去做，由"是"必须上升到"应该"，甚至"是"本身就是"应该"的根本原因。

　　当然，以上分析是由梁漱溟所说而作的发挥，梁漱溟的思想重心在文化比较，休谟伦理难题完全在其视野之外。另外，梁漱溟把理性完全归结为道德情感，也大大限制了其对理性究竟是什么这一问题的回答。这一环极为重要，这个问题不解决，道德如何能够代替宗教的问题仍然无法从根本上加以解决。这些都是梁漱溟的不足。但是梁漱溟毕竟提出了一个极为重要的问题，沿着这个方向发展完全可能开辟一个新的广阔的研究领域。我的研究，很大程度上就是沿着这个方向发展的。这十几年来，我一直坚持这样一个基本基本观点：与西方感性、理性两分的理论结构不同，儒家道德哲学可分为欲性、智性、仁性三个部分，其中欲性大致相当于（并非完全等同）西方哲学的感性，智性大致（同样并非完全等同）相当于西方哲学的道德理性，中国哲学最特殊、最重要的部分在于多了一个仁性。所谓仁性就是孔子的仁，就是孟子的良心，就是我所说的伦理心境。由于有了仁性，有了伦理心境，人们就有了一种自然向上的力量，凡是认识到正确的自然就会行，凡是认识到错误的自然就会止，而不会出现知之不行的情况，否则就会有愧于心。欲性、智性、仁性虽然是我的一种新提法，但一些重要的要素，前人早已

六、道德代宗教——重提一个有意义的话题

提出来了，其中梁漱溟特别强调的理性，在某种程度上大致即相当于我所说的仁性。梁漱溟所说的道德代宗教，其实就是理性代宗教，而理性代宗教，其实就是仁性代宗教，就是伦理心境代宗教。有了仁性，中国人不需要西方哲学的目的论体系或神学体系，本身就有自然向上的动能，就有知之必行的力量。从这个角度重新思考休谟伦理难题为什么在中国没有市场，破解这个困扰西方哲学数百年的难题，当是一个很有潜力的方向。

七、《孟子》的误读

——与《美德还是腐败？》一文商榷

案：2002年随着刘清平《美德还是腐败？——析〈孟子〉中有关舜的两个案例》的发表，学界围绕应该如何理解孟子展开了一场声势浩大的讨论。为此我写了一组文章，这是头一篇，发表于《江海学刊》2003年第2期，收入郭齐勇主编的论文集《儒家伦理争鸣集：以"亲亲互隐"为中心》（湖北教育出版社2004年版）。学界的这场讨论使我意识到，在先秦诸多典籍中《孟子》文本不是特别复杂，但要准确理解并不容易。过去这种困难主要表现在如何通过反求诸己把握自己的良心，因其思想方式是直觉，无法言说，不易体会。近代以来，这种困难又多了一层，人们常常以西方观念来理解孟子，不明白孟子代表的儒家文化有极强的特殊性，原本没有这些观念，以西方观念理解儒学，自然会觉得《孟子》文本处处都是问题了。

《哲学研究》2002年第2期发表了刘清平的文章《美德还是腐败？——析〈孟子〉中有关舜的两个案例》（以下简称《美》文）。该文认为，《孟子》文本中记述的两个有关舜的案例，是公开肯定"徇情枉法和任人唯亲的腐败行为"（43页，指该文在《哲学研究》2002年第2期的页数，下同）。我拜读这篇大作之后，对该文有关舜的两个案例的理解有一些不同的看法，特作本文，与其商榷。

一

《美》文所举舜的第一个腐败案例,即所谓"窃负而逃"之事。此事见于《尽心上》第三十五章,原文如下:

> 桃应问曰:"舜为天子,皋陶为士,瞽瞍杀人,则如之何?"
> 孟子曰:"执之而已矣。"
> "然则舜不禁与?"
> 曰:"夫舜恶得而禁之?夫有所受之也。"
> "然则舜如之何?"
> 曰:"舜视弃天下犹弃敝蹝也。窃负而逃,遵海滨而处,终身䜣然,乐而忘天下。"

桃应问孟子,瞽瞍一旦杀了人,舜怎么办呢?孟子不能说不抓瞽瞍,因为毕竟犯了法;但又不能让舜眼睁睁地看着瞽瞍去坐牢。面对这个两难的局面,孟子设想了一个解决的办法:舜的天子之位不要了,偷偷把父亲背上逃走,在海边快快乐乐地住一辈子。

《美》文认为,在这个案例中,就连孟子也不否认,瞽瞍理应受到正义的审判,并且舜对此也不应该进行干预。然而,他最终还是明确肯定了舜帮助父亲脱逃、躲避法律惩罚的举动。"显然,受到孟子赞许的舜的这一举动,几乎从任何角度看,都是典型的徇情枉法。"(43页)对于《美》文的这种看法,我不敢苟同。

对此事可从两个不同的角度分析,一个是历史的角度,一个是价值的角度。如果从历史的角度分析,首先应当说明的是,"窃负而逃"一事只是师弟之间的一种设问,并非史实。朱熹《四书章句集注》说得明白:"其意以为舜虽爱父,而不可以私害公;皋陶虽执法,而不可以刑天子之父。故设此问,以观圣贤用心之所极,非以为真有此事也。"《美》文将此事认定为舜的一个真实案例,认为舜"真诚地从事了"这个"无可否认的腐败行为"(46页),从思想

性善之谜——破解儒学研究的哥德巴赫猜想

史研究的角度看,不能说是严肃的。

自孔子提出"父为子隐,子为父隐,直在其中"的思想以来,亲情伦理一直在儒家法律思想中占有重要位置。"窃负而逃"一事正是这一思想的具体表现。虽然这种做法也可能产生一些问题,如对瞽瞍所杀之人的亲人是否合理,是否会引发无休止的复仇行为等等,但总的说来,这种做法在当时是合情合理的,在历史上也是行之有效的。说这种做法合情合理,是因为在儒家看来,每个人都有孝悌之心,老吾老以及人之老,幼吾幼以及人之幼,天下便可期而治了。说这种做法行之有效,是因为我国自汉代开始即根据儒家这一思想明确规定"亲亲得相首匿",隋唐更是规定"同居相为隐",甚至还规定揭发犯罪的亲属要犯不相隐之罪。可见,重亲情伦理是中国法律精神的一个鲜明特色,是维系中国两千年平稳发展的一个重要因素;尽管这种精神也有自身的问题,但至少是一个历史的事实。随着时间的推移,到清末修律引进西方近代法理之后,亲情伦理逐渐从法律中清除出去,以法屈情的情况也日渐禁止,但这种变化是清末之后才发生的,孟子那个时代尚不是这样。我们必须尊重历史,不能以今天的标准来衡量古代的事情,这是历史研究必须遵循的基本原则。

下面再从价值角度分析这一案例。如果《美》文由于缺乏历史观点不能对此事有正确评价的话,那还只是一个方法问题,事情还比较简单,更为严重的是,由于不能正确理解这个问题,这段对话中所隐含的重要的价值选择取向,也随之完全被淹没掉了。在这段对话当中,弟子问得巧,孟子答得也巧。他既不说不抓瞽瞍,又不舍弃父子亲情,结果想出了"窃负而逃"的办法。这种做法似乎两全其美,但必须付出巨大的代价,这就是放弃天子之位。这个选择所蕴含的价值选择取向极其深刻。

要理解孟子这一思想,下面一章可做参考。"孟子曰:广土众民,君子欲之,所乐不存焉;中天下而立,定四海之民,君子乐之,所性不存焉。君子所性,虽大行不加焉,虽穷居不损焉,分定故也。"(《孟子》13.21)孟子在这里将问题分为不同的层次,一个是"欲"的层次,即所谓"广土众民",一个是"乐"的层次,即所谓"中天下而立,定四海之民",一个是"性"的层次,即所谓"虽大行不加焉,虽穷居不损焉"。在这三个不同层次中,最高层次是"性",也就是道德的层次。与"欲"的层次、"乐"的层次相比,"性"的层次即道德的层次是最高的。

另外一章说的也是这个道理。"孟子曰:君子有三乐,而王天下不与存焉。父母俱存,兄弟无故,一乐也。仰不愧于天,俯不怍于人,二乐也。得天下英才而教育之,三乐也。君子有三乐,而王天下不与存焉。"(《孟子》13.20)在孟子看来,君子一共有三种乐事,一是"父母俱存,兄弟无故",二是"仰不愧于天,俯不怍于人",三是"得天下英才而教育之"。这三种乐事都与道德有关,在这三种乐事当中,"王天下"并不在其中。这也说明,在孟子心目中,道德比"王天下"重要得多。

这些论述反映出孟子这样一种价值选择取向:父子亲情比"王天下"重要,道德比事业重要。从这个角度出发,"窃负而逃"的故事就好理解了。这个故事实际上是作一个价值选择。桃应的发问,把孟子逼到了两难的境地,使其不得不在两个问题中作出选择:要么继续做天子,要么要父子亲情。孟子最后选择了父子亲情,宁可不做天子。这个选择所包含的意义十分重大。天子并不是人人能做的,代表了事业的成功;父子亲情是一种道德,代表了道德的需要。在这两者发生矛盾的情况下,孟子决定宁可舍弃天子之位,也要父子亲情,宁可放弃事业,也要选择道德。

道德比事业更加重要,是孟子思想中极为精彩、极为重要的部分。《孟子》中的很多论述,如先立其大、天爵人爵、鱼和熊掌等等,都是围绕这一中心展开的。只有坚持了这种价值取向,才能成为有道德的人、高尚的人,用孟子的话说,就是才能成为君子、成为大人。孔孟之后,历史上无数志士仁人无一不是这一价值取向的忠实实践者。随着时间的发展,孟子这一思想对中国文化的发展发挥了并继续发挥着重要的影响,我们今天津津乐道的"先做人,后立业"其实就是由这一价值取向演变而来的。但是,《美》文的作者全然没有看到孟子这个精彩回答中所蕴含的重要思想,反而将其视为腐败行为加以批判,这真是南辕北辙,正题反做,令人诧异不已,遗憾不已。

二

《美》文所举舜的另一个腐败案例,可以简称为"封之有庳"。此事出于《万章上》第三章:

> 万章问曰:"象日以杀舜为事,立为天子则放之,何也?"
> 孟子曰:"封之也;或曰,放焉。"
> 万章曰:"舜流共工于幽州,放驩兜于崇山,杀三苗于三危,殛鲧于羽山,四罪而天下咸服,诛不仁也。象至不仁,封之有庳。有庳之人奚罪焉?仁人固如是乎——在他人则诛之,在弟则封之?"
> 曰:"仁人之于弟也,不藏怒焉,不宿怨焉,亲爱之而已矣。亲之,欲其贵也;爱之,欲其富也。封之有庳,富贵之也。身为天子,弟为匹夫,可谓亲爱之乎?"
> "敢问或曰放者,何谓也?"
> 曰:"象不得有为于其国,天子使吏治其国而纳其贡税焉,故谓之放。岂得暴彼民哉?虽然,欲常常而见之,故源源而来,'不及贡,以政接于有庳'。此之谓也。"

象总是要谋害舜,是至不仁,其罪大于共工、驩兜、三苗、鲧,但是舜处罚了那四个人,对象却网开一面,只是将其放逐,万章对此感到难以理解，请教孟子。孟子告诉他，舜并没有放逐象，而是将有庳封给他，有人不知其理，以为是放逐罢了。舜这样做完全是正确的，因为仁人对于弟弟，最重要的是亲爱，既然亲爱就希望其富贵，封之有庳，正是为了使其富贵。不然自己身为天子，弟弟却只是一个普通百姓，那还能说是亲爱吗？万章又问，那么为什么有人以为是放逐呢？孟子说，象在其封国并没有实权，实权是由天子委派的官吏掌握的，有人根据这种情况才说是象被放逐了。

《美》文认为，在这个案例中，就连孟子也不否认，象是个既无才又缺德的至不仁之人。然而，他最终还是肯定了舜出于"亲之欲其贵，爱之欲其富"的动机将其提拔为有庳王的做法。"显然，受到孟子赞许的舜的这一举动，几乎从任何角度看，都是典型的任人唯亲。"（44页）《美》文对此事的评价，也是大可商量的。

先看"封之有庳"一事本身。"封之有庳"一事是否属于史实，其实并无确切的证明。翟灏《考异》指出："韩非有云：'瞽瞍为舜父而舜放之，象为舜弟而舜杀之。放父杀弟，不可为仁。'则云象欲杀舜，犹其缪之小焉者矣。万章知无放瞍杀象之事，而不能无疑于放象之说，孟子力辨其并无之，则其余邪说悉不待辨而息已。"这就是说，万章虽然不相信杀象之说，但对放象之说有所怀疑，所以才向孟子提问。由此可知，关于放象之说，在孟子之时已有不同说法，"封之有庳"一事并非确史，所以只宜通过此事分析孟子的思想倾向，不宜将其定为舜的历史事件。《美》文未加考证，就言之凿凿地认定其为舜的一个真实案例，同样有欠考虑。对于这一事件的评价，直接涉及古代封建制度究竟起于何时的问题。由于缺乏必要的历史资料，后儒关于三皇五帝以来就有封建之制的说法又难以确证，我国从什么时候开始有封建制度，至少从目前情况来看，几乎是难以确切回答的。如果孟子所说确实属于史实，那么就说明，早在舜的时候，就已经有了封建的做法；如果孟子所说只是其自己的推测，那么只能证明，此事是孟子根据当时惯有的封建做法而进行的一种演义。但不管是哪种情况,"封之有庳"都是当时一种正常做法,不能算是腐败行为。这是因为,如果属于前一种情况,早在舜的时候就有了封建的制度,"封之有庳"就是合情合理的;如果属于后一种情况,在孟子的时候封建的做法早已成为惯例,"封之有庳"更是无可厚非的。

另外,孟子肯定"封之有庳"的做法也无不当之处。在孟子看来,对于舜来说,如何处理象是个比较棘手的问题。一方面,象的确不好,是至不仁,另一方面象又是自己的弟弟。面对如此难题,舜找到了一个较为理想的办法,这就是将有庳封于他,同时派遣官吏治理他的封邑。这种做法可以说是一举三得:一方面,象有了封地,可以衣食无忧;另一方面,象在封地并无实权,不能侵民;再一方面,象可以不断朝见,舜能够常常与其相见。这个道理,赵岐《孟子注》说得很明白:"象不得施教于其国,天子使吏代其治,而纳贡赋与之,比诸见放也。有庳虽不得贤君,象亦不侵其民也。"赵佑《温故录》也说:"舜固以之休逸象,优其赋入,以奉养象。"又说:"舜之为是,正不虑象之暴民,第欲其常常来见;唯使治国有人,赋入无缺,故象得轻身,时来欢聚,与他人必及朝贡之期者不同。又时以政事相接,使象得观己所行,以益进于善,此之谓也。"应该说,孟子赞许"封之有庳"的做法既坚持了原则性,没有暴民之忧,又体现了灵活性,没有弃兄弟之情,原则性和灵活性都讲到了,表现了很高的智慧,并无不妥之处。《美》文为了强调舜的腐败,只是突出了"身为天子,弟为匹夫,可谓亲爱之乎"一段,而没有特别强调"象不得有为于其国"(该文只是在一个不特别重要的地方提到这一句)一段,好像这种做法是只要兄弟亲情,不顾政治原则似的,使人难以体会孟子原则性和灵活性相互兼顾的思想。

据我所知,古往今来,治《孟子》者无数,对"封之有庳"持异议者,还真是微乎其微。为什么《美》文作者会有这个新的发现

七、《孟子》的误读——与《美德还是腐败?》一文商榷

呢？我在反复揣摩《美》文作者意图之后发现，这可能和其不能正确理解《孟子》另一段原文有关。这段原文见于《万章上》第四章：

> 咸丘蒙曰："舜之不臣尧，则吾既得闻命矣。《诗》云：'普天之下，莫非王土；率土之滨，莫非王臣。'而舜既为天子矣，敢问瞽瞍之非臣，如何？"
>
> 曰："是诗也，非是之谓也；劳于王事而不得养父母也。曰：'此莫非王事，我独贤劳也。'故说《诗》者，不以文害辞，不以辞害志，以意逆志，是为得之。如以辞而已矣，《云汉》之诗曰：'周余黎民，靡有孑遗。'信斯言也，是周无遗民也。孝子之至，莫大乎尊亲；尊亲之至，莫大乎以天下养。为天子父，尊之至也；以天下养，养之至也。《诗》曰：'永言孝思，孝思维则。'此之谓也。《书》曰：'祗载见瞽瞍，夔夔齐栗，瞽瞍亦允若。'是为父不得而子也？"

《美》文对此章很重视，认为："从某种意义上说，这段话几乎是不加掩饰的腐败宣言，因为它公开主张：任何一位行政官员，要想成为儒家认同的具有尊亲美德的'孝子之至'，都应该设法以整个天下或是所辖地区'养'自己的亲人。至于孟子歌颂的舜的那两个腐败行为，也的确是不仅做到了'以天下养父亲'，而且做到'以有庳养弟弟'。"（46 页）

然而，细细阅读《孟子》不难得知，这段话其实并不是那个意思。在这段对话中，咸丘蒙提问，按照古诗"率土之滨，莫非王臣"的说法，舜应该以瞽瞍为臣，但舜做了天子，却不以瞽瞍为臣，这是为什么呢？孟子答疑说，咸丘蒙所引之诗，并不是那个意思，而是说天下万事成物都是天子的事情，为什么偏偏让我一人劳苦，以致连奉养父母都做不到了。接着，孟子又从正面阐述了自己的主张，指出孝子孝到极点，没有超过尊敬双亲的，尊敬双亲没有超过拿天下来养父母的。瞽瞍做了舜的父亲，可以说是尊贵到了极点；舜以天下来奉养瞽瞍，可以说是奉养到了极点。这哪里是父亲不能以舜为子呢？这段对话的语义比较复杂，需要慢慢体会，但只要细心，孟子的意思还是比较好把握的。孟子在这里是说，尽管舜做了天子，但还是其父母的儿子，还是要奉养父母。奉养父母有不同的等级，最高的等级就是"以天下养"。"以天下养"是说，做了天子的父亲，就取得了至尊的地位，这样的养就是最高的养了。这个意思用今天的话表达好像就是说，"孩子有出息才是孝，出息越大，尽孝越大，如果大到做了天子，就是尽了最大的孝了"。

《美》文的作者没有能够把握《孟子》原文的主旨，以为孟子所说的"以天下养"是以整个天下来孝敬自家父母，以整个天下奉养自家亲人，是将血缘亲情置于其他一切行为准则之上，不惜违背社会群体的普遍性准则。按照这种理解，"以天下养父母""以有库养弟弟"自然属于腐败无疑了。但可惜的是，这种理解并不是孟子的本意，而是《美》文作者自己的理解，以此来断定孟子主张腐败，当然就难免言之失据了。

三

《美》文将舜的两个案例定为腐败行为，目的是"指出儒家在滋生某些腐败现象方面所具有的负面效应"（43页）。这个目的在该文的结论部分讲得更加明确："对于现实生活中某些屡见不鲜的腐败现象的滋生蔓延，儒家的血亲情理精神也应该说是难辞其咎，无法推卸它所应当承担的那一部分责任。"（47页）应该承认，在社会中腐败现象日渐增多的情况下，《美》文的作者希望能够寻找腐败的思想根源，从思想渊源上杜绝腐败行为，这个意图是好的，应该予以肯定。但可惜的是，该文的具体论证却不能支持自己的结论。

之所以出现这种情况，是因为该文没有能够很好地坚持历史的观点。评判历史事件，绝不能离开历史，一些事情在今天看来是不正确的，但在当时却很可能是正确的。比如，现在的法理精神不允许复仇，但在古代相当一段时间里，复仇却被允许的。如果我们以今天的标准来评价古代复仇的案例，我国司法史上著名的赵娥、施剑翘为父复仇等故事，就不可能得到一个正确的评价。同样道理，"窃负而逃""封之有庳"以今天的标准衡量是不合法的，但在当时却是可以理解和接受的。《美》文以清末修律后才引入的西方法理精神为依据，将舜的两个案例定为腐败行为，明显是以今论古，违背了历史研究的基本原则。

产生这种情况的另一个原因，是该文对《孟子》原文的理解不够深透。该文认为，"儒家思想滋生腐败的这种温床效应最集中地表现在：通过肯定血缘亲情的至上地位，通过肯定人们可以把慈孝友悌的血亲规范置于其他一切行为准则之上，它实际上就积极地肯定了那些为了维护血亲团体的特殊性利益，不惜违背社会群体的普通性准则的腐败现象，诸如徇私枉法、任人唯亲等等"（47页）。这个说法初看起来很能打动人，但细细想来，实非如此。这种说法的主要论据是《孟子》中舜的两个案例，但如上所说，舜的这两个案例都不能支持上述观点。"窃负而逃"是在承认法律的前提下，不忍心父亲坐牢，以放弃天子之位为代价的一种权宜之举，并没有将个人利益置于群体利益之上；"封之有庳"只是出于对兄长的亲爱之情，由于有"使吏治其国"为保证，不会有侵民之忧，也谈不上将个人利益置于群体利益之上；与此相关的"以天下养"并非主张以天下孝敬自家的父母，同样没有将个人利益置于群体利益之上。遍查儒家典籍，儒家何时主张只顾自家利益，不要百姓福祉，自家利益可以高过百姓福祉来着？

《美》文作者可能会说，虽然儒家典籍没有直接这样讲，但是"鉴于它的血亲情理精神对于特别重'情'的民族文化心理结构的深远影响，我们也不应该低估它在诱发这些腐败现象方面所具有的温床效应"（47页）。这种说法其实同样似是而非。应当承认，儒家重亲情、重伦理的特点对中华民族文化心理结构影响很深，这是事实，这种情况引导不好，可能会产生只顾家族利益，不顾群体利益的弊端。但必须明白，这并非是儒家思想的本意。现实社会中那些任人唯亲，循私枉法，一人得道，鸡犬升天的腐败行为，不是直接遵循儒家精神的结果，这个账不能直接算在儒家头上。因此，以现实社会人际联系紧密容易滋生腐败的事实，断定儒家精神为腐败行为的产生提供了"温床"，这种说法很难说是准确的。

总而言之，《美》文关于"舜其实是中国历史上第一位有文本记述可资证明的曾经从事某些腐败行为的最高统治官员"（45页），"从某种意义上说，这段论述几乎是不加掩饰的腐败宣言"（46页）等说法，有过激不实之嫌，而以此为论据得出的"儒家的血亲情理精神会在文化心理结构的深度层面上，为某些把特殊性团体情感置于普遍性群体利益之上的腐败现象的产生，提供适宜的温床"（46页）的结论，也是一个似是而非的说法，并不准确。平心而论，由于该文作者没有很好地坚持历史的方法，对孟子的理解，与《孟子》的文本含义存在着一定的距离，在很大程度上可以说是一种误读。思想贵在创新，没有创新就没有发展，但创新必须建立在扎实的基础之上，只有"照着讲"做好了才能"接着讲"。这个关系处理不好，仓促提出一些看似创新的观点，不利于哲学思想的健康发展，这在当前浮躁的学术氛围中显得尤为要紧。[1]

---

[1] 在校对过程中，读到郭齐勇先生批评《美》文的文章，以及穆南珂先生对郭文的反批评。我赞成郭齐勇先生的观点，而不同意穆南珂先生的看法，理由在本文中已有所表明。

八、腐败还是苛求？

——关于《孟子》中舜的两个案例能否称为腐败的再思考

案：这是围绕应该如何理解孟子撰写的第二篇文章，首发于《河北学刊》2004年第3期，同样收入郭齐勇主编的论文集《儒家伦理争鸣集：以"亲亲互隐"为中心》。本文着重从法律西化的角度分析了"窃负而逃"和"封之有痺"这两个案例，指出一些学者之所以挑起这场争论，是以其所理解或想象的今天的西方法律为准绳，来衡量古代儒学，这种做法势必造成对儒学在空间和时间两个方面的苛求。

自从刘清平发表《美德还是腐败？》一文判定《孟子》中舜的两个案例为腐败之后，学界骤起波澜。先是郭齐勇发表了反驳性的文章，后又有穆南珂和刘清平反对郭齐勇的文章，这种反批评又引起丁为祥和龚建平的批评，一来二去，很是热闹。在此期间，我也写了一篇小文，名为《〈孟子〉的误读》，表明自己的态度，并引起刘清平的反驳。我原本认为，每个人都有按自己的方式理解传统的权利，是非曲直学界自有公论，且须经过历史检验，因而对此事并不十分介意。但近来《哲学研究》和《中国哲学史》又连续发表了刘清平和黄裕生的文章，表明这场争论目前尚无停息的意思。这使我不得不认真反省为什么会出现这种情况，经过一段时间的思考，我得出了这样的结论：问题很可能出在法律西化上，刘清平将舜的两个案例判定为腐败，从思想方法上说，是以对西方法律思想误解为基础的对儒学在空间和时间上的双重苛求。下面我就以此为背景再次谈谈自己对这两个案例的理解。有两个问题需要预先说明。首先，我上一篇文章对"窃负而逃"和"封之有痺"两个案例有详细的分析，为避免重复，这里不再讨论具体案例，而主要探讨一般学理问题。另外，这场争论开展以来涉及的问题已经比较宽泛，为了使论题较为集中，本文的视域回到我最初的起点，只讨论一个问题：对于舜的这两个案例究竟能不能称为腐败？

一

刘清平将舜的两个案例判为腐败，根据我的观察，主要是基于这样一个思路：道德有个体性己德、团体性私德、群体性公德之分，以孔孟为代表的儒家的德治思想是以血亲情理为基础的团体性私德，而非群体性公德；儒家将血亲情理的团体性私德置于至高无上的地位，从而导致了一方面试图发展个体性己德和群体性公德，另一方面又不惜牺牲个体性己德和群体性公德的深度悖论；受此影响，儒家德治思想一旦与社会发生矛盾，血亲情理的团体性私德必然凌驾于群体性公德之上，直至徇情枉法，形成腐败；舜"窃负而逃"和"封之有痺"的案例即是这方面的典型事例，因此无可置疑属于腐败行为。

面对刘清平关于舜的两个案例是腐败的批评，我想到的头一个问题是，自孟子成为孔子之后最重要的学者之一之后，不断受到人们的批评，其中主要有先秦的荀子，汉代的王充，宋代的李觏、司马光、晁说之、郑厚、叶适，等等。[1]这其中，态度十分尖刻，话语极其难听者不乏有之，但就批评的内容而言，据我所知，都未涉

---

1 杨泽波：《孟子评传》，南京大学出版社1998年版，第469-472页。

及舜的这两个案例,也没有人视这两个案例为腐败。这里的原因显然不能归咎于古人智慧不及今人,唯一可能的解释,就是今人的眼光与古人不同,古人是立于古代的角度,今人则是基在现代的立场,也就是说,今人是以现代的眼光发现了古人所没有或不容易看到的问题。

刘清平批评舜"徇情枉法",不能"公正守法",既与伦理问题有关,又有涉及法律问题。既然他反复使用"法"这个字眼,本文也主要从法律角度来谈。对于刘清平的这种批评,我们自然会提出这样一个疑问:他这里所说的法究竟是什么法?是战国时期鲁国或邹国的法吗?我觉得不像。这里仅以"窃负而逃"一事为例稍作分析。从有关资料看,当时鲁国和邹国不可能将此类事情规定为犯法。根据有二:其一,《国语·周语》载:东周襄王二十年(前632),周襄王劝阻晋文公听理卫大夫元咺讼其君时讲:"夫君臣无狱。今元咺虽直,不可听也。君臣将狱,父子将狱,是无上下也。"这就是说,襄王既承认元咺理直,又主张不理此案,这种看似矛盾的现象显然是认为君臣父子之间知其有罪应当隐而不告。孔子"子为父隐,父为子隐"的论述表明,鲁国受周文化的这种影响极深,因此,鲁国以及与其十分接近的邹国不可能将亲亲相隐规定为犯法。其二,战国时期的秦国是变法较早且较彻底的国家之一,商鞅变法时曾大力鼓励告奸,规定"不告奸者腰斩",[1]但从现存的秦律来看,仍然规定"子告父母,臣妾告主,非公室告,勿听。……而行告,告者罪"。秦国尚且有这样的规定,鲁国和邹国就更不用说了。这两方面的情况说明,刘清平所说的这个法不是当时鲁国或邹国的法,而只能是来自于别处的法。[2]

---

1 《史记·商君列传》。
2 刘俊文:《唐律疏议笺解》,中华书局1996年版,第1640页。

性善之谜——破解儒学研究的哥德巴赫猜想

这就涉及了法律西化的问题。中国法理有着悠久的历史，也有过灿烂的辉煌，但西方的入侵，以催生的方式打断了自身发展的过程。为了跟上时代发展的步伐，清代政府不得不以西方法律思想衡定中国法律思想的不足，并对中国法律制度进行大规模的修订。这种工作从上个世纪初开始，整整延续了一个多世纪。正如梁治平所说："现代化乃是近代以来延续至今的主题。而清末的法律改革运动，正应该看做中国法制现代化的第一步。……此后所创立的各种法律，无论它们如何完备重要，无非是在清末改革所开创方向上的进一步深入。这个方向，如果用最简练的语句来概括的话，那就是'西化'。"[1]本文正是在这个意义上使用法律西化这个术语的，所谓法律西化就是清末以来以西方法律为标准对中华法系进行批评加以变革的历史过程。从这个角度来看刘清平对儒学的批评就不难发现，他的这种批评究其实也是以西方法律来衡量中国法理的长短是非。

我的这个看法此前曾有过简要的说明，[2]但刘清平不以为然，强调他"所依据的并不是什么'清末修律后才引入的西方法理精神'，而首先是《孟子》文本中所体现的当时社会的法理精神，尤其是孔孟儒学在当时就已经大力提倡的仁者爱人，尊贤使能等观念"。他"正是依据这些在中国历史上古已有之的评判标准，才把它们定为'腐败行为'的"。[3]

刘清平的这种说法很难达到其预期目的。首先，如上所说，孟子之时的法理精神并不认为亲亲相隐是犯法，他所依据的"当时社会的法理精神"并没有历史的根据，而其所说的"中国历史上古已有之的评判标准"，主要是基于对儒家仁的思想的误解。刘清平的

---

1 梁治平：《法辨——中国法的过去、现在与未来》，中国政治大学出版社2002年版，第138页。
2 杨泽波：《〈孟子〉的误读——与〈美德还是腐败？〉一文商榷》，《江海学刊》2002年第2期。
3 刘清平：《再论孔孟儒学滋生腐败的负面效应》(上)(下)，参见www.confucius2000.com。

八、腐败还是苛求？——关于《孟子》中舜的两个案例能否称为腐败的再思考

基本思路是这样的：孔子的仁，孟子的恻隐均是主张爱的普遍性，是将爱"普泛性地指向任何一个人"，但儒家同时又主张爱有差等、血亲为重，这样就决定了儒家并不能真正实现这种普泛性的爱，结果必然导致腐败。但是，儒家仁的学说是不能这样理解的，儒家从来不主张将爱"普泛性地指向任何一个人"。仁的普遍性、恻隐的普遍性与将爱"普泛性地指向任何一个人"完全是两个不同的问题，从儒家仁的学说绝对推不出舜的两个案例是腐败的结论（这个问题我将在《〈孟子〉，是不该这样糟蹋的》一文中专门分析）。其次，我们知道，有不同的标准、不同的视角、不同的方法，才能对事情形成不同的看法。孔孟儒学所提倡的仁者爱人的精神与亲亲相隐完全一致，甚至可以说是亲亲相隐的理论基础，儒家发展两千多年来，人们一直坚持这种看问题的方式，所以没有人将舜的两个案例视为腐败。刘清平今天突然断定这两个案例为腐败，说明他在现代背景下有了新的标准、新的视角、新的方法，而这种现代背景的因素之一，当然离不开西方法律精神的传入。其实这个道理他自己也很清楚，他在分析其发现儒家思想深度悖论的原因时说过："只是在现代背景下，传统儒家上述悖论的深度意蕴才得到了最充分的显现。这是因为，现代社会的一个根本特征，就是一方面特别强调人的存在的一己个体性维度（自由、人权、平等）和普遍群体性维度（民主、法制、博爱）的本根性意义，另一方面却又相对贬抑特殊团体维度（父母子女、夫妻家庭、团体社区等等）的构成性功能。结果，现代性的根本性特征与传统儒家的基本精神就形成了泾渭分明的鲜明对照，甚至处在背道而驰的尖锐冲突之中。"[1] 这里说得很明白，只是在现代背景之下，与西方的法制思想相比照，儒家思想的深度悖论才得以发现的。刘清平否认判定舜的两个案例为腐败是受到西方法理精神的影响，并没有太大的说服力。

1　刘清平：《后儒家论纲：颠覆传统儒家，弘扬儒家传统》，参见 www.confucius2000.com。

性善之谜——破解儒学研究的哥德巴赫猜想

二

清末以来的法律西化是以催生方式进行的,这个过程太紧张、太急迫,尽管当时做了很多的工作,召集了大量专业人才,翻译了众多西方法典,但人们对西方法律思想和现实仍然存在一些误解。这种情况也直接影响到了当前这场争论。刘清平将舜的两个案例判为腐败,据我分析,其间贯穿着这样两个逻辑关系:首先,完善的法治是不讲亲亲相隐的,西方法治系统即是如此,儒家法理大讲亲亲相隐,舜的两个案例即是正脏,因而是典型的徇情枉法的腐败行为;其次,在完善的法治中如果私利与群体之利发生矛盾,当以牺牲私利为首务,西方法治系统即是如此,儒家法理却以血亲为至上原则,舜的两个案例即是正脏,因而是典型的"舍仁以取孝"的腐败行为。在我看来,这两个逻辑关系的前提都是建立在对西方法律思想误解基础之上的。

先看第一个逻辑关系。过去,我们常常认为,中国法理讲情,所以讲容隐,西方法理讲理,所以不允许容隐,因而中国的法理是落后的,西方法理是先进的。这种看法其实并不准确。范忠信近些年来对中西法文化的异同进行了详细的研究。他用大量事实证明,亲亲相隐之类的规定从古代中国、古希腊罗马到近现代,从西方到东方,从奴隶制法、封建制法到资本主义甚至社会主义法,都不同程度地存在着。

西方在古希腊时期就存在着"容隐"的观念。游叙弗伦告发父亲杀人,遭到苏格拉底的非难,这反映了古希腊社会有主张为亲属隐罪的观念。古罗马法中关于亲属容隐的规定很多,如家属不得告发家长对己私犯,尊卑亲属互相告发者则丧失继承权(叛国除外),不得令亲属互相作证,家长或父亲有权不向受害人交出犯法的子女,即可以藏匿拒捕等。这种容隐制度到了近现代仍然得以保留。

如知道近亲属犯罪而不告发、故意隐匿,令他人隐匿自己亲属、为亲属作伪证、帮助亲属脱逃等均不受处罚;规定近亲属有拒绝作证的权利,即使自愿作证也有权不宣誓担保证词无伪,证人可以拒绝回答可能使自己近亲属负刑责的问题;规定司法官有义务保证证人此种权利,防止司法专横和变相株连,如法官不得就可能有损于证人亲属的名誉的事实发问,法官应告知被告的近亲属有拒绝作证的权利,不得强迫其作证或宣誓。

近现代以来,西方容隐制度又有所变化。近现代资本主义制度下,古代强制性为亲属隐罪的义务虽然取消,但为亲属隐罪的自愿行为之权利仍被肯定下来,并应用于多种情形。其中最为典型的是关于国事罪不得隐匿之限制的取消。如《法国刑法典》《德国刑法典》《意大利刑法》都明文规定,故意藏匿力谋或实施叛国、内乱外患等重罪之近亲属者不罚。即使是在社会主义制度下,这种情况也是一样的。如东欧刑法都规定国事罪不得隐匿,但前《波兰刑法》也规定,任何人知道他人犯叛国等重罪而不通知司法机关者,应处6个月到5年徒刑,但恐近亲属受刑罚而不举告者不罚。前《罗马尼亚刑法》虽然规定藏匿犯叛国、资敌、谋反等罪的亲属者不能免刑,但又规定应减轻常人刑罚的一半。这就说明,直到目前为止,西方一些主要国家的法律条文,仍然为容隐留有一定的余地。[1]

在对中西法文化的这些相似之处作了深入研究之后,范忠信不无感慨地写道:"这是本世纪初中国法律近代化开始以来国人的最大误解之一。大量事实表明,西方法传统中也存在此类原则的应用,甚至现代欧美法中仍有大量体现'亲疏有别、尊卑有别'的刑事规范,其'亲亲尊尊'之程度实为我们想像所不及。事实上,刑事责任上亲疏有别,尊卑有别,是中西法律的共同原则,是中西法

---

[1] 范忠信:《中西法文化的暗合与差异》,中国政法大学出版社2001年版,第68—99页。

律惊人的不谋而合之处（不过因民族文化传统之不同，双方在适用此原则时各有自己的偏异侧重）。"[1]

第二个逻辑关系也是一样。有关研究表明，有一个现象值得高度注意："综观中外容隐制度，我们可以发现，有一个共同外表特征，即在国家利益和私利有矛盾冲突时偏袒后者，屈国伸家。"[2]这就是说，在容隐制度下，如果在国家利益和亲情之间发生矛盾，法律规定偏向亲情一面并不只是中国如此，在西方也是一样。罗马法中有不许对父母提起刑事诉讼，剥夺告发父母者的继承权，不许父子互相证罪的规定。这种规定虽然有维护家父权的意图，但也不可否认有偏袒一般亲情的用意。更为有趣的是，他们还规定家长可以不向受害人交出犯罪子女。古罗马皇帝查士丁尼在废止迫令向受害人交出犯罪子女之诉时指出："古人甚至将上述规则同样地适用于处在父亲权力下的子女，但是后人正确地认为这种办法过于严峻（酷）。因此，（我决定）全部予以废止。因为谁能忍心把自己的子女尤其是女儿作为加害人而向他人交出呢？因为父亲由于儿子的遭遇比儿子更加感觉痛苦，至于廉耻观念更不容许以这种办法对待女儿。"[3]

在资本主义制度下，容隐制度似乎更为明显地体现了这种意图。这主要表现为三个方面，第一，隐匿亲属之行为必须真正出于爱亲利亲之目的才可免罚，若以自利为目的者仍罚之。如1871年《德国刑法典》，现行《阿根廷刑法》规定，若以为自己取得财产利益或物质报偿为目的而藏匿犯罪亲属者，不得免刑。第二，犯罪若是针对亲属，则不许隐匿。《西班牙刑法》规定，危害父母妻子之罪必须告发，亲属不得容隐。第三，任何人可以为近亲属做辩护证人，即有权证明亲属无罪。如1898年《英国刑事证据法》规

---

[1] 范忠信：《中西法文化的暗合与差异》，中国政法大学出版社2001年版，第125页。
[2] 范忠信：《中西法文化的暗合与差异》，中国政法大学出版社2001年版，第112页。
[3] 范忠信：《中西法文化的暗合与差异》，中国政法大学出版社2001年版，第84页。

定：在普遍刑案中被告的配偶可以作证，但当辩护证人，不能强迫其作证。如果被告不让配偶出庭作证，控诉方也不得对此加以评论。[1] 由此可见，在处理个人与国家矛盾的时候，不仅中国法律选择了"屈国而伸家"的取向，而且西方一些主要法律也有明确的这种取向，这与刘清平所希望的"舍孝而取仁"的理想相距甚远。

三

或许刘清平会说，现实的合法性并不能代替理论的合理性，即便舜的两个案例在当时并不违法，但在理论上也绝不是合理的。他判定舜的两个案例是腐败并不是以西方法律思想为标准，也不是出于对西方法律的误解，而只是在现代化背景下，通过批判儒家内部的不合理性，建构一种较西方法律思想和伦理思想更为合理的理论，即所谓"后儒家"理论，从而使儒家传统焕发普世性的生命力，对人类文化的发展作出其他文化传统无法替代的独特贡献。刘清平有这么良好的愿望当然令人赞佩，但其所提倡的"后儒家"理论的合理性在一些基本点上却很值得怀疑。

"后儒家"理论的一个基本出发点，是批判爱有差等，彰显爱无差等。我们知道，爱有差等和爱无差等是两千多年前儒家与墨家争论的一个主要话题，争论的结果，以儒家取胜告以结束，至少是因为随着儒家地位不断提高，人们普遍接受了有差等的爱，而抛弃了无差等的爱。儒家取胜的一个重要原因在于，其思想是建立在现实基础之上的。现实中的人都来自于父母所生，其所接触到的对象首先是自己的父母，自己的家庭，然后随着接触范围的不断扩大，逐渐延伸到自己的亲戚，亲戚又有远近之分，先是近房的，再是远房的，然后再扩大到一个村一个乡一个市一个国乃至今天的全世

---

[1] 范忠信：《中西法文化的暗合与差异》，中国政法大学出版社2001年版，第84-85页。

界。人有爱的特性，随着这种范围的扩大，也将自己的爱逐渐由近及远扩展开来。这就是儒家所说的有差等的爱。这种思想表面看的确是卑之无甚高论，但它就是现实的情况，除去少数境界极为高远的人可以在一定程度消解这种差等的界限之外，绝大部分人都是如此。这既是儒家的主张，也是现实的生活。当代西方社群主义强调共同体的理念，与儒家的上述主张不谋而合。这在麦金太尔近年来的研究中已经可以看到一个端倪。儒家爱有差等思想最深厚的理论基础可能就在这里。

刘清平的"后儒家"理论不仅中国人做不到，即使是在以基督教为主要思想背景的西方国家事实上也很难真正广泛实行。这里可以举一个反证作为说明。在法律界有一条叫作"亲属相犯"，也就是亲属之间的犯罪。如果人与人是完全相等的，那么亲属之间的犯罪理当也应该与非亲属之间的犯罪同等对待。但在西方法传统、甚至现代欧美法中，在对待亲属间人身侵害、亲属间财产侵犯、亲属间性侵犯、诱唆胁迫亲属犯堕落耻辱罪、以及亲属间其他犯罪方面，仍有大量体现亲疏有别、尊卑有别的刑事规范。[1]这种情况表明，即使是在主张人人平等、爱邻如己的西方社会中，亲亲尊尊、爱有差等的情况仍然是一个无法回避的现实。当然，我这样讲并不是以西方为标准，以西方能否做到来证明其理论是否合理，而只是说要认真分析由亲亲尊尊、爱有差等引申的容隐制度的理论意义。古今中外的法律都在一定程度上允许容隐，而不是完全禁止容隐，其中一定有其理由。以我现有的能力分析，这种理由至少有如下两个方面：其一，完全禁止容隐很难做到。这是因为："完全禁止容隐，就是要求所有的人都'大义灭亲'：知亲属犯罪必举告；亲属央求他帮助隐匿或帮助逃避，他坚决拒绝。这是否可能？我认为不

---

[1] 范忠信：《中西法文化的暗合与差异》，中国政法大学出版社2001年版，第144页。

可能。此即刑法学者所言'无期待之可能性'。"[1] 将一种制度建立在"无期待之可能性"上是危险的。其二，无论从国家看还是从个人看，承认容隐都利大于弊。从国家的角度看，允许容隐必然放纵罪犯，有害国家利益，但这种做法有助于形成民心淳厚、社会和谐的社会风气，这显然有利于国家的长久利益。从个人角度看，容隐制也有很多好处，这主要表现在不强人所难，有利于保护亲属，使人们有安全感等方面。

西方法律允许容隐是不是出于上述考虑，是不是还需要从个人与国家关系的角度加以考量，还需要认真探索；但从儒家学理的角度看，则基本上是可以这样说的。这是因为，允许容隐与儒家提倡的德高于法的精神正相吻合。治理国家既要有德，又要有法，两者相比，何者更为重要呢？儒家认为，还是人人有德重要得多。如果一个国家中，人人有德，那么人人就不会犯法，人心纯朴，国家自然也就好治理了。反之，如果人人无德，只是迫于法律做一些事情，或为利益做一些事情，这个国家就很难真正治理好。如果鼓励告发亲人，禁止容隐，必然会有因害怕受到惩罚而不敢匿亲的，以及以告发来获取资金或爵禄的情况。这种人越多，国家越难治理。孔子所谓"道之以政，齐之以刑，民免而无耻；道之以德，齐之以礼，有耻且格"（《论语》3.2），其深意大概即在这里。

"窃负而逃"和"封之有庳"这两个故事有一个共同特点，即，在不能两全的情况下，舜以德作为最高的价值选择取向。在"窃负而逃"一例中，舜首先肯定瞽瞍确实犯了罪，应该抓，但又不忍心舍弃父子亲情，结果想出了背负着父亲逃走，在海边诉然相处的办法，为此哪怕放弃天子之位，从理论上分析就是将个人之德放在了首位。"封之有庳"一例也是一样。象很不好，至不仁，但舜做了天子，并不记恨他，反而将其封之有庳，既采取措施限制其权力，

---

[1] 范忠信：《中西法文化的暗合与差异》，中国政法大学出版社2001年版，第120页。

不加害百姓，又让其过上富足的生活，可以常常相见，以尽兄弟之情。这种选择取向首先考虑的当然也是德。从国家治理的角度看，如果像舜这样有德的人多了，尽管也有诸如为破案增加了难度、可能引发复仇等问题，但相对而言国家治理可能会方便一些。反之，如果舜主动把自己的父亲供出去，亲自把自己的弟弟抓起来，将此种做法推广开来，很难保证人们不来效法，很难保证没有小人为了名利而来，这对国家长治久安肯定不利。此即孔子所说的"无耻"。

为了加强论证力度，刘清平还引我国《刑事诉讼法》第四十七条、第四十八条、《民事诉讼法》第七十条之规定，证明我国现行法律规定，除特殊情况之外，凡是知道案件情况的个人都有作证的义务，有意作伪证或隐匿罪证是违法行为。[1] 其实，这种情况较为复杂，不能一概而论。我国长期承认容隐制度，在清末修律时，为是否保留这一制度有过激烈的争论，最后有条件地承认了容隐的权利，中华民国宪法还保留了这方面的内容，只是到1949年之后这种做法才完全禁止。对于这种情况，法律界本身也有不同的意见。高鸿均有一段话说得很好，他说：多年来，我们"引进"或"制造"了很多法条，却又陷入有法不依和有法难依的困境。"一些人通常将这些问题归咎于'法制不健全'、'执法者素质不高'以及'民众法律意识淡泊'等因素，很少检讨法律西化的做法本身是否合适；很少询问民众对外来法律的实际感受；更少考量并利用自己的传统资源，甚至将其一概斥为'封建糟粕'。"[2] 这个评论不完全是就容隐制度说的，但有很大的相关性。历史上即使是在法家大行其道的秦国，尚且规定不准告发父母，我们在儒家传统长达两千多年的现在却将血亲情感一律当作历史垃圾全盘扔掉，实在值得认真检讨。如下比照是怵目惊心的："我们可以假想这样一个场面：把我

---

1 刘清平：《再论孔孟儒学滋生腐败的负面效应》(上)(下)，参见 www.confucius2000.com。

2 高鸿钧：《现代法治的出路》，清华大学出版社2003年版，第9页。

国现行刑法和欧美任一国家（比如法国）的刑法典摆在一起，删去所有表示'国籍'的字眼，让孔子、孟子这些中华文化传统的精神代表们的在天之灵来辨认：哪一个是中国的？他们肯定会异口同声地指着后者说：'此当为中国之法。虽经两千余年演变，然精神尚在，尚可辨识。'至于前者，他们肯定会说：'此当为外邦之法，因不见我中华精神之痕迹。'先圣此语必使我们尴尬莫名、羞愧难当。"[1]

我引用这些材料旨在对取消容隐制度的利弊得失进行全面的考量。是否允许为亲人隐罪，是一个非常复杂的问题。在我国历史上，虽然容隐早已制度化，但大义灭亲的事例也很多，而且在一般情况下人们既不将大义灭亲看作不正常现象，也不认为大义灭亲与容隐有原则性的冲突，而且在大义灭亲时，父灭子较之子灭父的情况更多，也更容易得到人们的理解和支持。这些情况说明，儒家文化是很活的：既主张重孝，又主张在忠孝不能两全的情况下当为国尽忠；既允许容隐，又提倡在特殊情况下大义灭亲；没有像康德那样从普遍性入手建构自己的理论，其学说却仍有很强的普遍意义；允许容隐会带来复仇问题，但从总体上说并没有因此而引发无节制的乱杀无辜。这些都是大有深意需要认真研究的。如果将容隐导致的舜"窃负而逃"一事简单判为腐败，很难重视并发掘其中隐含的深刻道理。

总之，中西主要法律都在一定程度上承认容隐的合法性，绝对不是一时糊涂，没有想清楚，也绝对不是什么封建主义伦理糟粕、资本主义虚伪人情所能解说的，其间大有文章，是一个极为值得重视的课题。刘清平希望将爱"普泛性的指向任何一个人"，实现"普遍性的仁爱"，禁止因重视血亲情理而存在的容隐，离现实过于遥远，在理论也缺少有力的证明，其可行性很值得怀疑。在我

---

[1] 范忠信：《中西法文化的暗合与差异》，中国政法大学出版社2001年版，第171-172页。

看来，仅就这一点而言，这种"后儒家"理论未必比原始儒家理论更为合理。一旦推行这种理论，他所期望的"颠覆传统儒家"的目的可能是可以达到的，但"弘扬儒家传统"的目的能否实现就很难说了。

四

刘清平将舜的两个案例说成是腐败，不仅缺乏法理上的历史依据，而且有违于哲学研究中的历史性原则。

历史性原则是哲学研究中一个基本原则，核心是说，对于历史事物的评价应该置于当时特定的环境之中，而不应该以今非古。这一原则也适用于当前这场争论。刘清平近些年来对于儒学的负面作用进行了详细的研究。根据我的观察，这种研究主要集中在三个方面：一是分辨儒家伦理与西方伦理的区别；二是分析血亲伦理与社会群体之间的张力；三是寻找突破血亲伦理，实现社会法治的途径。这些都是五四以来前辈学者和我们这一代学人一直关注的课题。他在这方面作进一步的探讨，当然有其理论意义，应该加以肯定。但问题在于，我们不能因为自信自己学说正确，就以新学说作为衡量古代事情是非对错的标准。新学说再正确也只代表今天，以新学说的正确性断定古人之是非不是一种好的做法。举例来说，我国曾经历过由分封制到封建制的发展，今天又有共和、民主、联邦等新的形式。以今天的标准看，分封制和封建制都有问题，都不尽合理。我们当然可以运用新的理论分析其利弊得失、经验教训，但不能以此为标准批评周代实行分封制是只照顾血亲不照顾百姓福祉，秦代推行封建制是只顾及官僚不顾及人民利益，统统是腐败。

将舜的两个案例判为腐败，尽管具体内容有别，但遵循的思想方法却是相似的。儒家传统中亲亲尊尊的容隐制度确实有自己的缺陷，我们今天完全可以借助新的理论、新的方法检讨其中的不足，设计出一种更加合理、更加可行的理论模式，但即使我们完全做到了这些，根据历史性原则，我们仍然不能判定舜的这两个案例在当时就是腐败，更不宜直接断言"舜其实是中国历史上第一个有文本记述可资证明的曾经从事某些腐败行为的最高统治官员"。这个道理是众有周知的，无需赘言。

《孟子》中所虚构的舜的两个案例充分体现了儒家伦理法的特点，虽然也有自身的问题，但不仅在当时乃至其后很长一段时间都是一种行之有效的做法，而且其中所隐含的价值选择取向至今仍有重要意义，并与当今西方一些主要法律条文所体现的倾向不谋而合，其中的深意大可研究，绝不能简单以腐败相论。刘清平对儒学的批评过于理想化，过于西方化，断语下得过于极端，对《孟子》原典的理解又过于表面化（这方面的问题我将《〈孟子〉，是不该这样糟蹋的》一文中专述），乃至直接将舜的两个案例判为腐败，开了两千年儒学研究之先河。从思想进程上分析，他不自觉受到了西化特别是法律西化的影响，而对西方法律思想理解又有欠准确，进而以其所理解或想象的今天的西方法律来衡量古代的儒学，从而造成了对儒学在空间和时间两个方面的苛求。有鉴于此，我坚持认为，我们今天评论舜的这两个案例应当尽可能排除西方文化中心论的影响，尽可能消除对西方法律思想的片面理解，尽可能考虑到自己的理论设想是否符合本土的实际情况，尽可能坚持历史性原则，一句话，应当尽可能破除受法律西化影响而对儒学的双重苛求。否则很可能会导致周公实行分封制是推行腐败，苏格拉底嘲弄游叙弗伦告发其父是鼓励腐败，西方现行一些主要法律条文仍然承认亲亲尊尊的容隐制度是赞成腐败，只有刘清平今天所着力建构的"后儒家"理论才是合法的、理性的、非腐败的这一不合理结论。至此，本文的预期任务——尽管我们应该检讨儒家学理的不足，而且有关的研究必将长期进行下去，尽管我们可以对儒家某些理论有不同的理解，而且有的争论可能还相当激烈，但在我们讨论的范围内无论如何都不应该将舜的两个案例判定为腐败——已经基本完成，至于完成得如何，还有待读者评判。

八、腐败还是苛求？——关于《孟子》中舜的两个案例能否称为腐败的再思考

九、《孟子》，是不该这样糟蹋的

——《孟子》中与所谓腐败案例相关的几个文本问题

案：这是围绕应该如何理解孟子撰写的第三篇文章，发表于《复旦学报》2004年第4期，也收于郭齐勇主编的论文集《儒家伦理争鸣集：以"亲亲互隐"为中心》。与上两篇不同，本文主要分析《孟子》中容易引起争议的文本问题，为澄清相关争论扫清外围障碍。

刘清平近年来连续发表文章，分析孔孟儒学存在的深度悖论，并以此为基础将《孟子》中舜"窃负而逃"和"封之有痺"两个案例判为腐败，引起学界强烈反弹。刘清平为了证明自己的观点常引用《孟子》中的材料作为论据。我对这些论据作了一些分析，发现其中不少问题很值得商榷。关于舜的两个案例的两章我在别的文章中作过专门分析，这里再举几个例子加以说明。[1]

---

[1] 有关目前这场争论的背景情况，参见杨泽波《腐败还是苛求？——关于〈孟子〉中舜的两个案例能否称为腐败的再思考》(《河北学刊》2004年第3期)。另外，本文只讨论刘清平对《孟子》文本理解中存在的问题，而不涉及舜的这两个案例本身。关于舜的这两个案例，我在《〈孟子〉的误读——与〈美德还是腐败？〉一文商榷》(《江海学刊》，2003年第2期)中有专门的分析，敬请参阅。

一、仁者爱人不等于将爱普泛性地指向任何一个人

在刘清平对《孟子》的引述中,首先值得一提的是他对仁的解释。刘清平非常重视仁的问题,认为孔子和孟子都明确赋予了仁以"人与人普遍相爱"的内涵,普遍仁爱构成了儒家思潮旨在追求的一个崇高理想。"仁在本质上首先是一种开放的普遍性情感,要求在人与人之间保持普泛性的相爱关系,也就是所谓的'泛爱众'。"[1] 在这方面,孟子较孔子又有进步。孟子不仅提出"仁者爱人"的观点,而且从人性的视角以恻隐之说为其普遍性打下了理论的基础。"恻隐之心不仅是人之为人的本质要素,而且也具有十分鲜明的普遍性内涵,因为它不是只能特异地指向自己的父母子女,而是可以普泛性地指向任何一个人。"孟子"在人的普遍'心性'中为仁爱理想奠定了一个不仅必要,而且充分的坚实基础:既然每个人都拥有作为'仁之端'的恻隐之心,那么,人与人之间当然也就应该保持普遍性的仁爱情感"。[2]

这就是说,在刘清平看来,孔孟提出仁的学说是主张人与人之间的普遍相爱,即所谓"普遍仁爱"。[3] 孟子的恻隐思想进一步为仁的学说提供了坚实的心性基础,使爱上升为"一视同仁的普遍性原则",[4] 不仅指向自己的亲人,而且"普泛性地指向任何一个人"。这是孔孟儒家思潮竭力追求的崇高理想。

我不认为这种理解是正确的。我们知道,孔子讲过"泛爱众,

---

1 刘清平:《无根的仁爱——论孔孟儒家的深度悖论》,《哲学评论》2002年第1期,第185页。
2 刘清平:《无根的仁爱——论孔孟儒家的深度悖论》,《哲学评论》2002年第1期,第186页。
3 刘清平:《无根的仁爱——论孔孟儒家的深度悖论》,《哲学评论》2002年第1期,第184页。
4 刘清平:《无根的仁爱——论孔孟儒家的深度悖论》,《哲学评论》2002年第1期,第189页。

而亲仁"(《论语》1.6),但这里的"泛爱众"并不是主张人与人之间普遍相爱,而只是说人要有爱心,要广泛地爱大众。人必须有爱心是一回事,如何去爱是另一回事。孔子从来不认为人可以一视同仁地爱所有的人。这一点无需作更多的证明,只要指出两点事实就可以了。其一,周代礼乐之制的核心是亲亲而尊尊,以此为基础创造了自己的辉煌,孔子的政治理想是恢复周代的礼乐之制,因此,孔子创立仁的学说不可能将周代亲亲而尊尊的原则抛弃不用。其二,儒墨之争的一个重要内容,是爱有差等还是爱无差等,如果孔子所说"泛爱众"是指"普遍仁爱",那么墨子提出兼爱说也就没有任何新意了。

在这方面,孟子与孔子是一致的。孟子继承了孔子仁的思想,将仁提升到心的层次,这个心就是良心本心。良心本心有其端倪,这些端倪即是四端之心。四端之心中以恻隐之心为首,其他三心均是由恻隐之心滋生出来的。孟子在这方面的最大进步在于试图证明恻隐之心是普遍的,人人具有。孟子由天下脚之相似、口之相似、口之相似、耳之相似、目之相似,进一步推断心也有相同之处,"故曰:口之于味也,有同耆焉;耳之于声也,有同听焉;目之于色也,有同美焉。至于心,独无所同然乎?心之所同然者何也?谓理也,义也。圣人先得我心之所同然耳"(《孟子》11.7)。既然心之同然为理为义,那么完全可以肯定仁义仁智我固有之;仁义礼智我固有之,当然也就有诚善之性了。我将这种做法称为以同然论性善。[1] 由此可见,同孔子一样,孟子讲恻隐之心人皆有之只是说人人都有仁爱之心的端倪,而不是要将这种爱心"普泛性地指向任何一个人"。

但是,正是在这个常识性问题上,我们发现了刘清平的缺陷。刘清平将仁理解为"人与人普遍相爱",是将爱"普泛性地指向任何一个人",并将其视为儒家不断追求的崇高理想。他在这里明显

---

[1] 杨泽波:《孟子性善论研究》,中国社会科学出版社1995年版,第128页。

混淆了两个不同的问题，一个是"爱心的普遍性"，一个是"普遍性的仁爱"。"爱心的普遍性"是说每个人都有爱人之心，都有恻隐之心，这是普遍的。"普遍性的仁爱"则是肯定"一视同仁的普遍性原则"，将爱"普泛性地指向任何一个人"。无论是孔子所说的"泛爱众"，还是孟子所说的"仁者爱人""恻隐之心人皆有之"，都只是讲"爱心的普遍性"，主张人人都有爱心，将这种爱心推广出去，首先爱自己的亲人，然后爱周围的人，以至爱天下的人。这方面孟子有段话说得非常清楚，他说："君子之于物也，爱之而弗仁；于民也，仁之弗亲。亲亲而仁民，仁民而爱物。"(《孟子》13.45)这就是说，君子对于物是爱的，但还够不上仁，对于民是仁的，但还够不上亲。正确的做法是，首先亲近自己的亲人，由此推广到对民而仁，再由对民而仁，推广到爱怜万物。这就是儒家一以贯之的爱有差等的原则，也是儒家论爱的一大特色，两千多年来为人们理解，乃至成为哲学的基本常识。刘清平将"爱心的普遍性"误解为"仁爱的普遍性"，并将这种"仁爱的普遍性"设定为儒家的崇高理想，再从儒家原典中找出一些论述，证明孔孟儒家由于将血亲情理置于至高无上的地位，无法实现这个崇高理想，从而证明孔孟儒家存在着深度的悖论。明眼人一望即知，刘清平在论证的基本前提上出了问题，他是将他所误解的、儒家并不承认甚至是反对的观点，加到了儒家头上，以此出发批评儒家，其结果之不合理自然可想而知了。这一点在下面将会看得更清楚。

二、推恩不是为了达到一视同仁的爱

刘清平将"普遍性的仁爱"设定为儒家的崇高理想之后，便以此作为目标对儒学开展批评。推恩是其中一个典型的例子。

我们知道，"老吾老以及人之老，幼吾幼以及人之幼，天下可运于掌"是孟子的名言,刘清平在引用这段论述后指出:"很明显,孟子倡导的这种推恩实际上建立在所谓的'一视同仁'之上,即要求人们超越不同血缘关系的特异性(我的父母只是我的父母、不是你的父母),而在肯定其共通性(我的父母与你的父母一样都是父母或老人)的基础上,通过'举斯心加诸彼'的类比途径,像对待自己的父母子女那样对待他人的父母子女,由此把一般来说只是对于自己的亲人才会产生的血亲之爱推广到那些与自己没有什么血缘关系的普通人那里,最终实现仁者爱人的普遍理想。"[1] 刘清平对孟子推恩之说之所以有所肯定,是因为在他看来,孟子的这一说法肯定了一视同仁的爱,突破了血缘亲情的特殊性局限,在立足于血亲本根的前提下,为解决"在没有血缘关系的人们之间为什么应该保持普遍仁爱"的问题作出了贡献。

但是,他紧接着又宣称发现了孟子学说中存在着深度悖论。因为孟子主张的推恩所包含的这种一视同仁因素,其基础是要求承认他人的父母像自己的父母一样,从而做到"老吾老以及人之老,幼吾幼以及人之幼"。在这种情况下,"倘若一个人遵循孟子的教诲,试图依据'斯心'(我对我父母的孝心)与'彼心'(你对你父母的孝心)的共通性而将不同血缘亲情的特异性(我只应该对我的父母产生孝心)悬置起来,凭借'善推其所为'的途径把本来只应指向自己的父母的孝心推广到其他人的父母那里,那么,这种推恩也就必然会由于在一视同仁的基础上将'吾老'与'人之老'类比对待,而根本否定爱有差等的儒家原则和事亲为大的至上地位,以致最终通向墨家思潮主张的'视其至亲无异于众人'的'兼爱'"。[2]

由此可知,刘清平之所以批评孟子的推恩之说,认为这一学说

---

[1] 刘清平:《无根的仁爱——论孔孟儒家的深度悖论》,《哲学评论》2002年第1期,第189页。

[2] 刘清平:《无根的仁爱——论孔孟儒家的深度悖论》,《哲学评论》2002年第1期,第190页。

"在儒家思潮的理论架构内是无法成立的",[1] 是因为孟子一方面肯定了"一视同仁的普遍性原则",即所谓"老吾老以及人之老,幼吾幼以及人之幼",另一方面又把血亲情理抬到至高无上的地位,这就形成了一个重大的矛盾。这个矛盾中,以血亲情理为至上原则的爱无法直接过渡到一视同仁的爱,因为如果在血亲情理与个体性和社会性之间发生冲突,血亲情理的至上性必然"会迫使个体性和社会性否定甚至消解自身,以致人的整体性存在仅仅被归结为血亲团体性的存在"。[2] 他将此称为"无根的仁爱",即在儒家理论架构中,这种崇高理想的仁爱是没有本根的,无论如何是无法实现的。

刘清平这种理解很值得商榷。如上所述,爱有差等是儒家的基本主张,所谓"普遍性的仁爱"并不是儒家的崇高理想。孟子讲的推恩并不是要达到"普遍性的仁爱",贯彻所谓"一视同仁的基本原则",而只是主张将每个人都有的恻隐之心,仁爱之心逐级推广开来,首先爱自己的亲人,再将这种爱心推广到其他人身上。爱自己的亲人与将这种爱心推广到其他人身上,这之间是有差别的。这种差别表现在两个方面:一是时间的差别,即首先是爱自己的亲人,然后才是爱其他人;二是程度的差别,爱自己亲人的程度要高于爱其他人的程度,随着推恩范围的不断扩大,这种差别的程度将会增加。孟子所说的推恩是有差等的、逐级的,孟子并不主张一视同仁的爱一切人。既然这个崇高理想并不存在,以推恩不能实现这个理想来证明孟子学说中存在深度悖论,自然也就没有任何意义可言了。简言之,刘清平所谓"无根仁爱"的深度悖论并不是儒家自己的,而是他想象中的那个儒家所具有的。

---

1 刘清平:《无根的仁爱——论孔孟儒家的深度悖论》,《哲学评论》2002年第1期,第190页。

2 刘清平:《论孔孟儒学的血亲团体性特征》,参见 www.confucius2000.com。

在认定孟子推恩之说不能成立之后，刘清平还对朱子提出了批评。他指出，可能是由于意识到上述冲突的缘故，后来一些儒家学者曾试图依据爱有差等的原则解释推恩活动，以使二者能够在儒家思潮的理论架构内保持统一。例如，朱子在阐发孟子推恩思想时就说过："骨肉之亲，本同一气，又非但若人之同类而已。故古人必由亲亲推之，然后及于仁民，又推其余，然后及于爱物。皆由近以及远，自易以及难。"刘清平指出："这其实是对推恩活动的一种误解。事实上，倘若一个人坚持事亲为大的儒家原则，强调'骨肉之亲，本同一气，又非但若人之同类而已'，他就只会凸显不同血缘关系的鲜明特异性，坚执（似应为"持"——引者注）血缘亲情的至高无上性和不可超越性，断然否定自己的父母子女与他人的父母子女在作为父母子女或是老人晚辈方面具有的共通性，从而在他对自己父母子女的血缘亲情与他对他人父母子女的仁爱情感之间设置一条无法逾越的差等鸿沟，以致根本消解推恩活动赖以成立的'举斯心加诸彼'的基础，使它不可能通过超越性的途径真正实现。"[1] 朱子对推恩的解释是从"亲亲而仁民，仁民而爱物"的思路出发的，是对孟子推恩之说很好的说明，历来为人们所引用。刘清平却轻易认定其是"误解"，这实在让人不知说什么才好，真不知是朱子误解了孟子，还是刘清平误解了孟子和朱子。

三、追求道德的纯粹性不能讥为无父

更加让人不解的是，刘清平还批评孟子实际上也是无父。众所周知，儒家、墨家讲爱有所不同。因为墨家主张天下的人都是平

---

[1] 刘清平：《无根的仁爱——论孔孟儒家的深度悖论》，《哲学评论》2002年第1期，第190–191页。

等的，没有差别，不能因为是自家的父母就多爱一分，是他家父母就少爱一分，所以孟子批评其是"无父"。暂且不管孟子的批评是否有道理，只就两家分歧的界限而言，是十分清楚的。刘清平却突发奇论，提出孟子讲的爱与墨家讲的爱实际上并无原则上的区别。"事实上，无论从哪个角度看，孟子所说的'恻隐之心'与墨子所说的'兼爱'都很难区别开来。"[1]"孟子自己强调以普遍社会性的'恻隐之心'作为'仁之端'，也同样是否定了儒家思潮主张的以血亲团体性的'父慈子孝'作为至高无上的唯一本根，因而也只能是'无父'的'禽兽'。"[2]

刘清平之所以这样看，与其对于仁的理解有直接关系，这在上面两节已有专门说明，兹不再论，这里仅分析他为此提供的证据。为了进一步证明孟子为什么实际上也是"无父"的"禽兽"，刘清平提供了三个证据，其中第一条证据是这样说的："孟子曾经明确要求将'人欲之私'从'恻隐之心'中驱逐出去，强调不应该出于个体性的私利考虑而对他人产生爱怜同情，即所谓的'非所以内交于孺子之父母也，非所以要誉于乡党朋友也，非恶其声而然也'。然而，墨子主张的'兼相爱、交相利'，同样不是旨在肯定个体性的'人欲之私'，而是旨在认同就连孟子自己也不会反对的社会性普遍功利。"又说："墨子不仅坚决反对'人独知爱其身，不爱人之身'的个体性'亏人自利'，而且也严厉抨击了'家主独知爱其家，而不爱人之家'的血亲团体性'亏人自利'。就此而言，墨子其实也是明确要求将'人欲之私'从兼爱之中驱逐出去，强调不应该出于个体性的私利考虑而对他人产生爱怜同情。"[3]这就是说，刘清平坚持认为孟子讲的爱与墨子的兼爱"很难分开"，主要是因为孟子和墨子都主张排除"人欲之私"，"强调不应该出于个体性的私利考

---

1 刘清平：《论孔孟儒学的血亲团体性特征》，参见 www.confucius2000.com。
2 刘清平：《论孔孟儒学的血亲团体性特征》，参见 www.confucius2000.com。
3 刘清平：《论孔孟儒学的血亲团体性特征》，参见 www.confucius2000.com。

虑而对他人产生爱怜同情"。

然而,他所引《孟子》之原文,并不能证明其论点。刘清平所引孟子的话见于《公孙丑上》第六章,原文是:"所以谓人皆有不忍之心者,今人乍见孺子将入于井,皆有怵惕恻隐之心——非所以内交于孺子父母也,非所以要誉于乡党朋友也,非恶其声而然。"孟子认为,在突然见到小孩子就要掉到井里的那一瞬间,每个人都会自发前去抢救,这种行为完全是出于怵惕恻隐之心的命令,而不是为了其他目的,即不是为了结交于孩子的父母,不是为了在乡里讨个好名声,不是为了讨厌孩子的恸哭之声。孟子这里的意思并不是不能要个人的私利,而是讲道德必须是纯粹的,不能出于功利的目的。

这个思想是牟宗三首先明确提出来的。牟宗三在借用康德道德自律学说研究儒学思想的过程中,发现康德所说的道德自律思想,其实在儒家学说当中,特别是在孟子思想中,早就存在了。牟宗三常引的重要材料,就是孟子的这段话。在牟宗三看来,孟子性善论的仁义内在与康德的理性立法是相通的。康德从义务分析入手,由此悟入道德法则,定言命令,意志自律自由,建立了以法则决定行为的道德哲学,而"孟子是从'仁义内在'之分析入手,由此悟入仁义礼智之本心以建立性善,由此心觉性能发仁义礼智之行。仁义礼智之行即是'顺乎性体所发之仁义礼智之天理而行'之行。天理(亦曰义理)即是道德法则,此是决定行动之原则,亦即决定行动之方向者"。[1]仁义内在即表示超越的道德心是先天固有的,依此而行,就是康德所讲的按照理性立法而行动。"仁义之行就是善,这是实践法则所规定的。这种意义的善就是纯德意义的善,丝毫无有私利底夹杂;亦曰无条件的善,不是为达到什么其他目的之工

---

[1] 牟宗三:《圆善论》,(台)学生书局1985年版,第184页。

具。"[1] 这样产生出来的善,既不是为私利,又不是为他人,所以是典型的道德自律。尽管牟宗三借鉴康德研究儒学的做法在学界有不同意见,但将孟子这一思想提升到更高的层面,则得到了人们的普遍认可。[2]

孟子这样的论述还有很多。如孟子讲过:"哭死而哀,非为生者也。经德不回,非以干禄也。言语必信,非以正行也。"(《孟子》14.33)在孟子看来,为善必须是纯粹的,哭死者而悲哀,不是做给活着的人看的;由道德而行,不致违礼,不是为了求取官职;言语一定有信,不是为了让人知道我的行为端正。在孟子这就叫作"由仁义行,非行仁义也"(《孟子》8.19)。"由仁义行"与"行仁义"虽然只有字序的变化,但却是两个根本不同的道德原则,"由仁义行",是说道德必须为了仁义而仁义,而"行仁义"则只是把仁义作为谋取其他利益的工具。

长期以来,人们对于儒家义利思想有很大的误解,认为儒家只准讲义,不准讲利,上面所引的孟子的那段话即是经常引用的一个证据。近些年来,这方面的研究有了长足的进步,学界早已扬弃了儒家只准讲义,不准讲利的陈旧观念,认识到孟子讲利并非只有一个含义,而是有三种意义,即治国方略之利,道德目的之利,人禽之分之利。[3] 孟子所说"非所以内交于孺子父母也,非所以要誉于乡党朋友也,非恶其声而然"只是道德目的之利,从追求道德纯粹性的意义看,这种利当然是不能要的。但是,排除这种利并不是不能要刘清平所说的"人欲之私",因而和"无父"是两个根本不同的问题。在学界对孟子之利有了较细分疏的情况下,刘清平仍然将孟子这段话作为孟子要求去除"人欲之私"的证据,不仅没有看到

---

1 牟宗三:《圆善论》,(台)学生书局1985年版,第185页。
2 杨泽波:《牟宗三道德自律学说的困难及其出路》,《中国社会科学》2003年第4期。
3 杨泽波:《孟子义利观的三重向度》,《东岳论丛》1993年第4期;《义利诠释中的串项现象》,《孔子会议论文集》,国际文化出版公司2000年版。

九、《孟子》,是不该这样糟蹋的——《孟子》中与所谓腐败案例相关的几个文本问题

孟子这一论述包含的深刻意义,而且将其与墨子划为同类,讥之为"无父",令人有啼笑皆非之感。

四、以天下养并不是以整个天下来孝敬自己的父母

为了证明儒家深度悖论有滋生腐败的作用,刘清平还以《孟子》中的"以天下养"为证,明确指出:"从某种意义上说,这段论述几乎是不加掩饰的腐败宣言,因为它公开主张:任何一位行政官员,要想成为儒家认同的具有尊亲美德的'孝子之至',都应该设法以整个天下或是所辖地区'养'自己的亲人。"[1]

被刘清平称为"腐败宣言"的这段话见于《万章上》第四章,原文为:"孝子之至,莫大乎尊亲;尊亲之至,莫大乎以天下养。为天子父,尊之至也;以天下养,养之至也。《诗》曰:'永言孝思,孝思维则。'此之谓也。《书》曰:'祇载见瞽瞍,夔夔齐栗,瞽瞍亦允若。'是为父不得而子也?"我曾在《〈孟子〉的误读》一文中对此提出了不同的看法,指出《孟子》中这段话其实并不是那个意思。"孟子在这里是说,尽管舜做了天子,但还是其父母的儿子,还是要奉养父母。奉养父母有不同的等级,最高的等级就是'以天下养'。'以天下养'是说,做了天子的父亲,就取得了至尊的地位,这样的养就是最高的养了。这个意思用今天的话表达好像就是说,'孩子有出息才是孝,出息越大,尽孝越大,如果大到做了天子,就是尽了最大的孝了'。"[2]

刘清平对我的批评提出了反驳,认为他不明白他的解读与我的

---

[1] 刘清平:《美德还是腐败?——析〈孟子〉中有关舜的两个案例》,《哲学研究》2002年第2期。

[2] 杨泽波:《〈孟子〉的误读——与〈美德还是腐败?〉一文商榷》,《江海学刊》2003年第2期。

解读"到底有些什么区别"。[1] 这个区别其实很简单。我认为此章核心是谈孝的层次,和腐败问题不沾边,而他则认为此章是孟子公开主张腐败的宣言。《孟子》中"以天下养"一章是一个整体,在这一章中,孟子主要谈了舜为天子之后,如何处理与其父的关系。孟子认为,舜尽管做了天子,但仍然要敬养其父,而舜也正因为做天子太操劳难以尽孝心而烦恼。然后,孟子又谈到如何才是尽孝。他认为,最高的孝就是"以天下养",这里的"以天下养"结合"为天子父,尊之至也"结合来读,只是说做了天子有了出息,可以使父母荣耀的意思。从整章来看,孟子并没有涉及"设法以整个天下或是所辖地区'养'自己的亲人"的问题。儒家十分重孝,认为孝有不同的层次。让父母有温饱是一个层次,让父母有尊严是另一个层次,让父母很荣耀、有光彩又是一个层次。孔子讲:"今之孝者,是谓能养。至于犬马,皆能有养;不敬,何以别乎!"(《论语》2.7)意思是并非能够养活父母就算是孝了,否则和犬马无异,关键还要有孝敬之心。孟子也讲:"曾子养曾皙,必有酒肉,将彻必请所与,问有余,必曰有。曾皙死,曾元养曾子,必有酒肉,将彻不请所与,问有余,曰亡矣,将以复进也。此所谓养口体者也,若曾子则可谓养志也。事亲若曾子者,可也。"(《孟子》7.19)曾子养曾皙是养其志,曾元养曾子只是养其口体。这就是孝的层次的不同。在孟子看来最大的孝,是孩子有出息,父母能够享受其"尊"。所以,尽管"以天下养"从字面上可以解释"以天下养父母",但这句话不能只从字面上看,更不能认为孟子是在主张为了尽孝可以不顾社会群体利益,把整个天下都用来孝敬自家父母,以此作为儒家公开主张腐败的宣言。刘清平不顾《孟子》此章的整体含义,仅凭"以天下养"几个字便认定孟子此章是主张"设法以整个天下或是所辖地区'养'自己的亲人",是"不加掩饰的腐败宣言",实在

---

[1] 刘清平:《再论孔孟儒学滋生腐败的负面效应》(下),参见 www.confucius2000.com。

是太表面化了。如果真如他所说,此章是孟子公开宣扬腐败,两千多年来居然没有人能够看出这个重大破绽,古人受封建意识蒙蔽之深,刘清平得现代意识润泽之多,古人之愚笨,刘清平之高明,相差也太过悬殊了。[1]

五、父子不责善不是父子之间不能批评不道德的行为

最后再举一个父子不责善的例子。《孟子·离娄下》第三十章说:"夫章子,子父责善而不相遇也。责善,朋友之道也;父子责善,贼恩之大者。"刘清平对此批评道:"本来,道德生活中的相互批评是人们培养优秀美德的一个重要手段,因此,孟子也承认'责善,朋友之道也'。然而,一旦涉及至高无上的血缘亲情,他却转而主张:父子之间不应针对不道德的行为展开相互批评,以免贼害血缘亲情之'恩'。这显然也是为了巩固'父子有亲'的家庭私德,而不惜堵塞'责善'这条确立社会公德的有效途径。"[2] "这显然也是将'父子有亲'的血缘亲情置于'性善'、'为善'的普遍准则之上,认为它自身就足以构成不容侵犯的最高的'善'。"[3] 这就是说,按照他的理解,孟子提倡父子不责善是主张"父子之间不应针对不道德的行为展开相互批评"。

孟子论父子不责善是由"章子子父责善而不相遇"一事而起

---

[1] 我注意到,尽管刘清平对我的批评进行了反驳,但他在后来的文章(如《儒家伦理与社会公德——论儒家伦理的深度悖论》,《哲学研究》2004年第1期;《从传统儒家走向后儒家》,《哲学动态》2004年第2期)中已不再以此章作为儒家有滋生腐败的负面作用的证据。这是否代表他已经放弃或修改了先前对这个问题的看法,还是另有原因,不得而知。

[2] 刘清平:《儒家伦理与社会公德——论儒家伦理的深度悖论》,《哲学研究》2004年第1期。

[3] 刘清平:《论孔孟德治观的负面内涵——兼析孟子描述的舜的腐败案例》,参见www.confucius2000.com。

的。全祖望《经史问答》说:"据《国策》威王使章子将而拒秦,威王念其母为父所杀,埋于马栈之下,谓曰:'全军而还,必更葬将军之母。'章子对曰:'臣非不能更葬母。臣之母,得罪臣之父,未教而死。臣葬母,是欲死父也。故不敢。'军行,有言章子以兵降秦者三,威王不信,有司请之,王曰:'不欺死父,岂欺生君。'章子大胜秦而返。《国策》所述如此。然则所云责善,盖必劝其父以弗为已甚而父不听,遂不得近,此自是人伦大变。"从这里不难看出,此事的缘起是这样的:章子之母因得罪其父,为父所杀,章子为此事劝父而父不听,于是父子失和而不得近。孟子之时,世人皆因章子有此事而云章子不孝。孟子则不以为然,指出章子并非不孝,只是不善于处理父子关系而已。责善就是以善相责,朋友之间什么问题都可以讲,什么事情都可以争论,所以,孟子才讲"责善,朋友之道也"。但父子之间就不同了,有些矛盾不能过于认真,否则就会有伤感情,这就叫作"父子责善,贼恩之大者"。章子之过即在于此。章子因为不善于处理与其父的关系,和其父闹僵,不仅得了不孝之名,自己也非常不开心。

非常清楚,孟子所说父子不责善并不是"不应针对不道德的行为展开相互批评"。从《孟子》此章全文看,"章子子父责善而不相遇"的话题是由章子其母得罪其父,章子全力相劝而起,并不涉及什么"不道德的行为",当然也就谈不上"不应针对不道德的行为展开相互批评"。为此不妨引用孟子另一段话为证。"公孙丑曰:'君子之不教子,何也?'孟子曰:'势不行也。教者必以正;以正不行,继之以怒;继之以怒,则反夷矣。夫子教我以正,夫子未出于正也。则是父子相夷也。父子相夷,则恶矣。古者易子而教之,父子之间不责善。责善则离,离则不祥莫大焉。'"(《孟子》7.18)孟子之时有君子不教子的做法。孟子解释说,这是因为如果父亲教育自己的孩子,很可能心急,说了几遍仍然改不过来,就会上火发脾气,从而使父子"相夷",影响情感,比较好的做法是易子而教,以避开父子责善的尴尬。这种做法后来为人们广泛接受,朱子就把儿子交给吕祖谦去教育,便是很好的例子。这种情况在日常生活中很多,也很好理解。一个家庭里面,父母居于最高位置,但父母不可能事事都对,对于父母不对的地方不能事事必纠,即使纠正也不宜大动肝火,否则必然影响父母与子女的关系。今天老百姓常讲"家里事无是非",就是这个意思。[1] 再比如,我们跟导师读研究生,导师肯定有自己的缺点,但有的缺点不是学生可以随便到处指出来的。这就叫作不责善。由此可见,父子不责善只是在处理父母和子女之间矛盾的时候不能过于顶真的意思,讲的是如何处理父子之间矛盾的方法,并不涉及对不道德的行为是否能够开展批评的问题。刘清平将不责善解释为"不应针对不道德的行为展开相互批评",与《孟子》文本含义相距太远。

六、我们应该如何读《孟子》

由此可以引申出一个应当如何读《孟子》的问题。

我们这一代学人,较之我们的前辈,一般都有两个缺陷,一是先天不足,二是受西化影响太深。我自己也是这样:既没有什么家学可言,赶的时候又不好,读了几年书就"大革文化命"了,真正想读书的时候又全然无书可读,后来虽然好不容易拼死拼活赶个末班车挤进了学术圈子,但受西化教育的影响太深,陈旧的思想范式长期挥之不去,总是自然不自然拿固定的模式来套中国哲学的东西,走了很多弯路。弯路走多了也是好事,可以促使自己反省,能

---

[1] 这只是就一般情况而言,在特殊情况下,家里也会有原则性的冲突。有了原则性的冲突,是亲亲容隐,还是大义灭亲,是一个非常复杂的问题。这方面的情况我在《腐败还是苛求?——关于舜的两个案例能否称为腐败的再思考》第4部分有所涉及,可参考。但该文对此也只是初步涉及,研究很不深入,还需要作进一步的探讨。

够反省就能进步。反省下来我最大的体会就是，儒学不仅是学理，更是社会生活。读儒家的书基本上有两条不同的路子，一是当作社会生活来看，一是纯从学理上看。仅仅当作社会生活来看，容易读进去，但不容易提高；仅仅当作学理看，可以发现问题，却不容易融进去。最好是把这两种方法结合起来，缺了哪一条都不好。但根据我自己的体会，相比而言，在当前的情况下，前一条似乎更为不易。正因为如此，牟宗三才将儒学称为"生命的学问"。儒学说简单也简单，说复杂也复杂。把自己摆进去，把儒学当做社会生活来看，儒学简单易懂。反之，仅仅从文字上读，从逻辑上看，加上受固定思维模式的影响，很多问题就不容易读懂，常常把问题弄复杂了不说，甚至还会把正面的道理看反了，读歪了。

我这样讲并不是说不能批评儒学，不能批评《孟子》。对儒学的批评从儒学诞生之日起就没有中断过，清末至五四以来更为加剧。批评如此之多正说明儒学内部确实存在问题，需要解决，不然无法适应时代发展的需要。每个人都有研究儒学的权利，批评也好，骂街也好，只要有道理，有利于学术的发展，都应该得到他人的尊重。从这个意义上说，至少在我接触到的范围内，并不存在刘清平所说的对儒学的"单向性态度"，或"原教旨主义"。但是，对儒学的批评应当尽可能符合当时的时代背景，尽可能符合文本的含义，尽可能得到其他文本的验证，尽可能不要存有太多的内在矛盾，同时也应当尽可能了解此前他人研究到了什么程度。[1] 谁也不敢保证自己对《孟子》的解读一定正确，但只要向这个方面不断努力，尽最大的力量，留下最小的遗憾就可以了。但在我看来，刘清平对《孟子》批评留下的缺憾实在是太多了一点。他不仅将自己理解的观念强加到《孟子》头上，再从《孟子》中找出一些话语作为

---

[1] 在《腐败还是苛求？——关于舜的两个案例能否称为腐败的再思考》第 5 部分中，我从三个方面肯定了刘先生近年来研究的理论价值，但也指出了这些实际上是学界自五四以来一直关注的课题，其中有的成果是相当有意义的，似乎不应置之不顾。

九、《孟子》, 是不该这样糟蹋的——《孟子》中与所谓腐败案例相关的几个文本问题

批评《孟子》材料,而且不顾《孟子》文本整体的含义,抓住几句话,随意作出自己的解释。本文所举的仁者爱人、推恩、乍见孺子将入于井、以天下养、父子不责善即是其中比较突出的例子,这还不算"窃负而逃"和"封之有庳"两章。在一个研究题目中对《孟子》的解读竟然有如此多的疑问,着实令人咋舌。以我个人的眼光衡量,这种做法很大程度上是对前人的不敬,不客气地说是在糟蹋《孟子》。——《孟子》是不该这样糟蹋的,这就是本文的结论,此话虽然有点尖刻,但可能并非全无道理。

十、孟子思想的探微与思考

（杨泽波先生笔谈录）

案：这是（台）《中国文化月刊》2000年第8期对我采访的笔谈记录，反映了最初从事孟子研究的一些情况，表述尚不够完善。一是希望以生物遗传作为伦理心境的基础，有明显的自然科学思维方式的痕迹；二是尚未重视内识问题，对智性功能的认识不够全面；三是思考局限于孟子和孔孟的关系，远未考虑整个学说应以什么作为逻辑的起点，这个问题直到近二十年后写作《儒家生生伦理学引论》才得以解决。尽管如此，大的方向是对的，是一个好的开始，作为历史资料，仍有保留的价值。

【问】先生这些年来着力于孟子思想的哲学探讨，你的研究成果《孟子性善论研究》由中国社会科学出版社于1995年出版，在大陆产生了相当大的影响，冯契、潘富恩两位先生特意为尊著写了序文，对当前国人研究儒学与孔孟思想的方向和理念，皆有很具体的陈述，这是值得关注的事。在此期间，你在台湾发表的多篇关于孟子研究的学术文章，也引起人们的广泛关注。古往今来，研究性善论的人很多，有关著述难以胜数，我初步拜读了尊著，注意到你主要是用"伦理心境"来读解性善论的，这与前人的研究明显不同，是尊著的一个显著特色，你能不能对此作一个简单的介绍呢？

【答】正如你所说，"伦理心境"是拙著立论的基石。性善论的核心是心善论，这个心就是良心本心。良心本心究竟是什么，两千多年来没有一个确切的解释。我认为，孟子所说的良心本心其实是一种"伦理心境"，这是打开性善论迷宫的一把钥匙。

所谓"伦理心境"，就是在伦理道德领域中，社会习俗和智性思维在内心的结晶，是人处理伦理道德问题特有的心理境况和境界。人生下来就要同周围的人发生联系，周围人的一言一行、一举一动都会对他发生影响，久而久之就会在内心形成某种结晶物；人在具备一定智性思维能力之后，智性思维的过程也必然要在内心留下某些痕迹，形成某些类似认识图式的东西：这就是"伦理心境"。孟子对内在的良心本心有深切的把握，但并不了解为什么会有这种东西，才借用性字中"生"的涵义，推之为"天之所与我者"。如果详细分析孟子关于性善论的论述，不难发现，孟子所要表达的其实是伦理道德领域中这种特殊的心理境况和心理境界，也就是我说的"伦理心境"。

以"伦理心境"读解性善论，很多过去难以解答的问题，都可以得到比较圆满的解决。比如，因为"伦理心境"是社会习俗和智性思维在内心的结晶体，所以才"我固有之"；因为"我固有之"，所以才"自反""自得"；因为"自反""自得"，所以才会"反身而诚，乐莫大焉"；因为"乐莫大焉"，所以才鞭逼有力，促使人止于至善，如舜而已。

再比如，心学的一个重要特点是强调直觉，强调对本心的体悟，认为承不承认直觉，是检验对儒学是否入门的试金石，事实上也只有承认直觉，才能同现代新儒学研究进行沟通和对话。过去，学者受僵化模式的束缚，加上对心学之"心"没有确切的解释，对于心学的直觉方法多有微词，讥之为神秘主义。如果以"伦理心境"看待这个问题，可以免去诸多的误解。所谓直觉，所谓"悟"，其实就是对于"伦理心境"的体认。由于人们在处理伦理道德问题的时候，"伦理心境"早已形成，是"先在的""现成的"，所以对它的体认是直接的，其间不再需要逻辑推理、分析论证，可以直接得到，这种"直接得到"就是直觉。

需要说明的是，"伦理心境"是性善的主要原因，但我并不排除性善的生物遗传根源。所谓性善的生物遗传根源，即是从遗传学角度证明性善论的合理性。现代遗传学和心理学的发展并不完全排除这种可能。将性善的生物根源过分夸大，以为它可以决定一切，是不对的；完全排除性善有生物遗传根源，也过于武断。随着科学的发展，人们终于找到性善生物遗传根源的确切证明，以此作为性善的先天根源，以"伦理心境"作为性善的后天根源，将两方面综合起来，彻底解开性善论这个千古之谜的可能性，并不是不存在。

【问】近年来，针对孟子的性善论，台湾有的学者提出一种"向善论"的理论，认为人性不是本善的，而是向善的。对这种观点不少人有不同看法。比如刘述先年前在《孟子心性论的再反思》一文中，对此作了详细分析，认为"向善论"缺少一个超越的层面，跟孟子尽心知性知天的理念格局不相契合，无法揭示"向善"的内在根据与根本意旨。对这个问题能否谈谈你的看法？

【答】我认为，傅佩荣提出的"向善论"有一定的可取之处。孟子并不主张人生下来就有一个完整的善性，而是认为人人都有善良之本心，这些善良之本心虽然是成就道德的内在根据，但它只是仁义礼智之端倪，只有将这些端倪扩而充之，才能发展为完整的善性。比如，孟子讲"恻隐之心，仁之端也；羞恶之心，义之端也；辞让之心，礼之端也；是非之心，智之端也"。端是初生、开始的意思。恻隐、羞恶、辞让、是非，分别为仁义礼智的初生开始，而不是仁义礼智的最终完成，因此需要扩而充之，不断发展。从这个意义上讲，性善是一个过程，性善论并不是"性本善论""性善完成论"。傅佩荣提出"向善论"，强调人性并非本善，只是向善，是有合理性的。

但是，"向善论"也有其不足，因为它过分重视"向善"的一

十、孟子思想的探微与思考

面，对人何以向善的内在根据没有予以应有强调。刘述先批评"向善论"缺少"力动意"，点到了问题的关键。在孟子看来，人之所以"向善"，是因为有仁义礼智之"端"，有那个"才"，否则是不可能"向善"的。需要注意的是，这个"端"和"才"本身具有不断完善的趋向和能力，只要好好滋养，不去破坏，最终是可以成就道德，完成善性的，也就是说，它本身就有内在的动力。从这个意义上，我把性善论理解为"心有善端可以为善论"，或"心有善端应当为善论"。这样既突出了性善是一个过程的思想，又解决了向善的内在根据问题。

一些学者不同意傅佩荣的看法，一个重要理由是认为"向善论"缺少一个超越的层面，与孟子尽心知性以知天的理念格局不相契合。这种批评有一定道理，因为缺少了超越的层面，是无法说明人何以为善的问题的。但这个超越的层面是什么呢？这很值得研究。我认为，性善的超越层面，性善的终极根源，就是前面说的性善的生物根源和"伦理心境"根源。时至今日，把这个超越的层面仍然归于知性知天，实际上仍然是停留在古人的思维水平上，说明对性善论的研究还很不够，是说不过去的。这个问题的出现，也刚好说明我们以生物根源和"伦理心境"根源解说性善论，有很强的理论意义和现实意义。

【问】讲到刘述先的论文《孟子心性论的再反思》，还有一个问题需要向先生请教。刘述先在文章中分析了孟子心性论的渊源，认为中国传统向来孔孟并举，这表示在中国人的心目中一贯认为，在孔孟的思想之间并无矛盾，只是孔子的表达比较圆透，孟子锋芒太露。这种看法主要是为了批评芬格雷（Herbert Fingarette）而提出来的，因为芬格雷在其所著《孔子》一书中，主张由行为主义的观点看礼仪的贡献，认为由孟子开始才把重心转移到心，有了主观主义的倾向。这个问题在台湾、香港以及海外汉学界引起过很大的争论，先生对此有何看法？

【答】受条件限制，我身边没有芬格雷的大作，只能从刘述先的文章粗略了解他的观点。如果我的理解没有大的失误的话，芬格雷的观点有一定的道理，这一点我和刘述先的看法有所不同。

孟子的思想来源于孔子的仁学，但对其又有所发展，这个发展主要表现在由孔子的仁进展到孟子的心。虽然孔子也讲心，如"回也其心三月不违仁"，"七十而从心所欲不逾矩"，都是讲心，曾子讲"夫子之道，忠恕而已矣"，也是讲心。但是孔子讲心远不及孟子，这可以用数字对比加以说明。《论语》"心"字出现6次，约占全书的0.05%，《孟子》"心"字出现121次，约占全书的0.35%，两者之间的差别很大。从理论上说，孔子论仁实际上就是论心，但心字终究没有说出口。孟子就不同了，孟子一句"仁，人心也"，就把这个问题讲得明明白白。仁是什么？就是人心，就是人的良心，就是人的本心。把心抬到如此高度，把问题讲得如此明白，是孟子的贡献。

另外，我也不同意"孟子的心性论并没有什么与孔子思想互相矛盾的地方"这种观点，因为在我看来，孔孟心性之学存在着很大的分歧。原先我并没有注意这个问题，因为大家"孔孟""孔孟"的讲惯了，总认为孟子是孔子的好学生，他们的思想是一致的，并没有想过他们还会有什么分歧。在我确定了用"伦理心境"读解性善论的路子之后，突然发现，这个问题绝不是像想象的那么简单。

经过认真分析，我终于明白了，孔孟心性之学是有所不同的。孔子心性学说共有三层，一是欲性，二是智性，三是仁性；欲性涉及的是对利欲的看法，智性涉及的是学习认知，仁性涉及的是仁的问题；智性和仁性都是道德的根据，要想成就道德必须把智性和仁性结合起来，缺一不可。孟子心性之学只有两层，一是欲性，二是仁性，不自觉丢失了智性。在孔子心性之学中，智性是指通过学习而成就道德的一种能力和性向，可是这种能力和性向在孟子身上是没有的，也就是说，在学习问题上孔孟存在着严重的分歧。

十、孟子思想的探微与思考

具体来说，要想成就道德，在孔子除要做到仁之外，还要依礼而行，而要依礼而行，必先要学礼，所以学习是成就道德必不可少的条件。也就是说，在孔子心性之学中，光有仁性还不行，还必须不断学习。用子夏的话说，这叫作"君子学以致其道"。孟子就不同了，他认为，人有良知良能，这是人之所以有理义的全部根据，将此发扬光大，就可以成为圣贤，所以他不重视学习，认为只要切己自反，反归本心就足够了。这样一来，学习在孟子就不再是成就道德的必要条件了。

比如，孟子讲过："仁义礼智，非由外铄我也，我固有之，弗思耳矣。"在孟子看来，仁义礼智，并不是从外面取得来的，是我本身固有的，只是自己没有反思罢了。从孔子思想体系分析，孔子是绝对不会说这种话的。礼是周代繁复的礼乐制度，只有孜孜以求，不倦学习才能掌握，怎么能说"非由外铄我也，我固有之"呢？再比如，孟子还讲过："万物皆备于我"，认为仁义礼智我都具有，成就道德的根据我全都具有，除此之外，无需外求。在孔子看来，这话也大有问题。要成就道德必须学诗学礼，诗和礼是外在的，不学习就不会，怎么能说这些也是"皆备于我"呢？所以，我曾说过，孟子是孔子的私淑弟子，如果是在门亲传，这些话会不会受到孔子的批评，真是说不准的事情。

这就是说，虽然孟子对仁性有大的贡献，但在这方面过了头，把成就道德的途径完全放在反归本心之上，不再重视学习对成就道德的作用。如此一来，孔子欲性、智性、仁性三层齐备的心性学说，就缺少了智性，只剩下欲性和仁性两层，从而形成了是孔孟心性学说的重大分歧。孔孟心性之学的分歧隐藏得很深，很难发现，从我接触到的材料看，两千多年来还没有人正式提出过。但这种分歧确确实实是存在的，不仅存在，而且影响着儒学发展的整个历史。这是一个崭新的视角，从这个视角出发，我们对儒学发展史可能会有一个全新的认识。

性善之谜——破解儒学研究的哥德巴赫猜想

【问】先生所谈孔孟心性之学的分歧是个很有意思的话题，对吾人研究儒家心性之学的发展史有很大的启发，这也涉及对宋明理学的看法和评价。一般认为，朱子对孟子心性论的体会不及阳明来得通透，理由是在了解存养的方向上偏离了孟子的原意，而阳明直截了当顺着存养工夫来体会，把孟子的睿识发挥到淋漓尽致的地步，现代新儒家的重要代表人物牟宗三进一步将此分为正宗与旁出。先生对此有何评价？

【答】既然我认定孔孟心性之学存在着分歧，牟宗三将朱子定为旁出，将陆王定为正宗，我当然就不能同意了。孔子既讲外学的礼，又讲内求的仁，这外学的礼，发展到后来就是荀学，就是朱子的理学；这内求的仁，发展到后来，就是孟学，就是陆王的心学；这些对于成就道德来说，都是不可缺少的重要方面。这就是说，朱子也好，陆王也好，虽然他们都有自己的不足，但都可以在孔子这里找到根据，并不存在什么正宗和旁出。

拿朱子来说，他的学说就完全出自孔子。前面讲了，在孔子看来，要成就道德必须不断外学于礼，从心性之学方面来说，这就是智性。朱子重视外学，正是从这里开始的。为了加强外学，朱子从《礼记》中选出《大学》列入四书，并根据程子思想专门补写了"格物致知"一章，以尽"欲致吾之知，在即物而穷其理也"之意。当然，朱子这样做并不是不要内求，不要仁性。在他看来，人之所以有道德有两方面，即尊德性与道问学，如果不讲尊德性，道问学就少了内在的根据和目的；如果不讲道问学，则尊德性也失之于主观。可见朱子并不是不讲尊德性，并不是不讲本心。当然，由于众多客观原因，朱子视线过多地偏向于道问学，对尊德性理解不够深透，这是他的不足。

象山不同意朱子的理论，认为那套格物致知、道问学的说法过于支离。他直接源于孟子，提倡此心此理，我固有之，立乎其大，心即是理的理论，发展起一套心学。虽然象山在回归孟子，批评朱学方面有历史贡献，但由于他不明白孔孟心性之学的分歧，一切以孟子为据，轻视了外学，对于智性一层重视不够，不免囿于一偏。

三百年后的阳明也是一样。阳明直接上续孟子的本心良知，极力反对朱子的格物致知说，认为良知即是天理，即是心之本体，即是未发之中，人生最重要无非是"致良知"三字。他批评朱子把尊德性与道问学分作两事，主张"道问学即所以尊德性"，把外在的博文收于内心的约礼之上，博文也成了尊德性，与朱子大唱对台戏。阳明之学由于重视知行合一和致良知，避免了朱子之学的理论困难，但因为他同样不懂孔孟心性之学的分歧，一切源于孟子，也在不知不觉之间从孔子比较全面的心性理论中游离了出来，同样有所不足。

由此可见，朱子与陆王都有正确的一面，也都有不足的一面。朱子尽管对仁学体会有欠深透，但他重视外学，根据完全在孔子心性之学的智性，所以不宜笼统称其为旁出；陆王虽说在发扬孔子的仁性方面卓有成效，但他对智性重视不够，所以也不能笼统称为正宗。

我不赞成正宗旁出之说，从理论深处上说，是因为这种说法不利于形成一个新的较为完整的心性学说体系。理学和心学这两系不是水火不容、不可调和的。人生活在社会之中，总要不断向外学习，在学习过程中运用思考，对事物进行判断取舍，这是人的智性层面，理学所重视的概莫能外。与此同时，社会生活和智性思维总要在个人内心结晶下一些东西，在道德范围内，这些东西就是"伦理心境"，即所谓仁性，心学所强调的莫出于此。智性、仁性都是道德的根据，缺一不可：缺了智性，仁性易沦于保守；缺了仁性，智性没有内在根据。可见，智性和仁性不是绝对对立的，以智性和仁性各自立论的理学和心学也不应该是绝对对立的。智性仁性，双美相合，才是完整的人；理学心学，融合无间，才是好的理论。

从哲学发展的规律看，每到一定阶段，总要有一大的综合。时至今日，我们应该有一个综合了。孔子立论平实，所述全面，既重视外学的礼，又重视内心的仁，为我们留下了诠释的极大余地。我们可以用孔子心性之学的智性涵盖朱子一系的理学，用孔子心性之学的仁性涵盖陆王一系的心学，这样理学与心学都包含在孔子心性结构之中，一个完整的心性之学的体系已经展现在我们面前了。基于这样的理念，划分正宗与旁出还有什么意义呢？

【问】孟子《尽心》章彰显内在义蕴，劳思光曾以"实体"或"主体"来判定其是否属于形上学，还是心性论。然而有人觉得，若仅凭这个原则来认知，实不足以断定《尽心》章欠缺形上学的蕴含。你对此有何意见？孟子心性论究竟有没有"特殊性"的形上学蕴含？这些思考当然是要扣紧孟子心性论中的心、性、天与命的概念来理解。请问先生的看法是怎样的呢？

【答】我认为，孟子心性论不是一般的伦理学说，而是一种层面很高的哲学理论，有其特殊的形上学的蕴含。这种形上学蕴含，主要表现在两个方面：

第一，创立了本心本体论。孟子对儒学发展的一个重要贡献，是创立的本心本体论。孟子以心善论性善，人人都有良心本心，所以人人都有善性。良心本心活活泼泼，当体呈露。如果不按良心本心的要求去做，就会内省而疚，心里不安；如果无条件按良心本心的要求去做，就会内省不疚，悦乐自足。这个良心本心是性善的根据，同时也是道德善行的根据，实际上是一种道德本体，所以我把它称为"本心本体"。

第二，为本心本体找到了终极的根源。本心本体的终极根源何在？这是孟子面临的相当棘手的难题。古时候人们思想有一种习惯，就是将实在搞不清的问题向上推，在西方是推给神，在中国是推给天。孟子宣称，性善的终极原因，道德的形上根据全在于天。为了证明天是性善的终极原因，孟子重新启用了《诗》《书》中的天论传统。孟子认为，仁义礼智，我固有之，非由外铄，求则得之,舍则失之,只在于你思与不思,这一切都是事物之"则",把握住这个"则",百姓就会喜欢优良的品德。但这个"则"由哪里来呢?来自天,因为"则"是众民之"则",而众民来自"天生"。这就清楚表明了孟子的确是在有意为性善寻找终极原因,最后将这个原因归结到了天,将天作为性善的形上根据,性善论因此也具有了形上意义。

认为性善论有其终极根源,具有形上意义,并不是一个新观点,但我认为,对这个问题不能固守在前人的水平上,应该对其进行理论的解释,不然的话,把"天是性善的终极根据"这种话再说一万遍,又有什么实际意义呢?现在一些论著仍然满足于以天为作为道德的形上根据,我对这种做法不满意,主要原因也就在这里。在我看来,时至今日,我们必须对这个问题作出自己的说明,必须承担起这个历史的责任,而我对这个问题的回答,就是我前面讲的性善的生物遗传根源和"伦理心境"根源。这是我和其他一些学者不同的地方。

【问】关于告子"不动心"的证成,近人揭示一种理念,就是以"不得于言,勿求于心"来说明告子之不动心。当代新儒家唐君毅曾有具体的诠释,认为"告子所谓'不得于言,勿求于心'犹谓于客观外在之义有所不得,只须求此义之所在,不当求之于主观内在之心也。然人果能求得客观外在义之所在,而心即著于其上,亦可更不外求,而不动心"。这番话也许可以揭示相关的含义。先生依此可否解析一下告子底"心"的义蕴?从孟子"仁义内在"的观点而言,是否诚如所谓"告子未尝知义,以其外之也"的意思呢?请先生分解一下。

【答】学术界公认,《公孙丑上》第二章是《孟子》中最难理解的一章,而"不得于言,勿求于心"又是这一章最难理解的一个部分,可见这个问题是多么困难了。我这里只能谈点个人的看法,不算成熟,尚有待进一步讨论。

要弄清这个问题，首先应该明白"不得于言"的"得"是什么意思。我认为，"得"就是"得到"，与孟子关于"知言"的论述相互参阅可以断定，"得言"就是"知言"，"不得于言"也就是"不知言"。在孟子看来，言很重要，所以孟子才把"距杨墨，放淫辞，邪说者不得作"，作为自己重要的历史使命，也正因为如此，孟子工夫的一大特点就是"知言"。但告子说，"不得于言，勿求于心"，认为对于一种道理、一种学说不能了解（"不得于言"），便应该把它搁放起来，不去管它，不去追究其思想根源（"勿求于心"）。告子如此不重视言，与孟子的"知言"大相径庭，孟子当然要给予批评了。

既然"不得于言，勿求于心"不对，告子何以会"不动心"呢？学术界对此有不同的见解，在这方面，朱子的观点占主导地位。《四书章句集注》说："告子谓于言有所不达，则当舍置其言，而不必反求其理于心。"这就是说，在告子，如果对于某种理论学说不能了解，便应当把它放起来，不要因此而使心受到影响。这有点像是佛、道两家的制心功夫，因为与世隔绝，也就可以保证做到"不动心"了。你引述的唐君毅的观点，从本质上说，可能也是从朱子那里来的。徐复观认为："告子的不得于言，勿求于心，是对于社会上的是非得失，一概看作与己无关，不去管它，这便不至使自己的心，受到社会环境的干扰。"显然徐复观的思路和朱子、唐君毅基本相同。

这种观点虽然影响很大，但也不无问题。近年来李明辉撰写了《〈孟子〉知言养气章的义理结构》一文，对此种说法提出质疑。他的质疑主要有两方面的理由，一是说告子是道家者流，缺乏直接的证据；二是如此理解告子的"不动心"，无法与告子的义外说相联系。李明辉所说，特别是第一点，甚有道理。因为梁启超和钱穆对告子都有过详细考证，证明告子早年为墨子弟子，这里却以近于道家的主张解说告子的思想，其不合理是比较明显的。

十、孟子思想的探微与思考

既然上面种种说法都不能令人满意，那么就不得不想新的办法了。我在反复揣摩孟子原文之后发现，人们之所以在这个问题陷入混乱，一个重要原因是把这两个原本各自独立的问题混在一起了。换句话说，"不得于言，勿求于心"和"不动心"是两个完全不同的问题，二者之间没有直接关系，"不得于言，勿求于心"并不是告子"不动心"的原因，前人为此所做的种种努力徒劳无功，不仅没有任何意义，反而使问题复杂化了。

从概念的内涵分析，"不得于言"属于"知"的范畴，是"不知言"的意思。孟子强调"知言"，从上下文看，主要是防止"诐辞""淫辞""邪辞""遁辞"。而"不动心"属于勇的范畴，是"不畏惧"的意思。孟子"四十不动心"，是说他四十岁的时候，即使加之卿相也已经无所畏惧了。"不知言"与"不畏惧"之间并没有必然的逻辑联系。朱子没有把"不动心"这个概念的内涵清理干净，依"四十而不惑"之义，在"不畏惧"的意思上加上"疑惑"的含义，就是为了把"不知言"与"不动心"联系起来，但由此也为自己带来了一系列无法解决的问题。

从该章的语脉分析，孟子这里主要是借助告子的话谈自己的特点。孟子强调，他的特点，一是知言，一是善养浩然之气。这两个方面都与告子不同，所以当公孙丑问"夫子之不动心与告子之不动心"的时候，孟子并没有将话题限制在"不动心"的范围里面，而是顺着自己的思路将两个方面都讲到了：因为孟子"知言"，深知理论的重要，所以不同意告子的"不得于言，勿求于心"；因为孟子善养浩然之气，而浩然之气的基础是仁义内在，所以不同意告子的义外说。严格讲来，孟子这种说法跨越了论题的范围，在逻辑上并不严格。孟子这种讲法造成了很大的麻烦，因为如果人们不从语脉上细细体会孟子的语义，只从字面上看就很容易留下"不得于言"与"不动心"是一回事的印象，后人纷纷寻求"不得于言"与"不动心"的内在关联，就是这样造成的。

最后还有一个问题，既然"不得于言，勿求于心"与告子"不动心"没有关联，那么告子是通过什么方法达到"不动心"的呢？这方面阳明《传习录下》有段话非常精辟，可作参考，他说："孟子不动心与告子不动心，所异只在毫厘间。告子只在不动心上著功，孟子便直从此心原不动处分晓。心之本体原是不动的，只为所行有不合义，便动了。孟子不论心之动与不动，只是集义，所行无不是义，此心自然无可动处。若告子只要此心不动，便是把捉此心，将他生生不息之根反阻挠了。此非徒无益，而又害之。"这就是说，由于告子主张义外，内心没有基础，所以只能硬把捉着心，要他不动，尽管这种办法比较笨，但也可以达到"不动心"。阳明此说，不仅解决了告子何以"不动心"的问题，而且进一步证明了"不得于言，勿求于心"与"不动心"没有直接关系。

总之，在我看来，"知言""养气"是两回事，之间没有必然的逻辑联系。因此，"不得于言，勿求于心"何以造成告子"不动心"，本身就是一个伪问题，后人为此所作的种种解说总是不能圆顺通畅，免不了牵强附会之虞，就不足为怪了。

【问】先生在孟子研究方面今后还有什么打算，能否透露一点信息？

【答】在写作《孟子性善论研究》之后，我又撰写了《孟子评传》《孟子与中国文化》。《孟子评传》是匡亚明主编的"中国思想家评传丛书"之一，全书35万字，由南京大学出版社1998年出版。与《孟子性善论研究》不同，《孟子评传》将研究范围进一步扩大到孟子整个思想，就王霸问题、经权问题、义利问题、人格问题、性善问题等进行了较为全面的研究，对孟子生平事迹也有比较详尽的考证。《孟子与中国文化》则把孟子思想分为"国家应该如何治理""人们应该如何生活""道德应该如何成就"三个问题，将我在孟子研究方面的体会心得通俗化，专门向社会大众特别是青年朋友进行介绍。该书近20万字，属于李宗桂主编的"大思想家与中国文化丛书"之一，即将由贵州人民出版社出版，届时欢迎台湾和香港的学界同仁批评指正。

结语：真幸运，我找到了那个神奇的"三"[1]

> 案：严格来说，本文很难算是正规的学术文章，把它收进来，代替结语，是因为它对于发现"三分法"的过程有较为详细的交代。无论是以伦理心境解说良心，还是发现孔孟心性之学的分歧，找到宋明儒学落入去欲主义陷阱的原因，都离不开三分法。我常说，创立三分法，打破感性和理性的两分模式，是一项极为重要的工作，也是我最得意的发现。现在很多人还不能正视这种方法的价值，但相信在不久的将来，它一定会被广为接受，乃至成为一种具有普遍意义的思想范式。首发于《孟子研究》第一辑（2018年）。

2017年8月，在北京参加中国哲学学会年会期间，存山兄跟我说，孟子研究院正着手编辑一个文集，以书代刊，希望我能写点什么，加入其中。一开始我感到比较为难。我从事学术研究主攻的第一个项目就是孟子，用了差不多10年的工夫，写了三本书，[2]但将精力转到牟宗三儒学思想研究后，近20年没怎么碰这个题目了。我做学问有个毛病："狗熊掰棒子"，掰一个丢一个，一个题目做完

---

[1] "神奇的"三字是将文章收入本书时新加的。
[2] 即《孟子性善论研究》（中国社会科学出版社1995年版；修订版，中国人民大学出版社2010年版；再修订版，上海人民出版社2016年版），《孟子评传》（南京大学出版社1998年版），《孟子与中国文化》（贵州人民出版社2000年版；修订版，上海人民出版社2016年版）。

了一般不再回头，任由他人评说，自生自灭。没有新研究，就没有新想法；没有新想法，也就很难写出新东西。不过，转念一想，这可能也是个好契机，趁着这个机会，可以对自己的孟子研究做一个总结，于是就答应了下来。这么多年了，是该好好总结总结了。

我是1986年在复旦大学读硕士的时候开始从事孟子研究的，毕业论文题目为《孟子性善论假说的道德自律意义》。论文完成后，答辩很顺利，接着继续攻读博士学位。谁知读博不久，我对自己的硕士论文发生了怀疑。这种怀疑缘于两个方面。第一，我称性善论是"假说"，这与冯友兰将良知视为假说属于同路。冯友兰这种看法受到了熊十力的严厉批评，而我将性善论也称为假说，是一个极为浅显的错误。第二，受牟宗三的影响，我的研究仍然未能摆脱康德的路数，这种做法势必掩盖孟子思想的特点。经过一番反省，我不得不痛苦地承认，硕士读了整三年，还是不懂性善论。于是下狠心，彻底推翻了自己的硕士论文，重打鼓，另开张，开始了新的研究，踏上了新的征程。

过了差不多一年，在博士第二学年，也就是我37岁那一年，在短短的几天时间中，我连闯了三关，在认识上有了一次质的飞跃。第一关是找到了伦理心境这把解说良心本心进而解开性善论之谜的钥匙。我发现，孟子道性善，实际上是道良心和本心，心善所以性善，这个心不是康德道德哲学中的理性法则，而是社会生活和智性思维在个人内心结晶而成的一种境况和境界，这就是我所说的"伦理心境"。以伦理心境解说良心本心，若决江河，莫之能御。第二关是发现了孔孟心性之学的分歧。对性善论有了一定程度的理解之后，我对孟子是孔门嫡系真传的定论也产生了怀疑。宋明以后多是孔孟并称，似乎孟子是孔门嫡系真传。但根据我的研究，孟子创立性善论确实大大推进了孔子的仁学，但孔子除仁学外，还有礼学，在这方面孟子并没有太在意。孟子只是得了孔子之一翼，与孔子思想存在着重大的分歧。这种分歧对儒学的整个发展有重大影响，心学与理学、尊德性与道问学、直觉与理智的对峙，都是从这里产生的。第三关是明白了立论平实的孔孟之学何以演变为后世的"去欲主义"。先秦儒学对于利欲的看法比较平实，既不将利欲等同于恶，也不排除利欲的作用。宋明之后，人们对利欲普遍持否定态度，大讲"存天理灭人欲"，在理论上有重大失误，其根本原因即在于未能分清义利之辨的不同向度，将人禽之分的义利理解了彼此对立的关系了。

随后我将这些想法系统写入我的博士论文之中，而这三个方面也可以说是我在孟子研究中的三个贡献。我很看重这三个贡献，一直讲这是发前人之未发，而后人很难改易的。随后学界近20年的孟子研究也证明了我的这个判断。这些年来，孟子研究有了很多新成果，其中不少学术价值很高，但我的这三个方面的贡献，除第一点因为涉及思想范式的重大变化，尚难为大家接受，还需要耐心等待外，[1] 其他方面已经得到了普遍认可。这是令人欣慰的。但我认为，我的孟子研究最有价值的部分尚不在此，而是发现了一种道德哲学研究的新方法，这就是我一再提及并引以为傲的三分法。

在西方哲学史上，人们从不同角度涉及过"三"的问题。柏拉图灵魂三重区分是一个重要的材料。柏拉图在《理想国》中对灵魂进行了细致的分析，将其划分为理性、激情、欲望三个部分。理性

---

[1] 学界很多人不接受我以伦理心境解说良心本心的做法。在他们看来，我以伦理心境解说良心本心是受到李泽厚积淀说的影响，但伦理心境是经验的、后天的，儒家的良心是先验的、先天的，两者方枘圆凿，根本对不上号。对此我曾反复解释，伦理心境只是我解说良心本心的一个方面，除此之外，我还讲一个人性中的自然生长倾向，简称"生长倾向"。生长倾向是先天的，所以具有先在性。伦理心境虽然是后天的，但同样有着先在性。不同之处在于，生长倾向是"先天而先在"，伦理心境是"后天而先在"。生长倾向一定会发展为伦理心境，伦理心境也一定要以生长倾向为基础，二者共同构成人的道德根据，只是一本，不是二本。人们对我的批评，在我看来，多由不了解这两种不同的先在性所致。这个问题涉及哲学研究方法的不同，学界一时难以了解，属于正常现象，完全可以理解。相信随着时间推移，总有一天人们会明白这个道理，接受这种研究方法，抛弃陈旧的思想范式的。

结语：真幸运，我找到了那个神奇的"三"

负责思想活动，激情负责情感，欲望负责肉体的趋乐避苦。理性是人与动物区别的标志，是灵魂中的最高原则，与神圣的理念相通，有着不朽的特质。激情较欲望要高，虽然动物也有，但只有人的激情才能合于理性。欲望特指肉体而言，肉体的欲望或服从理性而成为德性，或背离理性而造成邪恶。灵魂就好像是配有两匹马的一套马车，理性是驾车的车夫，激情是驯服的马，欲望则是桀骜不驯的马。灵魂的好坏取决于车夫对这两种马的控制，如果驯服的马占主导，则走向善，如果是桀骜不驯的马占主导，则走向恶。柏拉图灵魂三分学说中，特别有意义的是激情这一部分。激情可以与理性相关联，是理性的天然盟友，如果它发挥的作用大，灵魂就可以走向善，远离恶。但亚里士多德没有顺着这个路子走，几乎从不明确提及柏拉图的灵魂三分理论，代之而行的是灵魂的两分，即理性与非理性。虽然在他那里，非理性具体也可以分为消化能力和欲望能力，但柏拉图关于灵魂的三分格局，至少经过亚里士多德，影响力大大减弱了。

在古希腊哲学中，还有一种思想与此有关，这就是感性、知性、理性三分的思想。持这种思想的哲学家，一般把世界看成一个统一的整体。在这个统一整体中，首先通过感性对其有一个初步的认识，然后通过逻辑达到一种知性的认识，最后再通过理性把握世界的整体。这种看法在柏拉图那里就已经有了，后来一直不断。近代以来，康德的认识论也是这个路子。康德将与认识相关的因素分为三个方面，即感性、知性、理性。感性认识对象的表象，知性认识对象的本质，理性来一个综合，对对象有一个总体的把握。但是，康德三分模式的内在关系，特别是理性与知性究竟处于何种关系，理性究竟起到何种作用，康德交代得并不特别清楚，以至于黑格尔明确批评康德的认识论仍然是两分的。最为重要的是，康德这种三分只用于其认识论之中，并没有扩展到其道德学说之中。认真研究康德的道德学说，可以清楚看到，他的道德学说仍然是感性和理性的两分模式，其在认识论中的那种三分模式不见了踪影。康德的认识论和道德学为什么会有这种差异，还需要研究，但西方道德学说中两分法始终独霸一方，认识论中的那种三分模式没有足够的市场，则是无法否认的。

虽然在西方哲学中，"三"没有成为主流，但相关思想一直没有中断。罗素在其《社会改造原理》中提出过"本能""理智""灵性"的三分法。其《三种激情》(见《伯特兰·罗素自传》)一文，亦把激情分为三种：一是对爱的渴望，它可以使人欣喜，解除孤独，发现美好的未来；二是对知识的追求，它可以促使人追求智慧，使人理解心灵，了解宇宙，掌握科学；三是对人类苦难的同情，它唤醒人类的同情之心，把人引向天堂般的境界，同时又使人回到苦难的人间。这篇文章影响很大，以至于梁漱溟亦深受启发（详见下文），但罗素并没有将其上升到方法论的高度，至多只是对人生的一种睿智的观察而已。

在儒学范围内，仁和智的差异问题与"三"有密切关联。尽管这个问题很早就提了出来，以至于见仁见智早就成了成语，但据我观察，前人很少能够真正注意到这一说法所隐含的理论意义。比如，戴震在《原善》中指出："生生者，仁乎！生生而条理者，礼与义乎！何谓礼？条理之秩然有序，其著也；何谓义？条理之截然不可乱者，其著也。得乎生生者为之仁，得乎条理者谓之智。至仁必易，大智必简，仁智而道义出于斯矣。是故生生者仁，条理者礼，断决者义，藏主者智，仁智中和曰圣人。"[1] 这里"仁智中和"是一个重要提法，价值度很高，但戴震只是简单区分了仁和智的不同，强调必须将仁智统一起来，并没有进一步作出理论的分析。康有为在这方面也有精彩的分析。他说："上古之时，群生愚蒙，开物成务，以智为仁，其重在智；中古之后，礼文既闻持守，先以仁

---

1 戴震：《原善》(上)，《戴震全书》第六册，黄山书社 2010 年版，第 8 页。

结语：真幸运，我找到了那个神奇的"三"

为智,其重在仁。此夫子所谓诲学者以求仁也,此非后儒之所知也。就一人之本然而论之,则智其体,仁其用也;就人人之当然而论之,则仁其体,智其用也。"[1] 康有为较戴震更进了一步,对仁智关系的梳理更为具体,但他也只是到此为止,并没有由此明确提出三分法。

在这个问题上,在现代新儒家中值得关注的是梁漱溟。梁漱溟早年将生命分为本能和理智两个部分。这里的本能指人生而具有的道德品性,如孟子之良知良能,理智则是恶的来源,因为在他看来,人类的一切恶都来自理智。后来,他读了克鲁泡特金的著作,克鲁泡特金将道德视为人的一种社会本能的思想对其有很大的启发。梁漱溟十分看重这一理论,认为这一理论不仅与他的思想相合,而且可以为他善本能的观点找到生物学的基础。后来,他提出了本能、理智、理性三分的说法,在《人心与人生》中这样写道:"罗素在其《社会改造原理》一书中,曾主张人生最好是做到本能、理智、灵性三者谐合均衡的那种生活。所谓灵性,据他解说是以无私的感情为中心的,是社会上之所以有宗教和道德的来源。我当时颇嫌其在本能之外又抬出一个灵性来有神秘气味,远不如克鲁泡特金以无私感情属之本能,只以道德为近情合理之事,而不看做是特别的、高不可攀的,要妥当多多。迨经积年用心观察,思考和反躬体认之后,终乃省悟罗素是有所见的,未可厚非。"[2] 按照梁漱溟的解说,与道德相关当有本能、理智、理性三个不同内容。本能指人的动物性,理智指人心之知,理性指人心之情意,即道德的根据。表面看这个新说法最大的变化是将早年思想中本能与理智之两分,变为本能、理智、理性之三分,本质上则是将本能一项作了细分,将代表儒家良知良能的道德根据从本能中抽出来,独立为理

---

[1] 康有为:《康子内外篇》,《康有为全集》第一集,中国人民大学出版社,第108-109页。
[2] 梁漱溟:《人心与人生》,《梁漱溟全集》第三卷,山东人民出版社2010年版,第610-611页。

性。学界对梁漱溟这一变化一般都给予很高的评价，认为"梁漱溟早年的带有自然人本主义色彩的道德人本主义，到此时正式被完全意义的道德人本主义所取代，表明他的现代新儒家思想的成熟"。[1] 梁漱溟的上述思想尽管包含着很强的理论意义，但无论是在概念的界定、关系的梳理等方面，都还比较粗略，没有将这一方法自觉贯穿自己的学理，使之成为一以贯之的方法，在学界几乎没有实质性的影响。

近些年来，在中国哲学范围内也有人提出过三分的问题。20世纪80年代就有多人从多个学科讨论这个问题。在中国哲学史界走在最前列的是庞朴，其成绩也最为突出。庞朴在80年代初发表了《中庸平议》一文，明确提出一分为三的命题。在他看来，三是中国文化体系的密码，顺着这个方向最能体味中华学问的精和美，对我们习以为常的对立统一规律也会有所补充。其后，庞朴以其广博的学识，收集了大量材料，写了多篇文章，随后将其结集，书名就叫《一分为三》，[2] 在学界产生了很大的影响，成为一个不小的热点。但庞朴自己也承认，他的研究主要偏重于一般方法论问题，尚未涉及儒家道德哲学的内在结构。该书除自序外共有21节，如"对立的同一与统一""三极""阴阳三合""一分为二、二合为三"等，没有关于道德思维方式的专门讨论，可为明证。

通过上面的回顾可以看出，无论在西方哲学史还是在中国哲学史上，过去主要流行的都是理性、感性两分的方法。在这种模式下，理性是道德的根据，感性是理性对治的对象。要成就道德，必须用理性来限制引导感性。但是，我完全不接受这种方法。如上所说，我的孟子研究的一个重要收获，是发现了孔子的仁、孟

1　曹跃明：《梁漱溟思想研究》，天津人民出版社1995年版，第143页。
2　庞朴：《一分为三》，上海古籍出版社2003年版。

结语：真幸运，我找到了那个神奇的"三"

子的良心与西方道德哲学中的理性有明显的差异。西方道德哲学中的理性在儒家学说系统中并不是没有，但不是孔子的仁和孟子的良心。这个发现使我彻底明白了，儒家道德学说与西方道德哲学的思维方式完全有别。儒家学说中与成德成善相关的要素共有三个，即智性、欲性、仁性。欲性的问题不大，因为儒家的欲性虽然有自身的特点，但与西方的感性有一个大致的对应关系，可以一并处理。儒家学说的最大特点，是其成德成善的根据有两方面的内容，分别为智性和仁性。智性与西方道德哲学中的理性较为接近，都包含道德认知的内容。但西方道德哲学中没有仁性这样的系统，即使有一些零散的思想也比较弱。这个发现令我非常震惊，兴奋无比，下决心将智性和仁性分离开来，变成智性、欲性、仁性三分的格局，着手创立三分法。所谓三分法，简单说即是将与道德学说相关的因素分为智性、欲性、仁性三个部分的一种方法。

我最早提出三分法是在20世纪80年代末90年代初，其后关于这种新方法内部是一种什么结构，一直思考不断，具体提法也多有改变。这些改变主要围绕如何安排仁性、智性的关系而展开，为究竟仁性在上，还是智性在上大伤脑筋，一会仁性在上，一会智性在上，反复不止。其间大致可分为了三个阶段。

第一阶段是1989年到1998年。我最早是在1989年写作博士论文《孟子性善论研究》时提出三分法的。当时虽然灵光乍现，有了三分的想法，但对其内部结构并没有太深的考虑，只是按照康德感性、知性、理性的排列，将顺序安排为欲性、仁性、智性。其后于1995年出版的《孟子评传》也是这样安排的。这一阶段还比较模糊，自觉性不强。

第二阶段是1998年到2012年，大致有十四五年时间。1998年我完成了《孟子与中国文化》的写作（该书实际出版于2000年）。在该书中，我改变了之前的想法，将相关的关系改为欲性、智性、仁性。[1]我作出这种变更，一个重要的考虑，是在道德思维结构中，智性只是一种认知的能力，无法确定自身向哪个方向前进，必须有另外一种力量为其把定方向，这种力量只能是仁性，所以仁性必须居于最高的位置。2006年出版的《牟宗三三系论论衡》，也是这样安排的。在那里有这样一段描述，可以代表我当时的想法："这里需要强调的是，仁性不仅是桥梁，更是一种指导性的力量。这种力量有多种不同形式，在西方或是亚里士多德的目的论，或是中世纪的宗教，或是康德单纯理性限度内的宗教，在儒家则相对简单，这就是良心本心。由于中国前轴心时代的特殊性，中国的哲学突破没有走向典型的宗教，而是走向了人文和道德，而这种人文和道德又具有宗教性，所以儒家的良心本心是即道德即宗教的。正是有了仁性的这种优位性，有了这种即道德即宗教力量的指导，智性才一般不会走偏方向，总是在仁性规定的大方向下发展。"[2]这种改变同样体现在2010年的《孟子性善论研究》（修订版）中。[3]

第三阶段始于2012年。五卷本《贡献与终结——牟宗三儒学思想研究》是我用力最苦的一部著作，前后用时长达十六七年。因

---

[1] 在该书中，我这样写道："孔子心性学说共有三层，一是欲性，二是智性，三是仁性；欲性涉及的是食色利欲问题，智性涉及的是学习问题，仁性涉及的是孔子仁的思想；欲性负责人的生存，智性和仁性负责人的道德，要想成就道德必须把智性和仁性结合起来，缺一不可。"杨泽波：《孟子与中国文化》，贵州人民出版社2000年版，第221页。在修订版（上海人民出版社2016年版）中，这一表述有了彻底的改写。

[2] 杨泽波：《牟宗三三系论论衡》，复旦大学出版社2006年版，第272页。

[3] 该书《修订版自序》中的一段文字，可以看出我当时的想法："后来，我发现，将智性置于仁性之上尽管可以彰显智性的作用，但同时也必然带来无法限制其作用的问题，而这一问题的后患极大，不得不特别小心，于是试着把仁性置于最高层面，将整个次序调整为欲性、智性、仁性。这种安排在2000年出版的《孟子与中国文化》中已经有所体现。不过，严格说来，那个时候这种改动的意识还不够明确，态度还不够坚决。因此，随后几年有过多次动摇，十分彷徨，在两种排列方式之间犹豫不决。直到2006年出版《牟宗三三系论论衡》时，才将这个问题真正想清楚，正式确定下来。本次修订，我在这个问题上下了较大功夫，对智性和仁性各自的作用和定位，作了较为详细的规定和说明。"杨泽波：《孟子性善论研究》（修订版），中国人民大学出版社2010年版，第2页。

为写作周期很长，中间也多有变化。最初我仍旧坚持第二阶段的看法，将三性的关系安排为欲性、智性、仁性。直到大约2012年该书第一卷坎陷论（这一卷是五卷中最后完成的）基本完成并对全书进行修订时，我才发现了问题出在哪里，想法有了根本性的改变。之前左右摇摆，前后不定，是因为我把道德结构的三分法理解为纵向关系了。更合理的办法是把它解释为一种横向的关系。在这种横向关系中，仁性居于欲性和智性中间，是欲性和智性之间的一个因素，负责传递双方的信息，指引双方前进的方向。于是，我又将三分法的内部结构改为欲性、仁性、智性，重新回到了第一阶段的提法。

第三阶段能够有这种变化，是因为这时我已经意识到，三分法的适用范围要广阔得多。人除了道德之外，还有认知，还有审美。道德结构内部有三个不同部分，认知结构和审美结构同样包括三个不同部分。更为重要的是，道德结构、认知结构、审美结构不是相互隔绝的，有着紧密的内在关联性，共同组成人的"生命层级构成"。[1] 生命层级构成共有三个层面，从上往下说，第一层为道德，负责人的道德生活，保障人的健康发展，大致相当于西方哲学中的道德理性。第二层为认知，负责人对于世界和自身的认识，大致相当于西方哲学中的理论理性。第三层为体欲，负责人对物质欲望的追求，与审美问题密切相关。无论是道德、认知，还是审美，每个层面横向都包含三个部分，比如，道德层面的欲性、仁性、智性。在该书中，有这样一段论述：

> 在本卷中，我关于三分方法的研究就有一个重要的推进。在此之前，我提出的三分方法仅限于道德结构，是单一的，现在不

---

[1] 从更大的视野看，生命层级构成三个层面的情况也适用于社会。与生命层级构成相适应，社会包含体欲、认知、道德三个层面的情况可以叫作"社会层级构成"。为防止论述过于复杂，这里只讨论"生命层级构成"，而不涉及"社会层级构成"的问题。

仅将其扩展到认知结构和审美结构,而且还推进到生命和社会范围,以此来分析生命层级构成和社会层级构成问题。这种适用范围扩大的三分方法我称为"多重三分方法"(与此相比,此前的方法可以叫作"单一三分方法")。多重三分方法有两个维度。首先,它将审美结构、认知结构、道德结构从横向上区分为三个部分,比如道德结构中的欲性、仁性、智性;其次,它将生命层级构成和社会层级构成从纵向自下至上划分为体欲、认知、道德三个层面。将三分方法推进到更广泛的领域,绝不是简单的文字游戏,蕴含的理论意义是多方面的。[1]

这段文字是迄今为止关于三分法最简洁而准确的说明。按照这种说明,三分法同时适用于道德结构、认知结构、审美结构,由此形成生命层级构成。相关的方法可以叫作"多重三分法",而之前仅用于道德结构的方法可以称为"单一三分法"。在多重三分法中有一个复杂的纵向与横向的关系。从纵向看是三层,分别为道德结构、认知结构、审美结构。从横向上看,每个层面又都有三个部分,如道德结构中的欲性、仁性、智性。之前的错误,是把道德结构理解为纵向关系了,既然如此,就一定为究竟仁性在上,还是智性在上大伤脑筋,而无论怎么安排都难以圆满。如果将道德结构内部三个因素处理为横向关系,既兼顾到了以仁性为智性把定方向的问题(严格说是以仁性对智性的作用加以限制),也不会再为仁性与智性孰上孰下而困扰,这个问题就不存在了。

在中国文化中"三"是一个神奇的数字。老子的"道生一,一生二,二生三,三生万物"是"三",儒家的天地人相参是"三",心统性情也是"三"。但这个"三"的意义究竟何在?在一个完整理论系统中发挥怎样的作用?人们大多语焉不详,更没有意识到它应

---

[1] 杨泽波:《贡献与终结——牟宗三儒学思想研究》第一卷,上海人民出版社2014年版,第54-55页。

结语:真幸运,我找到了那个神奇的"三"

该是一种普遍的思维方式。我的使命就是发现这个"三",并由此建构一套系统的方法。这一成果是儒学研究中的一件大事,有着革命性的意义,历史上很多棘手的问题,比如孟子与荀子,心学与理学的关系,都可以借助这个平台得到很好的解决。我在《贡献与终结——牟宗三儒学思想研究》第二卷中不赞成将朱子定为旁出,不接受牟宗三"以纵摄横,融横于纵"的综合方案,就是以此为基础的。[1] 当然,三分法是一个新事物,它的正式建构还需要花费极大的气力,而它的意义恐怕也需要很长时间才能被人们认识到。但这一天总是要到来的。

真幸运,我找到了那个神奇的"三"。

---

[1] 参见杨泽波《贡献与终结——牟宗三儒学思想研究》第二卷,上海人民出版社2014年版,第244–252页。

附录：作者发表的关于孟子的其他文章存目

案：我撰写的与孟子有关的文章，有一部分以繁体字发表在台湾学术刊物上，其中有一些与大陆发表的文章有内容交叉，凡遇这种情况，只选一篇较重要的。还有一些文章因学术价值不高，或只关乎孟子生平考辨，也没有收录。兹将这些未收录的文章一并列篇名如下：

1.《〈孟子〉名篇鉴赏》，《中国哲学三百题》，上海古籍出版社1988年版。

2.《孔孟心性之学的分歧》，（台）《孔孟月刊》1993年第7—8期。

3.《20世纪孟子研究中"西学化倾向"的发展和趋势》，《传统文化与现代化》1993年第3期。

4.《性善论立论之谜》，《孔子研究》1993年第4期。

5.《从孔孟差异看牟宗三的一个阙失》，《学术月刊》1994年第6期。

6.《性善的真谛》，（台）《孔孟学报》1994年第3期。

7.《孟子幸福观与后世去欲主义的产生》，（台）《孔孟月刊》1994年第5期、1995年第6期。

8.《释仁》，《孔子研究》1995年第3期。

9.《论徐复观的性善论研究》，《徐复观思想讨论论文集》，湖北人民出版社 1997 年。

10.《原义利之辨》,(台)《清华学报》1998 年第 1 期。

11.《孟子弟子考辨》,《孔子研究》1998 年第 1 期。

12.《性善论对中国文化的影响》,《济南市委党校学报》1999 年第 1 期。

13.《〈孟子〉作者考证》,《济南市委党校学报》1999 年第 4 期。

14.《〈中庸〉作者新证》,《冯友兰会议论文集》,大象出版社 1999 年 8 月。

15.《孟子三考》,(台)《孔孟学报》1999 年第 10 期。

16.《孟子游历事迹新说》,《炎黄文化研究》2000 年第 7 期、2001 年第 1 期。

17.《孟子天人合一思想中值得注意的两个问题》,《浙江社会科学》2001 年第 4 期。

18.《朱子在儒家心性之学中的地位之我见》,《朱子学刊》2001 年第 11 期。

19.《儒家心性之学的时代意义》,《东吴哲学》2002 年卷。

20.《就〈孟子大传〉求教于刘鄂培先生》,《复旦学报》2002 年第 2 期。

21.《我们应当如何理解休谟伦理难题?——兼评孙伟平博士的新著〈事实与价值〉》,《中州学刊》2002 年第 4 期。

22.《孟子生卒系年新考——附孟子年表》,(台)《孔孟学报》2002 年第 9 期。

23.《"性"的困惑——以西方哲学研究儒学所遇困难的一个例证》,《中国学术》第 24 期,2007 年。

24.《"积淀说"的传承与革新——纪念李泽厚先生》,《国际儒学》2023 年第 1 期。

图书在版编目(CIP)数据

性善之谜:破解儒学研究的哥德巴赫猜想/杨泽波著.--上海:上海古籍出版社,2023.4
(复旦哲学.中国哲学丛书)
ISBN 978-7-5732-0620-6

Ⅰ.①性… Ⅱ.①杨… Ⅲ.①儒学-文集 Ⅳ.①B222.05-53

中国国家版本馆CIP数据核字(2023)第032047号

性善之谜——破解儒学研究的哥德巴赫猜想

杨泽波 著

上海古籍出版社　出版发行

(上海市闵行区号景路159弄1-5号A座5F　邮政编码201101)
(1) 网址：www.guji.com.cn
(2) E-mail：guji1@guji.com.cn
(3) 易文网址：www.ewen.co
启东市人民印刷有限公司印刷
开本890×1240　1/32　印张19.375　插页5　字数503,000
2023年4月第1版　2023年4月第1次印刷
印数:1—1,500
ISBN 978-7-5732-0620-6
B·1304　定价：98.00元
如有质量问题，请与承印公司联系